COLECCIÓN DE ENSAYOS

Promoción Dr. Carlos Flores Bustamante

# BICENTENARIO 2021

## INDEPENDENCIA DEL PERÚ

Adriana Hinostroza López Albújar
Augusto A. Saavedra López
Carlos A. Solís Cáceres
Carmen G. Sagástegui Ponsignon
Eugenio Villar Montesinos
José M. Saavedra Chanduví
Jorge Luis Lembcke Diez
José F. Castro Castro
Federico J. Martínez Zúñiga
José Negrón Rodríguez
José Vásquez Alva
Luz Estela Vera Silva
Manuel Castañeda Jiménez
María del Carmen Calle Dávila
Martha Oliveros Bustamante
Percy Terán Moral
Santiago Gallo Merino
Susana Gonzales Villalobos

# PRÓLOGO

***"La Historia cuenta lo que sucedió, la poesía lo que debía suceder."***
Aristóteles

Como parte de la celebración del Bicentenario de la Independencia del Perú este libro homenaje de la Promoción Dr. Carlos Flores Bustamante de la Universidad Peruana Cayetano Heredia presenta una serie de ensayos y cuentos escritos por dieciocho profesionales e intelectuales, quienes desde distintas perspectivas y trayectorias comparten sus experiencias y materias de su interés: Adriana Hinostroza López Albújar, Augusto A. Saavedra López, Carlos A. Solís Cáceres, Carmen G. Sagástegui Ponsignon, Eugenio Villar Montesinos, José M. Saavedra Chanduví, Jorge Luis Lembcke Diez, José F. Castro Castro, Federico J. Martínez Zúñiga, José Negrón Rodríguez, José Vásquez Alva, Luz Estela Vera Silva, Manuel Castañeda Jiménez, María del Carmen Calle Dávila, Martha Oliveros Bustamante, Percy Terán Moral, Santiago Gallo Merino y Susana Gonzales Villalobos.

Evento tan inesperado como inédito, la pandemia producida por la COVID-19 marcó el inicio de reuniones virtuales semanales para compartir gratos momentos juntos; y es así como nace la idea y el compromiso de hacer el presente libro para dejar un legado de nuestra gran amistad que se inició en abril de 1973 cuando ingresamos a la Universidad.

Cada ensayo nos transporta al espacio del autor y juega con nuestra imaginación convirtiéndose en parte de nuestra memoria colectiva que queremos dejar como legado para el Perú que amamos.

El Bicentenario resume 200 años de tradiciones, historia, cultura y diversidad. La llegada de un hito histórico y nuestra experiencia nos motivan para dejar una huella. En doscientos años, en el país no se ha logrado construir un sistema de salud para el servicio de todos los peruanos; diversos factores como la corrupción, la desidia, el centralismo y la discriminación persisten y actúan en contra del anhelo de una salud pública al alcance de todos. La construcción, pues, de la ciudadanía y de una república de ciudadanos que tengan cubiertas sus necesidades básicas, es tarea de todos los peruanos. Este libro reúne historias de vida y temas de salud pública con el propósito de contribuir a la construcción del Perú que anhelamos; por eso también representa un espacio de propuestas y debate en conmemoración del Bicentenario de la Independencia del Perú, que la historia tradicional ha cifrado el 28 de julio de 1821.

*"La Historia debe ser sobre todo la pintura de un tiempo, el retrato de una época. Cuando ésta se limita a ser el retrato de un hombre o la pintura de una vida, sólo a medias es Historia"* - Joseph Joubert.

Dr. Federico J. Martínez Zuñiga

COLECCIÓN DE ENSAYOS

Promoción Dr. Carlos Flores Bustamante

# BICENTENARIO 2021
## INDEPENDENCIA DEL PERÚ
## 1821 - 2021

# Contenido

COLECCIÓN DE ENSAYOS

Promoción Dr. Carlos Flores Bustamante

# BICENTENARIO 2021

## INDEPENDENCIA DEL PERÚ

## 1821 - 2021

**DR. FEDERICO J. MARTÍNEZ ZÚÑIGA**

Médico Pediatra egresado de la Universidad Peruana Cayetano Heredia, con estudios de Postgrado en State University of New York at Stony Brook School of Medicine, Residencia de Pediatría y Jefe de Residentes en Nassau County Medical Center, New York. Graduado del programa de Endocrinologia avanzada de la Academia Americana de Medicina Regenerativa y Funcional. Certificado por el Institute for Functional Medicine. Doctor de Medicina licenciado en el Estado de la Florida, USA. Miembro activo de la Academia Americana de Medicina Anti-envejecimiento, Regenerativa y Funcional y del Instituto de Medicina Funcional USA. Profesor Clínico de la Nova Southeastern University, Florida USA. Investigador del Young Blood Institute, USA.
Miembro de la Junta de directores de la Universidad San Ignacio de Loyola, Lima Perú. Presidente Consejo Consultivo Internacional Programa de Medicina USIL, Lima Perú. Presidente de San Ignacio University, Miami, Florida USA
Director Médico de Healthpark Medical Center en las ciudades de Boca Raton y del Doral en el estado de Florida USA.

# LA MEDICINA FUNCIONAL: UN MODELO PARA ENFRENTAR LA CRISIS MODERNA DE SALUD

**DR. FEDERICO J. MARTÍNEZ ZÚÑIGA**

## INTRODUCCIÓN

En más de mis 40 años de experiencia como médico clínico he diagnosticado y tratado una gran variedad de enfermedades agudas y crónicas tanto en niños como en adultos.

Especialmente en lo que respecta a las enfermedades crónicas, mi observación es que los pacientes usualmente están tomando una variedad de medicaciones por largos periodos de tiempo hasta por años para poder controlar sus síntomas y tener una vida más llevadera, a pesar de que tienen que sufrir los serios efectos colaterales que acompañan el uso prolongado de estas medicaciones. Esta muy arraigado en nuestra sociedad el concepto de que la curación de las enfermedades depende únicamente de la administración de medicamentos.

Recuerdo el caso de un paciente de 54 años que me trajo a la consulta médica con más de 20 frascos de medicamentos, cada uno para cada síntoma. Él me explico que los tenía que tomar porque sufría de hipertensión arterial, diabetes, dolores articulares, hinchazón de miembros inferiores, acidez estomacal, insomnio, depresión, ansiedad y que en los 7 años que recibía este tratamiento, no habido podido parar de tomarlos porque sabía que sus síntomas retornarían rápidamente. Así mismo me indicó que su esposa y su hijo mayor estaban prácticamente en las mismas condiciones de salud, dependiendo de una gran cantidad de fármacos. Al examinarlo lo noté muy débil, pálido, extremadamente triste, angustioso y sin claridad mental. Me llené de muchas preguntas, especialmente de cómo yo podía ayudar a este paciente atado a la ingesta de una gran cantidad de medicamentos durante todo el día y sin haber tenido un buen progreso clínico.

Más o menos por el mismo tiempo yo estaba pasando por una crisis familiar ya que mi esposa había sido diagnosticada con cáncer y estaba recibiendo un tratamiento muy intensivo de quimioterapia y radioterapia después de haber sido sometida a una extensa cirugía para extirpar el tumor pulmonar. Esto obviamente me hacía mucho más sensible ya que tenía conocimiento que mucha gente en el mundo estaba igualmente sufriendo y muriendo como consecuencia de la enfermedades crónicas que se ha convertido en una verdadera pandemia.

## EL ENFOQUE DE LA MEDICINA FUNCIONAL

Ante esta realidad inicie mi búsqueda de practicar medicina de una manera diferente. Es así como, después de una ardua investigación, encontré a la Medicina Funcional que es un enfoque individualizado, centrado en el paciente y basado en ciencia que permite a los pacientes y a los médicos trabajar juntos para abordar las causas subyacentes de la enfermedad y promover un bienestar óptimo. Requiere de una comprensión detallada de los factores genéticos, bioquímicos y de estilo de vida de cada paciente, y aprovecha esos datos para dirigir planes de tratamiento personalizados que conduzcan a mejores resultados para los pacientes.

Al abordar la causa raíz, en lugar de los síntomas, los médicos se orientan a identificar la complejidad de la enfermedad. Pueden encontrar que una condición tiene muchas causas diferentes y, del mismo modo, una causa puede resultar en muchas condiciones diferentes. Como resultado, el tratamiento de Medicina Funcional se enfoca en las manifestaciones específicas de la enfermedad en cada individuo.

Es un enfoque muy personalizado y preventivo que evalúa al paciente como un todo, analizando los sistemas biológicos operativos y no meramente dirigido a mitigar los síntomas de la enfermedad como usualmente se hace. Así empecé a estudiarla en el Instituto de Medicina Funcional con mucha esperanza, ilusión y dedicación porque cada vez encontraba más respuestas y sabía que estos conocimientos me iban a capacitar para hacer una diferencia notable en el cuidado de la salud de mis pacientes.

Actualmente en el mundo entero estamos enfrentando una epidemia de enfermedades crónicas no trasmisibles que afectan a millones de personas, como la obesidad, la diabetes, el cáncer, las enfermedades autoinmunes y neurodegenerativas, el asma, las alergias respiratorias, la depresión, los desbalances hormonales entre otras. La medicina tradicional o convencional realmente no ofrece una solución ante esta epidemia hasta el punto de casi ignorar esta gran amenaza ya que basa sus tratamientos en el uso de fármacos fundamentalmente para suprimir los síntomas.

El problema de nuestros tiempos es muy complejo ya que estamos más expuestos a toxinas ambientales, la tecnología nos da mucho confort, pero también nos expone a más radiación y electromagnetismo en nuestros hogares y centros de trabajo, nuestra nutrición es pobre y existe una gran deficiencia de nutrientes en nuestros terrenos donde cultivamos los alimentos. Nos hemos acostumbrado de ingerir una gran cantidad de alimentos azucarados y procesados, que como todos sabemos contienen una gran cantidad de sustancias químicas y preservantes, transgénicos, pesticidas, etc. Así mismo, el sobreuso de ciertas medicaciones como antibióticos, antidepresivos y analgésicos que conforman la polifarmacia de nuestros tiempos, que están causando tanto daño y hasta muertes en la población mundial. El Instituto de Medicina Funcional ha estimado que un 80% de personas consumen al menos un medicamento al día. Asimismo, nuestra población está sometida a un mayor estrés y usualmente hay menos tiempo para la actividad física diaria y adecuada. La incidencia de obesidad y la diabetes mellitus han aumentado considerablemente en las últimas décadas. Se estima que en 2030 la proporción del total mundial de muertes debidas a enfermedades crónicas llegará al 70% y la carga mundial de morbilidad será del 56%.

La presente pandemia de la Covid-19 nos ha demostrado que los pacientes con enfermedades crónicas subyacentes como la asma, enfermedades pulmonares, enfermedades cardiacas, hipertensión arterial, obesidad, diabetes o enfermedades del sistema inmune; tienen un curso clínico mucho más severo y la tasa de mortalidad es muy alta.

El actual modelo del cuidado de la salud ha fallado en el correcto abordaje de las enfermedades crónicas ya que es un modelo más bien aplicable para las enfermedades agudas, por ende, es necesaria la implementación de un modelo más completo e integrativo.

Una consideración fundamental es que las enfermedades crónicas son el resultado de la interacción de los genes con nuestros estilos de vida y al ambiente. Al que estamos expuestos.

- **Estilos de vida:** La nutrición, la actividad física, el sueño, el nivel de estrés, el consumo de alcohol o tabaco, etc.
- **Medio ambiente:** contaminantes químicos o físicos etc.
- **Otros:** Consumo de fármacos, intervenciones quirúrgicas etc.

Diferentes estudios han demostrado que el cambio en nuestros estilos de vida puede tener un gran impacto en el mantenimiento de nuestra salud y en la prevención de enfermedades crónicas. En otras palabras, nuestro medio externo interactúa constantemente con nuestro ambiente interno influenciando la expresión genética, siendo el resultado la salud o la enfermedad. (EXPOSOMA) Nuestros genes se activan o desactivan de acuerdo con el ambiente

y al estilo de vida al que nos sometemos. Las medicaciones no son la única herramienta para curarnos, sino que también es fundamental realizar cambios en nuestros estilos de vida.

Otro concepto para tener presente es que todos nuestros sistemas corporales están interrelacionados, todo está conectado. Por ejemplo, nuestro cerebro está íntimamente relacionado con nuestro intestino a tal punto de que los neurotransmisores que controlan en gran parte nuestras conductas y emociones se producen en su gran mayoría a nivel intestinal. Así mismo, gran parte de nuestro sistema inmune está localizado en el intestino, razón por la cual cuando hay un proceso inflamatorio intestinal esto puede desencadenar un trastorno mental o una enfermedad autoinmune. Es pues crucial mantener una buena salud intestinal.

Tradicionalmente los médicos escuchan los síntomas de sus pacientes, los examinan y generan un diagnóstico al cual automáticamente se le aparea a una medicación. Este tipo de tratamiento es bastante lineal, casi automático e inefectivo porque suele solo suprimir los síntomas sin investigar las causas envueltas en la generación de esos síntomas. El organismo, al ser complejo con diversos sistemas interrelacionados, debe ser comprendido como un todo y abarcar el tema de manera integral. Es aquí donde los principios de la Medicina Funcional se aplican ya que se observa y trata al paciente buscando las causas del desorden, teniendo presente que no existe una disociación entre los sistemas y que todos ellos están íntimamente conectados e influenciándose en todo momento.

Como consecuencia, los médicos funcionales somos los médicos del POR QUE. El investigar las causas de las enfermedades es primordial para el médico funcional ya que de esta manera va a detectar los desbalances internos que están originando los síntomas y, por ende, la enfermedad. Así como también interrumpimos la progresión de las alteraciones bioquímicas presentes. Estas causas podrían estar basadas en una mala nutrición, deficiencias nutricionales, una digestión pobre, inflamación interna, acumulación de toxinas, infecciones escondidas, desbalances hormonales, estrés, entre otras. Al corregir estos desbalances, en la práctica clínica de la medicina funcional, somos testigos de una recuperación rápida y permanente.

Los médicos funcionales no somos doctores antimedicos, también usamos medicaciones cuando son necesarias, pero tampoco de una manera prolongada porque siempre estamos indagando las causas subyacentes y corrigiéndolas. De esa manera evitamos muchos efectos secundarios de los tratamientos convencionales. Por ejemplo, las medicinas comúnmente prescritas para tratar el colesterol elevado, llamadas estatinas, incrementan el riesgo de desarrollar diabetes en un 48%. Hay que comprender que las medicinas tienen efectos secundarios inherentes y esto representa una grave problemática de salud dado los millones de personas que reciben estas medicaciones diariamente en el mundo entero. Es crucial entender que las enfermedades afectan todo nuestro organismo y no solamente un órgano específico; diversos factores están envueltos como en el caso de la diabetes, en la cual el tratamiento también tiene que ser integrativo debido a que son muchos factores los que originan esta enfermedad especialmente los relacionados a los estilos de vida.

La Medicina Funcional es un abordaje al cuidado de la salud que conceptualiza la salud y la enfermedad como parte de un continuo en donde todos los componentes del sistema biológico humano interactúan dinámicamente con el medio ambiente, produciendo patrones y efectos que cambian con el tiempo. La Medicina Funcional ayuda a los clínicos a identificar y mejorar las disfunciones en la fisiología y bioquímica del cuerpo humano como un método primario para mejorar la salud del paciente y representa la aplicación clínica de la biología de sistemas.

Las enfermedades crónicas están casi siempre precedidas por un periodo de declinación en la función de uno o más de los sistemas del cuerpo. Restaurar la salud requiere revertir (o mejorar sustancialmente) las disfunciones específicas que han contribuido al estado de enfermedad. Cada paciente representa un juego único, complejo, y entretejido de influencias ambientales y del estilo de vida sobre una funcionalidad intrínseca (sus vulnerabilidades genéticas) que han puesto el escenario para el desarrollo de la enfermedad o el mantenimiento de la salud.

Para manejar la complejidad inherente de este abordaje, el Instituto de Medicina Funcional (IMF) ha creado modelos prácticos para obtener y evaluar la información clínica que lleva a terapias individualizadas centradas en el paciente. Los conceptos, prácticas, y herramientas de la medicina Funcional han evolucionado considerablemente en un periodo de treinta años, reflejando el crecimiento dramático en la base de evidencia referente a las vías clave de las enfermedades (p.ej. inflamación, disfunciones gastrointestinales, estrés oxidativo); el papel de la dieta, el estrés, la actividad física; las ciencias emergentes de la genómica, proteómica, y metabolómica; y los efectos de la degradación ambiental (aire, agua, tierra) en la salud.

ELEMENTOS DE LA MEDICINA FUNCIONAL

La base de conocimientos de la Medicina Funcional consta de seis principios fundamentales:

1. Reconocimiento de la individualidad bioquímica de cada ser humano, basado en los conceptos de la interacción gen-ambiente.
2. Incorporar un abordaje de evaluación y tratamiento centrado en el paciente en lugar del centrado en la enfermedad. Identificar la salud como una vitalidad positiva, no solo como la ausencia de la enfermedad, y enfatizar aquellos factores que alientan una fisiología vigorosa. buscando un balance dinámico entre los factores internos y externos del cuerpo, así como el estado mental, emocional y espiritual del paciente.
3. La Medicina Funcional busca influenciar los mediadores de las vías bioquímicas y prevenir la sobreproducción de ciertos productos metabólicos dañinos más que bloquear los efectos de estos productos.
4. La Medicina Funcional utiliza un proceso estructurado para organizar la data clínica de información del paciente a través del modelo de "La línea de Tiempo" y la "Matriz" que articulan mejor la colaboración médico-paciente.
5. A través de la implementación de la "Matriz de Medicina Funcional", entender las interconexiones de los sistemas biológicos operativos como la asimilación de nutrientes (digestión, absorción) defensa y reparación (inmune), integridad estructural, bioenergía celular (función mitocondrial), comunicación celular (hormonal, neurotransmisores), mecanismos de transporte (cardio-metabólico), biotransformación y eliminación (detoxificación)

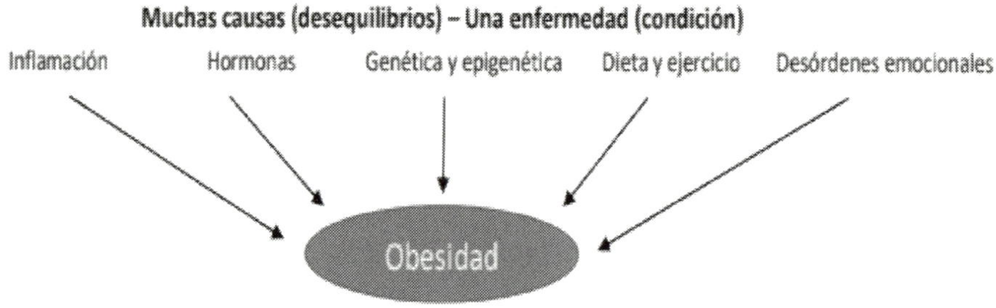


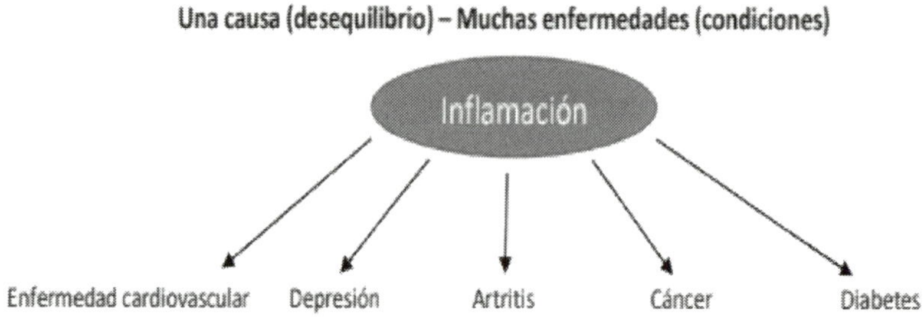


6. La Medicina Funcional utiliza un amplio rango de intervenciones terapéuticas multimodales para alcanzar la máxima expresión de

salud como la nutrición, ejercicio, manejo del estrés, descanso y sueño, fitonutrientes, suplementos nutricionales y farmacológicos, así como otras terapias restaurativas.

En esta imagen, es posible ver que una enfermedad/condición puede tener múltiples causas (p.ej. múltiples desequilibrios clínicos), así como un desequilibrio fundamental puede ser la raíz de distintas enfermedades/condiciones.

# EL ARBOL DE LA MEDICINA FUNCIONAL

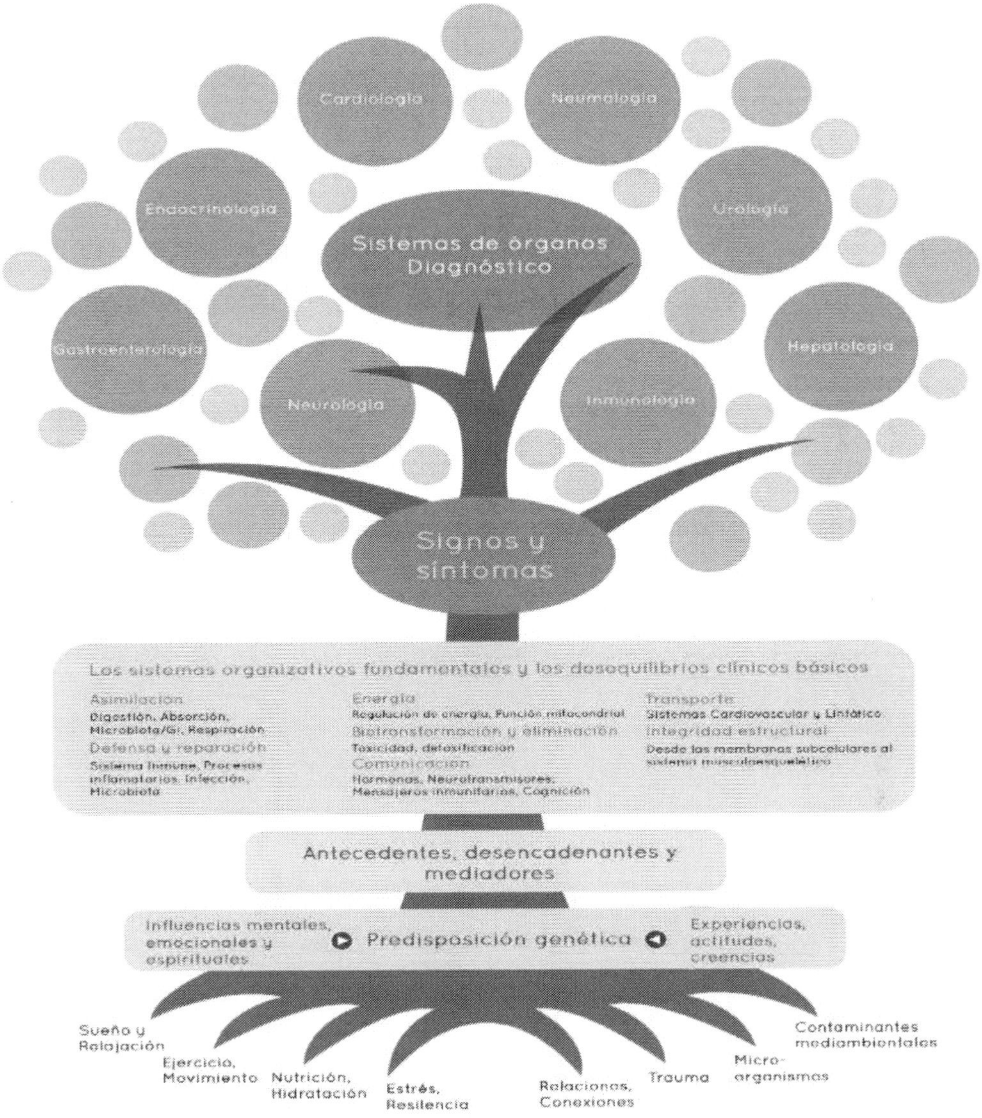

EL MODELO Y SU APLICACION

La Medicina Funcional utiliza una serie de métodos como QUESTIONARIOS y ciertas herramientas de análisis para organizar los desbalances clínicos como LA LINEA DE TIEMPO y LA MATRIZ DE MEDICINA FUNCIONAL creada por el Instituto de Medicina Funcional que consiste en recopilar información de nuestros 7 sistemas corporales operativos, estos desequilibrios clínicos fundamentales sirven para unir los mecanismos de la enfermedad con las manifestaciones y diagnósticos de la enfermedad.

- El sistema GOTOIT, presenta un proceso lógico para obtener la historia completa del paciente y asegurar que la valoración y tratamiento sean de acuerdo con esa historia:
    - G=Gather (reunir) la información
    - O=Organize (organizar) la información
    - T=Tell (decir) la historia completa al paciente
    - O=Order (orden y prioridades)
    - I=Initiate (inicia el tratamiento)
    - T=Track (monitorea) los resultados

- La línea de tiempo, que ayuda a conectar eventos clave en la vida del paciente con el inicio de las disfunciones.

- La matriz de la Medicina Funcional, que provee una manera única y concisa de organizar y analizar todos los datos de salud del paciente en el contexto de los siete desequilibrios fundamentales

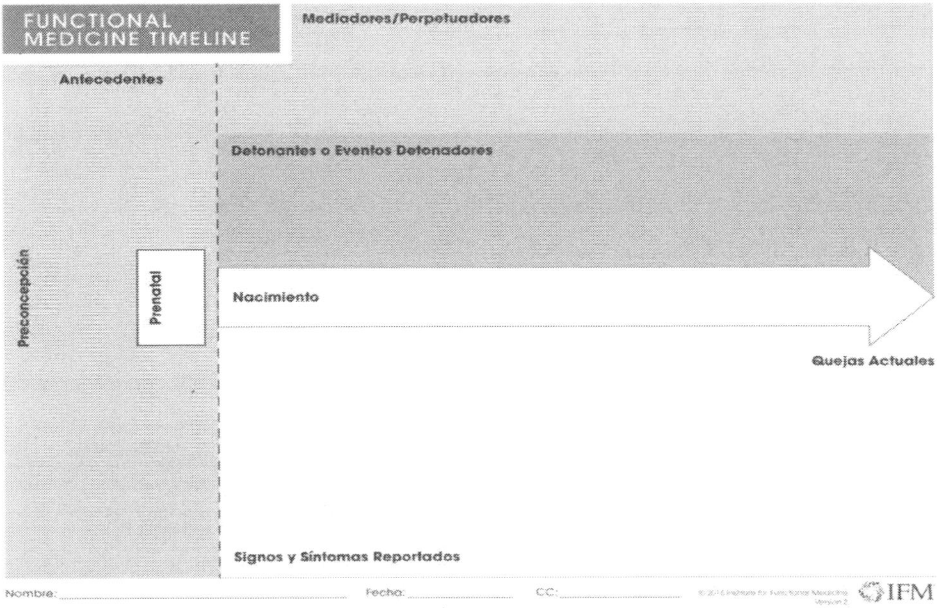


Las influencias del estilo de vida del paciente se anotan a lo largo del fondo de la matriz, y los antecedentes, factores desencadenantes y mediadores arriba a la izquierda. La centralidad de la mente, espíritu, y emociones del paciente, con las que todos los demás elementos interactúan, se muestran claramente en la matriz. Usando esta arquitectura de información, el profesional de la salud puede crear una imagen completa de la historia del paciente y visualizar los elementos clínicos de la Medicina Funcional más importantes:

1. Identificar los antecedentes, desencadenantes, y mediadores de cada paciente.
2. Descubrir los factores del estilo de vida y el medio ambiente que influyen en la expresión de la salud o enfermedad.

3. Aplicar toda la información reunida sobre el paciente a la matriz de sistemas biológicos, en donde los desequilibrios de la función se originan y expresan.
4. Integrar toda esta información para crear una imagen completa de lo que está causando los problemas del paciente, dónde se están originando, que ha influenciado su desarrollo, y como resultado del análisis crítico dónde intervenir para comenzar a revertir el proceso.

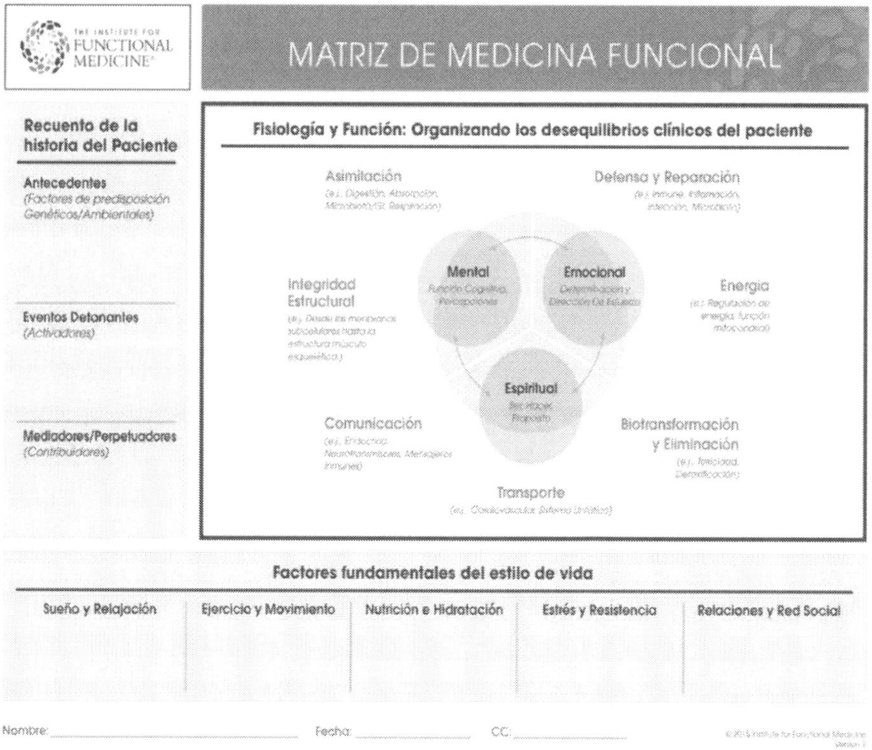

El aspecto más importante es que restaurar el balance en los procesos fisiológicos fundamentales del cuerpo y las entradas ambientales del paciente es la clave para recuperar la salud.

Se adquiere información de la historia clínica de los antecedentes propios del paciente y familiares, factores desencadenantes y perpetuanes, así como también incluye todos los factores de estilos de vida como el sueño y la relajación, el ejercicio y el movimiento, la nutrición, el estrés y las relaciones del individuo. Así mismo se toma en cuenta el estado mental, emocional y espiritual. De esta manera prácticamente en una hoja se tiene de una manera dinámica toda la información requerida para hacer una intervención mucho más precisa y adecuada.

Un plan de tratamiento de la Medicina Funcional puede involucrar una o más terapias de un amplio espectro, incluyendo muchas diferentes intervenciones nutricionales (dieta de eliminación, dieta antiinflamatoria, dieta con bajo índice glicémico), nutracéuticos ( vitaminas, minerales, ácidos grasos esenciales, botánicos), y cambios en el estilo de vida (mejorar la calidad y cantidad del sueño, aumentar la actividad física, disminuir el estrés, aprender técnicas para el manejo del estrés, dejar de fumar). De hecho, la nutrición es tan importante para la práctica de la Medicina Funcional que el Instituto de Medicina Funcional ha establecido un énfasis fundamental en la Nutrición Funcional y ha desarrollado un juego único de herramientas innovadoras para desarrollar y aplicar las recomendaciones nutricionales.

El soporte científico para el abordaje terapéutico de la Medicina Funcional es muy amplio y en rápido crecimiento como por ejemplo los efectos terapéuticos de la nutrición (incluyendo las elecciones dietéticas y el uso de vitaminas, minerales, y otros nutrientes), ejercicio, manejo del estrés, detoxificación, acupuntura, medicina física, técnicas mente-cuerpo como meditación, yoga, visualizaciones y bio-retroalimentación.

Todo este trabajo se hace en el contexto de una relación terapéutica. El medico funcional establece con al paciente una relación colaborativa, respetando el papel del paciente y su autoconocimiento, y asegura que el paciente aprenda a tomar la responsabilidad de sus decisiones y cumplir con las intervenciones recomendadas. Aprender a evaluar la disposición al cambio y luego proveer la guía necesaria, entrenamiento, y apoyo son asimismo de mucho valor.

RESUMEN

La práctica de la Medicina Funcional incluye cuatro componentes esenciales

1.- Una historia clínica completa utilizando cuestionarios, línea de tiempo y matriz funcional.
2.- Identificar y analizar detalladamente los estilos de vida modificables del paciente.
3.- Organizar los desbalances clínicos por causas subyacentes de la enfermedad en la matriz de los sistemas operativos corporales.
4.- Establecer una asociación médico-paciente que sea sólida, comunicativa, compasiva y humanística.

Uno de los grandes valores de la Medicina Funcional es que tiene relevancia y aplicación a todas las disciplinas de salud y en todas las especialidades médicas Así mismo, considero que la aplicación de la

Medicina Funcional en la práctica clínica es crucial para ayudar a resolver la presente pandemia de enfermedades crónicas ya que estas son fundamentalmente creadas e influenciadas por los estilos de vida , exposición ambiental y factores genéticos, pues es imperativo tener un enfoque que integre todos estos elementos para poder efectivamente prevenir, tratar y revertir las enfermedades crónicas.

**Referencias**


- James Maskell. The Evolution of Medicine. Knew Publishing 2016
- Jones DS ,Hoffman L,, Quinn S. 21st century medicine: a new model of medical education and practice. Gig Harbor, WA: The Institute for Functional Medicne; 2011
- Chris Kesser. Unconventional Medicine.Join the revolution to Reinvent Healthcare, Reverse Chronic disease and Create a Practice You Love .Lioncrest Publishers 2017
- Wayne Jonas, MD. How Healing Works. Get well and Stay well . Lorena Jones Books 2018
- Steven R.Gundry, MD. The Longevity Paradox .Harper Collins Publishers 2019
- Jones David S., MD and Sheila Quinn . Reversing the Chronic Disease Trend: Six steps to Better Wellness.: The Institute for Functional Medicine, 2017
- Dr. Will Cole . The Inflammation Spectrum ,Avery New York 2019

**DRA. ADRIANA HINOSTROZA LÓPEZ ALBÚJAR**

Oftalmóloga especialista en Glaucoma, egresada de la Universidad Peruana Cayetano Heredia. Pasantía en el Servicio de Glaucoma - Hospital Oftalmológico Santa Lucía, Buenos Aires - Argentina. Maestría en Gerencia de Servicios de Salud en la Universidad San Martín de Porres. Práctica asistencial en el Servicio de Oftalmología del Hospital Nacional Edgardo Rebagliati Martins (1989 - 2016), se desempeñó como Coordinadora de la Unidad de Glaucoma hasta el 2015, y como jefa del Servicio de Oftalmología los años 2006 y 2007.
Docente de la Asignatura de Oftalmología de la Universidad San Martín de Porras y de la Universidad Peruana de Ciencias Aplicadas (UPC) hasta el 2014. Premios EsSalud: "Al Trabajador Asistencial del Primer Trimestre - 2007" y "Al Trabajador Asistencial del Año 2007" Red Asistencial Rebagliati. Miembro Titular de la Sociedad Peruana de Oftalmología y Vicepresidenta de la Sociedad Peruana de Glaucoma. Actualmente realiza trabajo asistencial en el Servicio de Oftalmología de la Clínica SANNA - San Borja

# LA DISCRIMINACIÓN EN EL PERÚ: FACTOR DETERMINANTE EN EL DESARROLLO DEL INDIVIDUO

**Dra. Adriana Hinostroza López Albújar**

## INTRODUCCION

Desde muy joven fui testigo de las diferencias con que la vida trataba a hombres y mujeres, otorgándole al hombre poder y a la mujer dependencia. Posteriormente, durante mis años de formación universitaria, pude ver de cerca la pobreza y sus consecuencias. Creo que todo ello formó mi espíritu rebelde ante la injusticia social y la discriminación, condiciones que, aunque el individuo no elige, limitan su desarrollo personal a pesar del talento y el esfuerzo.

Actualmente, ser niña y pobre te pone claramente en desventaja para competir y luchar por tus ideales, más aún si vives en el campo.

Décadas atrás, las niñas de clase media, aun las del sector urbano, también estábamos en desventaja frente a los niños, a quienes se les daba más oportunidades; el machismo de la época así lo determinaba. Es posible que los hombres sexagenarios de hoy no lo notaran en ese entonces, con mayor razón si no tenían hermanas y/o estaban en colegios de varones.

Una actitud pasiva ante la discriminación no ayuda a nuestro desarrollo como individuos y, por lo tanto, a que nuestra sociedad progrese. Se hace necesaria la labor del estado, que se formen nuevas generaciones dispuestas a trabajar activamente para combatirla y que estemos capacitados para elegir a nuestros gobernantes.

Al abordar los temas de la discriminación tan hondamente enraizados en nuestra historia y vida cotidiana, intento dar mi aporte a esta compleja pero impostergable aspiración de cambiar al país, y a nosotros mismos.
Mi respeto y admiración por todas las personas que luchando a contracorriente han logrado alcanzar sus sueños.

## SOBRE LA DISCRIMINACION EN EL PERÚ

La Declaración Universal de los Derechos Humanos es un documento que marca un hito en la historia de la humanidad. Elaborada por representantes de todas las regiones del mundo con diferentes antecedentes jurídicos y culturales, la Declaración fue proclamada por la Asamblea General de las Naciones Unidas en París, el 10 de diciembre de 1948, como un ideal común para todos los pueblos y naciones. La Declaración establece, por primera vez, los derechos humanos fundamentales que deben protegerse en el mundo entero y ha sido traducida a más de 500 idiomas. Según dice en su primer artículo: "Todos los seres humanos nacen libres e iguales en dignidad y derechos y, dotados como están de razón y conciencia, deben comportarse fraternalmente los unos con los otros", de estas palabras emana la premisa básica de la NO Discriminación, establecida en todos los tratados internacionales de Derechos Humanos. La Discriminación es un obstáculo para el disfrute pleno de todos los derechos, y junto con la falta de protección de las minorías siguen siendo un problema generalizado en todas las regiones del mundo, por lo tanto, son necesarias las campañas de educación y sensibilización. En el Perú las desigualdades sociales siguen siendo profundas; para la población indígena y, especialmente, para quienes residen en las zonas rurales, los obstáculos para acceder a los servicios de salud y para adquirir una educación de calidad, un adecuado ingreso familiar y un ejercicio pleno de sus derechos, siguen siendo particularmente grandes. Pero también hay obstáculos significativos para muchos mestizos pobres, para la mayoría de las mujeres peruanas y para los integrantes de la minoría afrodescendiente entre otros grupos que no son foco de nuestro análisis en esta oportunidad. Aunque "el Perú avanza", la mayoría de los peruanos percibe que prevalece la desigualdad de oportunidades y de trato frente a la ley.

En nuestro país la discriminación es un fenómeno muy complejo, tradicionalmente negado inclusive por parte de los discriminados. El manejo que se le ha dado por parte de las políticas públicas desde hace muchas décadas ha sido pobre e insuficiente. Motivada por el tema, realicé un ejercicio con las personas de mi entorno y, ante la pregunta si se habían sentido discriminadas alguna vez en su vida, algunas de ellas respondieron que NO. Sin embargo, considerando sus características personales, insistí con el análisis y finalmente reconocieron que SI, pero minimizaron la situación. Esta negación podría ser considerada un mecanismo de defensa para no sentirse afectados por el problema, como por ejemplo en el caso de una mujer que acepta que su actividad diaria se limite a las labores del hogar (trabajo no remunerado y sin capacidad de ahorro), que no se le permita estudiar y, si ya es profesional, que acepte no ejercer su profesión a pedido del esposo o pareja, no por propia decisión, y a pesar de ello, niegue ser víctima de discriminación. Esta es una grave circunstancia que finalmente limita su desarrollo como individuo, lo cual trasciende a la familia y finalmente a la sociedad. Por otro lado, los discriminadores pueden no reconocerse como tales y considerar que es natural tratar diferente a ciertas personas con el argumento de que son diferentes. Un ejemplo se presenta cuando a las autoridades no les causa sorpresa ni indignación que existan poblaciones sin acceso a los derechos fundamentales como la salud, la educación, el empleo, la justicia y la seguridad y priorizan otros temas en su agenda de trabajo. Esta naturalización de la discriminación bloquea cualquier cuestionamiento a la estructura social o a la asimetría del poder; puede considerar que la pobreza se debe a la falta de iniciativa o voluntad de los pobres y la falta de paridad de género en posiciones de poder, al desinterés o falta de preparación por parte de las mujeres.

Es innegable que provenimos de una fuerte tradición racista; esta problemática social viene desde la época de la conquista, los españoles al llegar al Perú iniciaron una ideología que fue sembrándose en cada uno de sus pobladores, los criollos hijos de españoles y nacidos en el Perú tenían un estatus superior al mestizo y al indio. Ya en la República, la aristocracia la conformaban personas de piel blanca y la "servidumbre", personas de piel más oscura. En la actualidad, en nuestro país existe una tendencia a discriminarse por detalles, por ejemplo, si un mestizo ve a una persona de piel blanca y cabellos claros es posible que la rechace y viceversa, así como cuando una persona de provincia llega a Lima, es rechazada entre otras cosas por sus rasgos físicos o dificultades con el idioma. La convicción de que la diferencia es motivo de jerarquía se traslada inclusive a los espacios académicos, políticos o profesionales, donde supuestamente debería ser enfrentada la discriminación. Es así como una persona puede recibir mejor trato si es más blanca, es limeña o egresó de determinado colegio o universidad. Leí el testimonio de un joven que en una provincia de la sierra era considerado blanco y miembro de una familia con una buena situación económica, y que, al incorporarse como alumno en una universidad privada limeña, fue considerado "el serrano" o "el cholo" de la universidad, sentirse discriminado lo afectó a lo largo de toda su vida universitaria. Esta situación no es ajena a colegios limeños, "cholear es una forma de blanquearse", de aprovechar una oportunidad de discriminar y excluir al otro y así sentirse superior.

El factor racial ha sido por siglos el eje central para establecer jerarquías, que funcionaban ya que eran impuestas y aceptadas. Actualmente, en nuestra estructura social todavía existen elementos de jerarquización étnica, todavía se escuchan con frecuencia insultos raciales, el gran cambio radica en que estos elementos ya no son legítimos como fuente de jerarquización, porque los "jerarquizados" en su gran mayoría no los aceptan, porque el que pretenden que sea subordinado no acepta la subordinación, y la cuestiona como puede. Sin embargo, algunos pueden desarrollar la "asimilación" como una estrategia ante la discriminación, procuran asimilarse con el discriminador, es así como algunas personas andinas pueden intentar pasar por mestizas y a algunos mestizos logran pasar por blancos si realizan ciertos cambios en su manera de comportarse, de vestir o en su apariencia, como por ejemplo teñirse el cabello rubio; es frecuente que las personas tiendan a ocultar aquellos factores que pueden generar discriminación. Un hecho que muestra la fuerte tradición racista a la que hacemos mención, es el que hace referencia a la imagen del peruano exitoso, como el hombre blanco, de cabellos claros, es decir, con rasgos étnicos que no representan a la mayoría de nuestra población.

Octavio Paz decía que América Latina es el extremo occidente. Nos sentimos más europeos que los europeos y más gringos que los gringos; adoptamos costumbres, modos de pensar europeos o americanos y los llevamos al extremo, sin entender que nuestra realidad es completamente distinta a la de Europa y a la de Estados Unidos. Somos un continente mestizo porque tenemos incorporadas, aparte de múltiples etnias peruanas, contingentes europeos, españoles, italianos, alemanes, judíos del este, japoneses, etc. Somos una inmensa pluralidad y tenemos que pensar en plural, no en singular. Si no entendemos a los otros, no vamos a poder dar los pasos necesarios para construir esa inmensa posibilidad que es el Perú.

Una persona puede sufrir por la suma de varias situaciones de discriminación (interseccionalidad) como ocurre cuando diversas diferencias marcan al individuo desde su nacimiento y afectan su desarrollo. Es así como ser niña, pobre y vivir en zona rural la pondrá en situación de ser discriminada y como consecuencia no tendrá acceso a oportunidades que permitan su futuro desarrollo, esta misma niña podría convertirse con el paso del tiempo en la mujer pobre, de rasgos indígenas, que proviene de una zona rural, habla quechua o aymara y/o emplea su vestimenta tradicional y que sufrirá con mayor probabilidad situaciones de racismo cuando llegue a Lima a trabajar como empleada en un hogar. Podemos decir que los indígenas y campesinos que viven en zonas rurales o urbanas, especialmente los niños y las mujeres, conforman un grupo social que experimenta condiciones de vida manifiestamente inferiores al resto de la sociedad, sufren exclusión, violencia y marginación de manera permanente; es decir, discriminación sistémica. En el ámbito urbano de nuestra capital podemos apreciar cómo el individuo que procede de un distrito de mayor ingreso económico y un alto nivel sociocultural discrimina al que pertenece a otro distrito con menor nivel de ingreso o a otro con igual nivel de ingreso, pero menor nivel sociocultural, lo cual podría generar una discriminación en cadena, constituyendo la procedencia distrital un factor de discriminación, al extremo de sectorizar un distrito por las mismas razones.

En nuestro país, las prácticas discriminatorias hacia las mujeres son frecuentes; en comunidades en situación de pobreza ellas asumen el rol de servir al resto de la familia y se espera que subordinen su bienestar al de los demás, por eso, los niveles de analfabetismo y desconocimiento del castellano son más elevados entre las mujeres, muchas niñas y adolescentes no terminan la educación secundaria y muchas jóvenes no acceden a la educación superior.

Actualmente por la crisis económica consecuencia de la pandemia de la COVID-19, ha aumentado la deserción escolar, y en estas comunidades son las niñas en mayor número que los niños las que han dejado de estudiar para dedicarse a las labores del hogar. Una forma de discriminación que merece una especial mención porque está muy arraigada en todo el Perú entre los hombres y las mujeres es el machismo. Los varones son criados desde niños con la idea que ser varón es un privilegio, que los pone por encima de las mujeres y otras identidades, y que la violencia es un modo de socialización masculina, sexista y homófoba. El típico caso del peruano machista es el que exige que la mujer se encargue exclusivamente de las labores del hogar y de la crianza de los hijos, a tiempo completo, si se ve en la necesidad de aceptar que la mujer realice actividad laboral fuera del hogar (probablemente porque su sueldo es insuficiente para mantener a la familia), no interviene apoyándola en las labores domésticas por considerar que son propias del sexo femenino. Si la mujer no cuenta con independencia económica, aprovechará de esta condición para imponer sus exigencias dentro del hogar. Pero el machismo no sólo se vive al interior del hogar, también tiene sus manifestaciones en el campo laboral, evidenciable cuando ante un mismo puesto de trabajo, el sueldo percibido por el hombre es mayor que el de la mujer, cuando vemos que los perfiles profesionales de alto rango no están cubiertos con paridad tanto en el sector público como en el privado, por señalar dos ejemplos frecuentes. Otra expresión de machismo que se puede ver en las zonas urbanas es el acoso, presente en diferentes ámbitos; la mujer puede ser presa de esta forma de violencia por parte de los hombres que se sienten con el derecho de un comportamiento irrespetuoso ya sea en su centro laboral, en el transporte público o en las calles de nuestra ciudad.

## LA DISCRIMINACION EN EL PERÚ LIMITA EL DESARROLLO DEL INDIVIDUO

En el Perú, el acceso a la educación, la salud y los servicios básicos de infraestructura se conciben como un derecho universal. Sin embargo, estamos muy lejos de alcanzar el ideal: que cualquier niño o niña reciban una educación básica de calidad, atención de salud, servicio de saneamiento y electricidad. Ese es el problema hoy en día; no todos tiene acceso a las mismas oportunidades básicas, es necesario priorizar la ampliación de la cobertura de servicios básicos de manera igualitaria para todos los niños, apuntando a una distribución más equitativa y oportuna. En las zonas rurales tenemos un inicio tardío de la educación en las niñas, atraso escolar y un bajo nivel de calidad educativa. El acceso a educación secundaria es limitado, las adolescentes tienen que caminar muchas horas para llegar a la escuela y además están expuestas a actos de violencia. Un estudio de ONU Perú hace énfasis en que más del 30% de los adolescentes no culmina el colegio en la edad esperada, lo cual afecta en mayor medida a escolares del sector rural en departamentos como Huánuco, Huancavelica, Cajamarca, Loreto y Amazonas.

Si logramos que el acceso a los bienes y servicios básicos se rijan por el principio de igualdad de oportunidades, las circunstancias exógenas a la niña o niño, como dónde nació o quiénes son sus padres, no determinarán la falta de acceso a dichos servicios y bienes. Según el último informe del Instituto de Estadística e Informática (INEI) del 19 feb 2020, con respecto a la pobreza y la desigualdad en nuestro país, la tendencia es que siguen siendo muy altas y con diferencias significativas entre los grupos poblacionales rurales y urbanos. Más de 6.4 millones de peruanos se encuentra en situación de pobreza, es decir, unos 20.5% de la población del país, sin embargo, esta situación es 3 veces mayor en las zonas rurales (tablas 1 y 2) y adicionalmente la crisis económica consecuencia de la actual pandemia ha incrementado estas cifras.

Tabla 1. Incidencia de la pobreza según el ámbito geográfico

| | Pobreza Rural | Pobreza Urbana |
|---|---|---|
| 2018 | 42.1% | 14.4% |
| 2019 | 40.8% | 14.6% |

Tabla 2. Incidencia de Pobreza Extrema (PE) según los ámbitos geográficos

| | PE Rural | PE Urbana |
|---|---|---|
| 2018 | 10.0% | 0.8% |
| 2019 | 9.8% | 1.0% |

La pobreza afecta en mayor proporción a las niñas, los niños y los adolescentes, principalmente a los residentes de las zonas rurales donde más del 50% de los niños menores de 15 años son pobres (tabla 3).

Tabla 3. Niñas(os) y adolescentes en Condición de Pobreza

| | 3 a 5 años | 6 a 11 años | 12 a 16 años |
|---|---|---|---|
| 2019 | 20.5% | 43.0% | 36.5% |

En la población infantil y adolescente, la incidencia de la pobreza es alta, la falta de recursos en los hogares pobres suele estar asociada a situaciones de riesgo específicas de esta población, tales como la desnutrición, las dificultades en el aprendizaje, la deserción escolar o la falta de acceso a los servicios médicos. Estas circunstancias pueden afectar a las oportunidades de las niñas, niños y adolescentes para desarrollarse en el futuro, pues los efectos de la pobreza son difíciles de remontar, e incluso llegan a ser irreversibles. Aunque las carencias descritas no son exclusivas de la población infantil y adolescente, es muy probable que no sólo los acompañen a lo largo de su vida, sino que sean un factor determinante para perpetuar la transmisión intergeneracional de la pobreza.

La actual pandemia está afectando aún más el acceso a la educación presencial; las clases se están dando de forma remota por radio, televisión e internet con el programa Aprendo en Casa. Si bien la educación digital puede ayudarnos a cerrar brechas para llegar a los lugares más alejados del país, los problemas de conexión y acceso a internet constituyen un factor que crea desigualdades porque el acceso a esta importante herramienta no es parejo en el Perú, por factores geográficos y económicos. Los datos del INEI del primer trimestre del 2020 indican que sólo el 5.9% de los hogares de las zonas rurales accede a Internet y sólo el 7.5% posee una computadora. Otro problema que se está presentado como consecuencia de la actual pandemia es el aumento de la deserción escolar; las niñas en mayor número que los niños han dejado de estudiar para dedicarse a las labores del hogar, principalmente por factores económicos. En marzo del 2021 la Defensoría del Pueblo a través de un comunicado denunció que la "caótica" situación en la atención sanitaria del país se tradujo en un aumento de 12% de los embarazos no deseados, especialmente en adolescentes que requerirían de orientación sobre la salud sexual y reproductiva.

Con respecto a las mujeres peruanas, la discriminación machista nos ha tocado a todas de manera diferente, en mayor o menor grado, dependiendo de nuestra procedencia si es rural o urbana, del estrato social, económico y cultural al que pertenecemos, pero a muchas nos ha afectado de manera determinante en nuestro desarrollo como individuos, exigiéndonos un mayor esfuerzo que en el caso de los hombres, para lograr nuestras metas personales y profesionales. Los efectos ocasionados por la COVID-19 tienen repercusiones en el sexo femenino con un menor acceso a ingresos y empleo, retrocediendo a mayores brechas de género. Entre mayo y julio del 2020, el INEI reportó una caída del empleo del 36.1% como consecuencia de las medidas dictadas para frenar la pandemia; sin embargo, el impacto ha sido mayor en las mujeres. Mientras las mujeres tengamos una sobrecarga en el tiempo que asignamos a las tareas domésticas, determinadas por los roles sociales de género, tendremos menos tiempo para asignarles a las actividades generadoras de ingreso. Otro factor significativo de las desigualdades en el ámbito laboral se evidencia en la escasa participación femenina en altos cargos de liderazgo, donde sólo hay una profesional mujer por cada 8 hombres y en la remuneración donde el grupo masculino gana un 21.2% más que sus pares femeninos. Actualmente el Perú es el país con mayor disparidad salarial debido a género en puestos directivos empresariales en toda América Latina; y en el panorama general de mujeres empleadas, según OIT, el país aún ocupa el cuarto lugar de desigualdad en la región.

Si analizamos los grupos de profesionales, como son las sociedades de médicos especialistas, conformadas por miembros de ambos sexos igualmente capacitados en la especialidad, llama la atención lo poco frecuente que resulta encontrar a una mujer ejerciendo el cargo de presidente del Consejo Directivo. Tenemos el ejemplo de la Sociedad Peruana de Oftalmología que desde el año 1,959 hasta la actualidad no ha contado con una oftalmóloga en ese cargo y por primera vez en su historia en el Consejo Directivo del año 1993 de los once integrantes una era mujer, y desde el año 2009 se ha mantenido una cuota de participación femenina del 25% en el Consejo Directivo, que podría ser mayor, considerando que del total de oftalmólogos el 33.5% son mujeres. Si bien las mujeres somos el 50.4% de la población del Perú, hoy sólo el 25.4% de congresistas son mujeres. Lamentablemente, todavía persisten estereotipos de género que ratifican la imagen de las mujeres en la política u otra actividad laboral como si fuera una responsabilidad secundaria a la doméstica, o cuestionan nuestras competencias en cuanto a la toma de decisiones.

Con respecto a mi experiencia personal considero que he sido privilegiada por ser mujer de clase media que vive en una zona urbana, específicamente en Lima. En los inicios de los años 70' ya como adolescente tuve que enfrentar manifestaciones machistas procedentes de hombres como también de mujeres, como les sucedió a mis contemporáneas, algunas de las cuales contaron con mayor o menor apoyo dentro del núcleo familiar, pero ninguna pudo evitar las experiencias de esta índole, vividas durante nuestros años de estudios universitarios. Si analizamos la problemática de la discriminación de la mujer en este grupo poblacional, vemos que se están dando cambios importantes. Al remontarnos al año 1973, vemos que del total de alumnos que ingresamos a la Universidad Peruana Cayetano Heredia, en las facultades de Medicina, Ciencias y Odontología sólo el 14% éramos mujeres, claro reflejo del menor acceso de la mujer a estas carreras en una universidad particular en la capital. Cabe señalar que dentro de esta minoría había otra minoría, las estudiantes procedentes del interior y del exterior del país, que aun con mayor esfuerzo y perseverancia lograban ingresar y terminar sus estudios. En la actualidad, considerando todos los ingresantes en el año 2020, el 70% fueron mujeres; analizando estos datos, vemos que en casi medio siglo la proporción de ingresantes de sexo femenino ha aumentado ostensiblemente, lo cual demuestra un cambio importante en nuestra sociedad.

Otro aspecto que analizar es el de la mujer machista, que acepta la estructura familiar de dependencia de su pareja en todos los aspectos, incluida la decisión de algo tan determinante para su vida como es el método a elegir para el control de natalidad, sin cuestionar al hombre que, por ejemplo, rechaza el uso de preservativos. El acceso a los métodos anticonceptivos sigue siendo una necesidad insatisfecha para las mujeres peruanas, considerando la importancia de la planificación familiar en su desarrollo como individuo. La Encuesta Demográfica y de Salud Familiar (ENDES), realizada por el INEI en el 2016, confirma que el 23,8% de las mujeres casadas o que conviven con sus parejas no usa ningún método moderno o tradicional de control de la natalidad. En las zonas urbanas del Perú, el número de mujeres que no accede a algún tipo de anticonceptivo es del 17,1%; mientras que en el ámbito rural el porcentaje alcanza el 24,5%. De otro lado, en el grupo de mujeres que sí emplea algún método, en las zonas urbanas la mayoría opta por el condón masculino y en las zonas rurales por las inyecciones de compuestos hormonales. El bajo uso del preservativo se debe a diversos factores externos como el consumo de alcohol y drogas, que pueden alterar el juicio de las personas, así como a mitos relacionados con la disminución de la sensibilidad y el placer; apenas el 19% de la población lo usa responsablemente.

Una niña que recibe educación escolar y educación en valores dentro de su hogar será una niña con autoestima, y se la deberá empoderar para que logre su desarrollo como individuo y se convierta en una persona económicamente independiente, dadas estas condiciones difícilmente será presa de violencia familiar, será un ejemplo para los hijos que decida tener y les permitirá desarrollarse por igual sean mujeres u hombres, sin diferencias.

El Perú se ubica entre los países con mayor violencia contra las mujeres en el mundo, la baja autoestima y la vulnerabilidad de la mujer machista la hacen fácil presa de la violencia. Según cifras oficiales, siete de cada diez mujeres en nuestro país han sufrido violencia psicológica, física y/o sexual de parte de su pareja alguna vez en su vida, estos actos de violencia tienen repercusiones en los hijos y podría afectar a su desarrollo. El daño que genera el machismo sobre la familia trasciende a los hijos, que, viviendo en un ambiente de esas características, corren el riesgo de repetir los roles, de allí que es tan importante el acceso a la educación de niñas(os) y jóvenes. Con la llegada de la COVID- 19, el estrés generado por el confinamiento y la crisis económica nos ha recordado la importancia de no desatender problemas generados, como la violencia familiar. En la primera quincena del aislamiento social, la línea 100 del Ministerio de la Mujer y Poblaciones Vulnerables (MIMP) recibió cerca de 2,800 llamadas denunciando violencia en el hogar; 600 de estas llamadas fueron realizadas por niñas, niños y adolescentes. No es novedad que la violencia en el Perú cobra y afecta a muchas vidas, en 2019 se registraron 168 feminicidios y como consecuencias menores de edad quedaron huérfanos. Según el MIMP, durante los meses de cuarentena decretada en el 2020 para frenar el avance de la pandemia, las denuncias por violencia familiar y de género aumentaron el 130% en Perú, en comparación con el año anterior. Además, en el mismo periodo de confinamiento, se registraron un total de 7,138 denuncias por violación sexual.

Solo en enero del 2021, ya se registraron a nivel nacional un total de 14 feminicidios, según datos oficiales. Las cifras reportadas por el MIMP resultan doblemente preocupantes, porque el estrés originado por el confinamiento está degenerando en violencia contra los niños, niñas, adolescentes y mujeres y porque se trata de un subregistro, ya que la gran mayoría de las víctimas no denuncia los maltratos. Recordemos que la violencia no está solo en la casa y se manifiesta de distintas formas, chicos pueden encontrarla en la esquina de un mercado ofreciéndoles alternativas para salir de la pobreza, o en la casa de un vecino o vecina que los sabe vulnerables.

## CONCLUSIONES

Como hemos visto a lo largo de esta revisión, en el Perú, la discriminación es un factor limitante en el desarrollo del individuo desde que nace y la población más vulnerable es la conformada por niñas(os) y adolescentes, en pobreza y de zona rural por no tener acceso a oportunidades básicas. El ideal que debemos alcanzar en educación es que cualquier niño o niña reciba una educación básica de calidad. Para ello hay acciones que debemos considerar, como asegurar condiciones adecuadas de agua y saneamiento en los centros educativos, priorizar la nivelación de los aprendizajes enfocada en los estudiantes más vulnerables, invertir en conectividad y competencias digitales, continuar fortaleciendo la carrera magisterial y asegurar que los estudiantes de las zonas más alejadas cuenten con docentes preparados y reforzar el trabajo multisectorial para el desarrollo infantil temprano. Sin embargo, la actual pandemia es un factor adicional que considerar, las pérdidas de aprendizajes ameritan una respuesta urgente, necesitamos diseñar una estrategia equilibrada que combine el aprendizaje presencial y el aprendizaje a distancia de acuerdo con las realidades que tiene cada contexto, por esta razón es muy importante tomar en cuenta las necesidades particulares de cada región, no es lo mismo el año escolar en una escuela de la Amazonía que en una de la costa o sierra. Es necesario establecer protocolos que incluyan: uso de mascarillas, profesores vacunados, distanciamiento físico, aforos limitados si es posible en ambientes abiertos, días alternados de clases, etc.

Para impulsar la educación superior, destacan entre las áreas de acción a priorizar, informar a los estudiantes para que puedan escoger programas de calidad, considerando sus niveles de preparación y los retornos económicos; ofrecer mayores oportunidades de apoyo económico para que puedan continuar sus estudios; seguir fortaleciendo el trabajo de la Sunedu para asegurar una oferta de educación superior de calidad, tanto al nivel de la universidades como de los institutos, es necesario que las universidades nacionales tengan mayor capacidad de oferta y convenios para que la educación superior sea descentralizada, es decir que se beneficien diversas regiones del país; y finalmente asegurar una educación superior modular y flexible, que, por ejemplo, permita la convalidación entre los estudios no universitarios y universitarios.

Al igual que la educación, la atención de salud, el servicio de saneamiento y electricidad es indispensable que se distribuyan de manera equitativa, para ello se hace necesaria la labor del estado, que priorice el acceso a estas oportunidades por parte de las poblaciones más vulnerables.

En los últimos años el estado ha venido elaborando un marco legal para combatir la discriminación de la mujer en el Perú; es así que el 12 de Marzo del año 2007 se promulgó la Ley 28983, Ley de Igualdad de oportunidades entre mujeres y hombres; en el 2019, la Política Nacional de Igualdad de Género - Decreto Supremo Nº008-2019-MIMP que tiene por objetivo brindar iguales oportunidades para hombres y mujeres y el Plan Nacional de Igualdad de Género 2012-2017 MIMP, cuyo objetivo principal es que el Estado Peruano, en sus tres niveles de gobierno, transversalice el enfoque de género en las políticas públicas, garantizando la igualdad de género y la efectiva protección de los derechos humanos para mujeres y hombres, la no discriminación y el pleno desarrollo de sus potencialidades y capacidades individuales y colectivas. Sin embargo, estas medidas no son suficientes, hay que ponerlas en práctica con acciones concretas como brindar educación tanto a mujeres como a hombres, con el objetivo que las adolescentes terminen la secundaria en edad oportuna, con habilidades socioemocionales, educación sexual integral (prevenir embarazo adolescente) y empoderamiento económico para que puedan construir un plan de vida viable. Se pueden difundir programas de apoyo a comunidades rurales, trabajar de manera integrada con la comunidad, docentes, directivos de instituciones y padres de familia, con el mismo fin de combatir la discriminación de la mujer rural, lograr su desarrollo como individuo e independencia económica. Así, ya no tendrá que verse obligada a soportar una situación de violencia dentro de su hogar, que muchas veces soportan por considerar que no tiene alternativa. La importancia de empoderar a la mujer radica en que su calidad de vida influye directamente en la calidad de vida de su familia, toda acción orientada a mejorar su situación personal, familiar, económica o laboral repercutirá de forma positiva en el progreso de su círculo social. Para ello es indispensable que tenga acceso a educación de calidad.

La violencia de género es un problema de los hombres que afecta a las mujeres. Los mayores actos de violencia machista se dan en un entorno cercano a la víctima (su casa) y ésta se ha incrementado con la actual pandemia. Las políticas públicas para combatir la violencia contra la mujer y los niños deberán centrarse en combatir el machismo como generador de violencia, con acciones preventivas basadas en la educación dirigida a los hombres desde la niñez y adolescencia para determinar cambios en generaciones futuras. Deberá reforzarse la labor a nivel de las Defensorías Municipales del Niño y Adolescente (DEMUNA), los Centros de Emergencia Mujer (CEM) y las Unidades de Protección Especial (UPE), tengamos en cuenta que para niñas, niños y adolescentes no es fácil tomar la decisión de denunciar a quienes los violentan, por lo que es vital que encuentren rápida respuesta cuando deciden hacerlo.

Es impostergable la necesidad de formar nuevos líderes en políticas públicas, que se formen nuevas generaciones dispuestas a trabajar activamente para combatir la discriminación y que estemos capacitados para elegir a nuestros gobernantes. La discriminación es un problema generalizado en nuestro país, y está en manos de todos erradicarla.

## ANEXO: HECHOS Y TESTIMONIOS

1948

El 10 de diciembre se aprobó la Declaración Universal de los Derechos Humanos como un ideal común para todos los pueblos y naciones. Este documento histórico fue elaborado por representantes de todas las regiones del mundo, con diferentes antecedentes jurídicos y culturales.

En el mundo, miles de personas celebran el Día Internacional de los Derechos Humanos el 10 de diciembre, fecha en la que se conmemora la aprobación de la Declaración Universal de los Derechos Humanos, la base legal que todo ser humano debe tener.

1955

El sufragio femenino en el Perú se consiguió el 7 de septiembre de 1955 durante el gobierno de Manuel A. Odría, quien promulgó la Ley N° 12391 que permitía a las mujeres mayores de edad y alfabetizadas que tuvieran el derecho a elegir y ser elegidas, siendo el penúltimo país de Latinoamérica en conceder este derecho.

1972

Este año Gabriela cursa sus estudios en el último año de colegio y ha decidido que desea prepararse para postular a Medicina. Su madrina sorprendida opina que esa es una carrera de hombres. Otra tía le comenta: "¡Ay, hijita! cómo me hubiera gustado ser médico, pero tu abuelo no me hubiera dejado, él sólo nos permitía ser maestras".

1975

Gabriela está cursando primero de Medicina en una universidad de mucho prestigio. En el aula son 60 los alumnos, de los cuales 14 son mujeres. Lorena acaba de salir del aula, llorando, el profesor le hizo una pregunta que ella no supo responder, y por ello, él se dirigió al grupo de alumnas y en tono despectivo les dijo: "¿Qué hacen acá? ¿Han venido a buscar marido? ¿Por qué no se van a su casa a hacer tortas? Que la tierra se abra y las trague a todas".

Esa experiencia se repetiría en algunas de sus clases.

1976

Ana María tiene diez años y vive en el centro poblado de Huacaybamba, en la región Huánuco. Tiene seis hermanos y dos hermanas. Los seis fueron enviados a estudiar a un colegio de la provincia donde terminaron la secundaria, para lo cual les alquilaron un lugar de residencia y a la hermana menor se le ordenó ir a atenderlos en las labores domésticas. Ana María, desde muy pequeña, pidió estudiar al igual que sus hermanos; quería ser enfermera. Su padre le dijo que no, que las mujeres estaban para casarse y criar hijos. Las tres hermanas desde muy niñas realizaron labores domésticas, una de ellas fue violada por el dueño de la casa donde trabajaba.

1976

Claudia es una alumna del 2º año de Medicina, está pensando que le gustaría ser pediatra, a su enamorado que está en el mismo año, no le gusta la idea de que ella vaya a ser médico y menos pediatra, y cada vez que puede se lo hace recordar. Para suerte de Claudia, sus hermanas y sus padres la apoyan. Actualmente es una exitosa profesional.

1979

Beatriz cursa el tercer año de residencia en de Cirugía General en un hospital de Lima, en donde es la primera mujer en hacer esa especialidad. Los especialistas del Servicio de Cirugía General entran a las intervenciones quirúrgicas que ella realiza a ver cómo opera y a ponerle obstáculos, pero ella los confronta y destaca, llegando a presidir la asociación de residentes de dicho hospital.

1984

Mariana cursa el tercer año de residencia y está a punto de convertirse en especialista en Obstetricia y Ginecología en un hospital de Lima. En una de sus guardias, recibió a una pareja en la sala de emergencia. La señora una primigesta que recién empezaba labor de parto y de acuerdo con el examen realizado aún le faltaban unas buenas horas para ser admitida. Mariana le informa al esposo que no podían recibir a su esposa y de inmediato, él, con actitud muy prepotente le dice: "Señorita, quiero que el doctor me lo diga", ignorando la autoridad de Mariana como médico.

1986

Jenny acaba de terminar su residencia en la especialidad de Anátomopatología en un hospital en Lima, viaja a La Oroya donde ejerce su labor desde 1986 y dos años después en Cuzco. Luego de ocho años, se ve obligada a regresar a Lima. Es así como llega destacada a una institución de prestigio y la renuncia de uno de los especialistas permite su nombramiento inmediato. Esta situación genera una reacción negativa por parte de sus compañeros de trabajo, quienes comentan en su contra y critican su procedencia denominándola "serrana"; reclaman el hecho de no haber conseguido un profesional con postgrado en el extranjero. El rechazo fue unánime y Jenny se vio en la necesidad de esforzarse mucho más, dedicando muchas horas a su capacitación, fuera de su horario de trabajo y sin contar para ello con el apoyo de sus colegas. Luego de un año, fue la primera becada en su servicio para capacitarse en el extranjero, lo cual nuevamente generó rechazo especialmente entre los miembros más antiguos. Este entrenamiento fue un gran aprendizaje y finalmente sus críticos la felicitaron por sus avances profesionales

2007

Gabriela es oftalmóloga en un hospital nivel 4, realiza labor asistencial y es coordinadora de la Unidad de Glaucoma del Servicio de Oftalmología. Al asumir la Jefatura del Servicio nota que el Gerente Médico Quirúrgico, una persona muy exigente y de perfil machista, está contrariado porque su candidato no fue seleccionado y desconfía de la capacidad de Gabriela para el cargo considerando que el Servicio de Oftalmología pasa por una situación crítica que demanda la solución de muchos problemas que se arrastran desde varios años atrás. Durante el primer año de la gestión de Gabriela, los indicadores de calidad del Servicio de Oftalmología mejoraron ostensiblemente lo cual significó que fuera premiada en dos oportunidades. Como resultado de esto, el Gerente Médico Quirúrgico antes de jubilarse, la felicitó por considerarla la mejor jefa de servicio que había tenido.

2008

Se realizaba en Lima, un Congreso Nacional de una especialidad médica, en el auditorio de un hotel de cinco estrellas. Se encontraba totalmente lleno de asistentes muy interesados en las ponencias programadas. Antes de iniciar la primera charla posterior a un receso, una anfitriona del hotel se acerca al presidente de la mesa directiva y le dice algo en voz baja. El especialista toma el micrófono y se dirige a todo el auditorio diciendo: "El automóvil marca XXX con placa XXX, estacionado en el sótano 2, se encuentra con las lunas abiertas, al parecer se olvidaron de cerrarlas, SEGURO QUE HA SIDO UNA DOCTORA" .... risas.

2008

El Club Regatas Lima, uno de los centros recreacionales privados más exclusivos del país, aprobó el que es, tal vez, el cambio más radical de su organización luego de 133 años de funcionamiento: permitir que las mujeres sean socias del club. En Asamblea extraordinaria se aprobó, por amplia mayoría, su participación como socias.

2015

Noticia publicada en la prensa:

En Puno, a seis grados de temperatura, dos niños son protagonistas de una conmovedora e increíble historia. Alfredo y Hugo, quienes tienen 9 años, exponen sus vidas al cruzar el Lago Titicaca en bateas para lavar ropa con el único fin de llegar al colegio, para lo cual navegan durante dos horas.

2019

Noticia emitida por la radio:

En Puno a -7 grados de temperatura, los niños caminan una hora y media, en llanques, hasta llegar a su colegio. El colegio tiene únicamente un aula, que alberga a niños de diferentes edades, y una profesora, que además es directora, y realiza toda actividad que se necesite para que el colegio funcione.

**Bibliografía**


1. La Declaración Universal de los Derechos Humanos
2. Igor Garafulic, Coordinador Residente del Sistema de las Naciones Unidas en el Perú Discriminación: ¿Una barrera para garantizar los derechos humanos en Perú? Conversatorio multidisciplinario. 10 de diciembre del 2020
3. Latinobarómetro 2008-2010, citado en Tanaka (19-12-2010): www.larepublica.pe
4. Wilfredo Ardito Vega. Patrones de la Discriminación en el Perú. idehpucp.pucp.edu.pe
5. Beatrice Avolio y col. La Mujer Peruana Evolución y Perspectivas para su Desarrollo Futuro. 2013 editorial Planeta

6. Ana de Mendoza. De pie frente al virus de la violencia, Unicef Perú frente al coronavirus; artículo Publicado: 24 abril 2020
7. Martín Tanaka, Comentario sobre Libro de Jorge Bruce: "Nos habíamos choleado tanto"
8. Comunicación verbal proporcionada por personal administrativo de la UPCH
9. Max Hernández. En el Perú se ha abusado ferozmente de la Intolerancia. Entrevista de Patricia Quispe, Perú 21: 3 de enero del 2021
10. ¿Está el piso parejo para los niños en el Perú? Medición y comprensión de la evolución de las oportunidades Javier Escobar, Jaime Saavedra y Renos Vakis. Lima, Banco Mundial, GRADE, 2012.
11. Fuentes de datos INE 2020
12. Violencias contra las mujeres: La necesidad de un doble plural. Wilson Hernández Breña Editor. Grupo de Análisis para el Desarrollo
13. Marilú Martens, directora nacional de CARE Perú. La Educación en tiempos de la COVID-19: Reflexiones y aprendizajes; entrevista publicada: 5 de noviembre del 2020.
14. Marianne Fay, directora del Banco Mundial para Bolivia, Chile, Ecuador y Perú. Hacia una educación más equitativa; artículo publicado en El Comercio: 8 de abril del 2021

**DR. AUGUSTO ANSELMO SAAVEDRA LOPEZ**

Médico Nefrólogo egresado la Universidad Peruana Cayetano Heredia (UPCH). Con estudios de MBA en Salud en la Universidad de Ciencias Aplicadas (UPC). Médico asistente en la Unidad de Cuidados Intensivos Polivalente del Hospital Militar Central durante tres años. Médico nefrólogo en el departamento de nefrología del mismo hospital hasta el 2004. Médico nefrólogo, titular accionista, de la Clínica Ricardo Palma, 1986 a la actualidad. Presidente de la Sociedad Peruana de Nefrología. He sido miembro del Comité de Enfermedades Crónicas No transmisibles y Trasplante del Consejo Nacional de Salud del Ministerio de Salud; Miembro del Comité de Registro Latinoamericano de Diálisis y Trasplante (2000-2006 (SLANH)); Miembro de la Mesa de Trabajo para el desarrollo de las normas de competencia profesional de la especialidad de Nefrología. En calidad de experto, SISTCERE, Colegio Médico del Perú. Desde 2007 a la actualidad, Investigador Clínico (IP) Centro de Investigación Clínica Ricardo Palma. estudios clínicos fase III.

# SALUD PÚBLICA Y NUESTROS RIÑONES, SILENCIOSOS

**Dr. Augusto Saavedra López**

Nuestros riñones funcionan silenciosamente, jugando un roll importante en nuestro organismo, como todos los demás órganos; todo funciona en armonía, si alguno comienza a fallar y no es controlado, poco a poco todos los demás órganos y nuestro cuerpo en general se va enfermando; igualmente ocurre con las enfermedades más comunes en el mundo actual como son: diabetes mellitus (DB), hipertensión arterial (HTA)y enfermedades cardiovasculares en general, las alteraciones de los lípidos y la obesidad, pasando por las neoplasias, entre otras; conocidas como enfermedades crónicas no transmisibles. Cabe mencionar que sobre todo en países de Latinoamérica, así como otros del hemisferio sur, la proyección de la incidencia de estas enfermedades para los próximos 10 a 15 años, son tremendas; sin dejar también de lado que siguen siendo de alta prevalencia en países del hemisferio norte.

Pero ¿qué función cumplen nuestros riñones silenciosos?: como sabemos nuestro cuerpo está compuesto en un 60% de agua, siendo una de las principales funciones, mantener el balance, regular el comportamiento del agua en nuestro organismo; igualmente se encargan de mantener en equilibrio los electrolitos (sodio, potasio y cloro) y el medio ácido-básico (sabemos que nuestro organismo se maneja en un medio ligeramente alcalino, el llamado pH). Igualmente participa junto con otros órganos en el control o balance del calcio y fósforo y por ende en la regulación de los niveles de una hormona conocida como Parathormona, alteraciones que repercuten en nuestros huesos y sistema vascular. Tiene participación directa en la regulación de la presión arterial mediante una serie de interesantes mecanismos, los cuales conforme va empeorando la función renal en algunos tipos de insuficiencia, se va a manifestar como, hipertensión arterial secundaria. Por último, entre las funciones muy importantes también está la producción de una hormona llamada Eritropoyetina, la cual tiene relación directa con la manifestación de anemia de la insuficiencia renal, donde se presenta disminución progresiva de su producción con el paralelo descenso de nuestra hemoglobina (anemia progresiva); sería algo largo describir otras funciones más que cumplen nuestros silenciosos riñones en el organismo.

Mencionar aparte un factor de disminución de función renal, diría de alguna manera fisiológico y natural, muy importante, pero que sin embargo a veces no es tomado en cuenta, sobre todo en el momento de administrar terapéutica: ***La edad,*** el envejecimiento natural; lo cual también va a incrementar el riesgo de mayor daño a la función si no lo tenemos en cuenta al momento de estar manejando enfermedades, medicando a los pacientes o realizando procedimientos en adultos mayores sin estar a su vez monitorizando previamente, durante y posteriormente la función de los riñones.

Cada vez más estamos asistiendo a población mayor de 60, 70 años y más aún estamos asistiendo a personas que superan los 90 años; que por cierto ya traen consigo alteraciones diversas tanto metabólicas como estructurales de órganos como: corazón, pulmones, hígado, cerebro, entre otros.

Estos comentarios y otros factores más explican que, la información estadística de la prevalencia de enfermedad renal crónica (enfermedad crónica de los riñones en sus diversas etapas de evolución), estime que un 10% de la población de cualquier país en el mundo están presentando algún grado de enfermedad renal crónica. Citamos la siguiente fuente con relación a nuestro país:" No existen en nuestro país estudios de prevalencia de ERC con inferencia al nivel nacional, los estudios publicados sobre prevalencia de ERC en sus diferentes estadios solo muestran tasas referenciales. En el año 1992 se reportó una tasa de 122 PMP (Por millón de población) y en 1994 una tasa de 68 PMP. Un reciente estudio en población mayor de 35 años describe una prevalencia de ERC de 16,8% siendo más alta en adultos mayores, mujeres, consumidores de alcohol, población con menor grado de instrucción, hipertensos y diabéticos. Al no existir datos de estudios de prevalencia de la ERC en el Perú, se pueden realizar aproximaciones en base a los datos de la Encuesta NHANES de los EE. UU., aunque con ciertas limitaciones. En base a estos datos se estima que 2´507,121 millones de personas tendrían ERC en estadio preanálisis, 19,197 mil personas tendrían ERC terminal (ERC-t) y la brecha no atendida seria de 7,778 pacientes en el SIS. Se estima que la población en ERC-t en EsSalud ha superado en más de un 34% a la población estimada, indicador que muestra que la demanda esta sobresaturada. sin saberlo" [1].

Más aún, siendo la DB y la HTA las dos enfermedades metabólicas más frecuentes en el mundo, un 40% aproximadamente de la población diabética tipo II y un 20% de los hipertensos, principalmente, van a presentar compromiso de la función renal inexorablemente. Un dato que parece no ser entendido es que la enfermedad renal crónica primaria, que no es causada por otras enfermedades, también está presente en la población y pasa desapercibida y desafortunadamente se diagnostica muy tardíamente (razón de la expresión que lleva el título de este escrito: riñones, silenciosos).

Pero diríamos: ¿que implica este compromiso progresivo de la función renal?, ¿a dónde nos lleva de no ser prevenida en población general?, diagnosticada tempranamente; tratada adecuadamente, evitando que llegue a los estadios avanzados de enfermedad, en donde el manejo se vuelve más complejo y costoso. Esta enfermedad condiciona la muerte inexorable y a cualquier edad de presentación si no se maneja adecuadamente y si no se tiene el acceso a sistemas de salud donde pueda ofrecerse trasplante de riñón o procesos de diálisis permanente. Mencionar el alto costo de ello está sobrentendido a mi parecer.

Otra pregunta interesante es, ¿Qué especialidad médica comprende el estudio, diagnóstico y tratamiento de las enfermedades del riñón?: La Nefrología. Pareciera una pregunta muy básica, pero lo menciono porque aún después de haber transcurrido 36 años de práctica nefrológica en diferentes servicios de atención ambulatoria y hospitalaria, los pacientes aún no conocen o con temor preguntan ¿qué es nefrología?

Siendo quizá una de las especialidades más jóvenes, hacia finales de 1800 en diversos países de Europa, varios fisiólogos e investigadores van definiendo la anatomía y función de los riñones, igualmente los primeros intentos en desarrollar máquinas para dializar; descritas investigaciones y desarrollo de máquinas para dializar a finales de 1800, allá por la década de los 20 o 30 del siglo pasado se empezó a perfeccionar los primeros aparatos para tratar de suplantar la función de los riñones (enfocada en ese entonces básicamente a tratar de solucionar el problema del paciente que ya no orina y que se está intoxicando) y demorado por la presencia de la primera y segunda guerras mundiales, su desarrollo no fue del todo ordenado hasta inicios de la década del 50 con las primeras facultades de Nefrología académicamente hablando [1], en USA y en Europa, según los primeros reportes. En nuestro país se inicia los primeros años de la década del 60 con la formación de las organizaciones académicas y las facultades [15]. Es la Seguridad Social, con su mayor capacidad económica que le permite desarrollar y enfocar la enfermedad renal crónica. Siendo así se encuadra a la nefrología en el tratamiento de la enfermedad renal crónica avanzada y/o terminal, se realiza un tremendo gasto en la compra de los equipos para procedimientos de diálisis; tampoco se trabaja el desarrollo de tecnología propia, es decir la mayor inversión en tratar la consecuencia y no necesariamente la causa; cogiendo a la bestia por la cola y no por la cabeza. Cierto es que se inicia la especialidad de nefrología en universidades como San Marcos, Villareal y Cayetano Heredia; en paralelo a nivel mundial se desarrollaba investigación en relación con las causas, mecanismos que condicionaban el daño renal, su asociación con otras enfermedades, esquemas de tratamiento de los síntomas y en algunos casos descubrir nuevos medicamentos que pudieran detener o lentificar el curso de la enfermedad, evitando así llegar a la fase terminal del daño del riñón.

La historia en nuestro país implica que no es sino hasta los primeros años de este siglo, en que el Ministerio de Salud recién, con la presencia del sistema de aseguramiento universal, le da cabida a la cobertura o atención de la enfermedad renal crónica dentro de los programas de su sector, iniciando a manera de piloto una primera atención de pacientes con enfermedad renal crónica en niños: tratamiento de diálisis y luego además trasplante renal (2007). Convenio justamente realizado con el Hospital Nacional Cayetano Heredia. Nuevamente se comete el mismo error, impulsando la inversión y gran costo de la atención en la fase final de la enfermedad sin desarrollar a la vez programas de prevención y diagnóstico temprano de la enfermedad renal cualquier fuera su causa, en los primeros niveles de atención de salud. A partir de la segunda década de este siglo, se ha logrado desarrollar el Programa de Salud

Renal tanto en la Seguridad Social como algo en los Hospitales del Estado, que comprende detectar a la persona con enfermedad renal establecida, controlarla y manejar la enfermedad, así como sus complicaciones, preparándolo para su futuro ingreso, en las mejores condiciones, a programas de tratamiento dialítico. Estamos hablando de prevención secundaria. Queda aún un largo camino para el desarrollo de programas de prevención primaria.

En otras palabras, desde inicios de los años 60 hasta la actualidad, solo la seguridad social ha procurado dar atención sin costo a sus pacientes asegurados, mientras que en el Ministerio de Salud, (en los primeros años de este milenio como comentamos) la enfermedad renal en general no era considerada, no atendida; implicando que parte de los pacientes que requerían algún soporte de diálisis lo realizaran bajo el sistema de gasto de bolsillo, utilizando sus propios recursos, gastando lo que pudieran, vendiendo o empeñando sus pocos bienes, con tal de solventar su tratamiento de diálisis y seguir adelante; mientras, otra proporción de pacientes simplemente seguían el curso natural de la enfermedad. Esto generó a su vez que muchos pacientes migraran, de alguna u otra forma al sistema de Seguridad Social para poder ingresar a su vez a tratamientos de diálisis, disminuyendo significativamente el costo económico individual, pero a su vez generando un mayor gasto al sistema de Seguridad Social, al incorporar bruscamente a pacientes no aportantes a un programa de tratamiento de alto costo.

Cabe también señalar que dadas las características del sistema de salud de nuestro país: fragmentado y segmentado, se cuenta con la existencia de 4 sistemas de salud: MINSA, EsSalud, Fuerzas Armadas y sector privado; cada uno ofreciendo y manejando con los recursos a su disposición la salud y en particular esta enfermedad tan peculiar y compleja, la cual implica altos costos en las etapas de enfermedad renal avanzada y fase de terapia de reemplazo, generando población enferma, altamente dependiente; Este sistema de salud, fragmentado, también ha condicionado, a mi modo de ver, mayores dificultades para el desarrollo de programas de trasplante de órganos en general y de riñones en particular.

La capacidad para poder centralizar en un solo sistema nacional de trasplante, optimizando recursos de toda índole, sigue siendo un sueño.
¿Dicho esto, cabe entender como así estos silenciosos riñones tienen alguna relación con la salud Pública?

Ciertamente, el manejo de la enfermedad renal abarca aspectos de prevención primaria: promoción y prevención de desarrollo de la enfermedad; prevención secundaria: una vez desarrollada la enfermedad, evitar o controlar el desarrollo de las complicaciones propias; prevención terciaria: una vez el paciente ha ingresado a terapias de reemplazo renal: sea diálisis o trasplante, prevenir o manejar las complicaciones asociadas a estas etapas.

Datos de la Sociedad Latinoamericana de Nefrología, 1992-2002 muestran un incremento lineal de la demanda de servicios de diálisis desde el año 1992. Según datos de la encuesta NHANES, realizada en EE. UU. en el año 2003, la ERC, afecto al 10 por ciento de la población, "Una de cada 10 personas estaría afectada por algún grado de ERC" [2].

La ERC es una condición clínica cada vez más frecuente, que está asociada a riesgo de falla renal, enfermedad cardiovascular y otras complicaciones serias. Actualmente representa un problema de salud pública global por su carácter epidémico, alto costo y elevada morbi-mortalidad. Se requieren estrategias de detección precoz para poder prevenir su desarrollo y complicaciones futuras.[3,4]

Clasificación de la enfermedad renal crónica y prevalencia estimada en chile según la ens del 2003

| Etapas ERC | VFG (ml/min/1.73 m$^2$) | Descripción | Prevalencia (ENS 2003) |
|---|---|---|---|
| 1 | ≥ 90 ml/min | Daño renal con VFG normal o aumentada | |
| 2 | 60–89 ml/min | Daño renal con leve reducción de VFG | |
| 3 | 30–59 ml/min | Reducción moderada de VFG | 5.7% |
| 4 | 15–29 ml/min | Reducción severa de la VFG | 0.2% |
| 5 | < 15 ml/min o diálisis | Falla renal terminal (ESRD en inglés) | 0.1% |

En esta tabla se hace referencia a como se clasifica o distribuye las diferentes etapas de la enfermedad renal crónica, así como la prevalencia estimada según estadios. Se comenta lo difícil de estimar la prevalencia en etapas muy tempranas dado que el compromiso de la función es prácticamente asintomático. Esta distribución si bien describe la situación de un país en particular, se estima que es bastante semejante en la mayoría de los países de la región.

En Latinoamérica pocos países cuentan con programas nacionales de prevención de la ERC, según el reporte de Cusumano [5], en el año 2008 sólo Brasil, Cuba, Perú, Uruguay y Venezuela contaban con dichos programas [6.]

Es también importante señalar lo siguiente: "Casi 700 millones de personas en todo el mundo tienen enfermedad renal crónica, y la carga disminuye desproporcionadamente sobre los grupos socialmente desfavorecidos y otros grupos vulnerables7. En muchas regiones, Las personas con un nivel socioeconómico más bajo tienen una mayor prevalencia de ERC, acceso limitado a tratamiento y peores resultados [8-11.] Identificación temprana de la ERC mediante la detección de enfermedad renal, seguido de la estratificación y el tratamiento del riesgo, ofrece el potencial de reducir sustancialmente la morbilidad y mortalidad por ERC y sus complicaciones relacionadas, como cardiovasculares[12,13]. Sin embargo, en la actualidad, no existe una estrategia sistemática aceptada para el cribado de la ERC y tratamiento".

A pesar de los métodos efectivos para diagnosticar y tratar la ERC en sus primeras etapas, existe una falta de consenso sobre si los sistemas de salud y los gobiernos deben implementar el cribado de ERC programas. Las sociedades profesionales se han mostrado discordantes sobre si realizar o no pruebas de detección de ERC [14].

Para octubre del 2019, el Grupo para La Mejora de los Resultados Mundiales de la Enfermedad Renal (Kidney Disease Improving Global Outcomes) KDIGO, celebró una Conferencia sobre Controversias, titulada "Identificación temprana e Intervención en Enfermedad renal Crónica". Las estrategias de detección de ERC fueron evaluadas en el contexto de los principios de detección de enfermedades de la OMS. Además de ello cuatro temas principales se abordaron: 1) la selección de poblaciones para el cribado de ERC; 2) las características relativas de diagnóstico y predicción de las pruebas de enfermedad renal; 3) la base de evidencia para tratamientos que reducen el riesgo de progresión de la ERC y enfermedad cardiovascular; y 4) estrategias de implementación para programas de detección, estratificación de riesgo y tratamiento de ERC y factores clave que determinan la asignación de recursos y la rentabilidad.

Como se desprende de los párrafos anteriores, es claro el interés dado a resaltar la importancia de impulsar el conocimiento de la enfermedad renal en general y de insuficiencia renal crónica en particular, dándole la importancia que requiere, considerando su fuerte presencia dentro de las primeras 10 causas de mortalidad en el mundo, así como también el alto costo económico que conlleva el tener cada vez mayor población en programas de sustitución de función renal: trasplante y diálisis. Políticas claras en salud pública en Perú, respecto a la ERC, así como también en muchos países de ingresos económicos medianos y bajos urgen ser implementadas.

**Bibliografía:**


1. https://www.revistanefrologia.com/files/cap2.pdf
2. Análisis de la situación de la Enfermedad Renal Crónica en el Perú, 2015. https://www.spn.pe/archivos/ANALISIS%20DE%20LA%20SITUACION%20DE%20LA%20ENFERMEDAD%20RENAL%20CRONICA%20EN%20%20EL%20PERU%20(1).pdf
3. Prevención y tratamiento de la enfermedad renal crónica (ERC)
   Recognition and prevention of chronic kidney disease (CKD)
   B. Rodrigo Orozco
   Unidad de Nefrología, Departamento de Medicina Interna. Clínica Las Condes. Revista Médica Clínica Las Condes. Vol. 21. Núm. 5. páginas 779-789 (septiembre 2010)
4. A.S. Levey, K.U. Eckardt, Y. Tsukamoto, et al.
   Definition and classification of chronic kidney disease: A position statement from kidney disease: Improving Global Outcomes (KDIGO).
   Kidney Int, 67 (2005), pp. 2089
5. Cusumano AM, Bedat MCG. Chronic kidney disease in Latin America: time to improve screening and detection. Clinical Journal of the American Society of Nephrology. 2008; 3(2): 594-600.
6. https://doi.org/10.15446/rsap.v19n2.45110
7. Bikbov B, Purcell CA, Levey AS, et al. Global, regional, and national burden of chronic kidney disease, 1990–2017: a systematic analysis for the Global Burden of Disease Study 2017. Lancet. 2020; 395:709-733.
8. Palmer Alves T, Lewis J. Racial differences in chronic kidney disease (CKD) and end-stage renal disease (ESRD) in the United States: a social and economic dilemma. Clin Nephrol. 2010; 74 Suppl 1: S72-77.
9. Caskey FJ. Prevalence and incidence of renal disease in disadvantaged communities in Europe. Clin Nephrol 2016; 86:34-36.
10. Garcia M, Hernandez B, Ellington TG, et al. A lack of decline in major nontraumatic amputations in Texas: Contemporary trends, risk factor associations, and impact of revascularization. Diabetes Care. 2019; 42:1061-1066.
11. Crews DC, Bello AK, Saadi G, World Kidney Day Steering C. Burden, access, and disparities in kidney disease. Kidney Int Rep. 2019; 4:372-379.
12. Curtis S, Komenda P. Screening for chronic kidney disease: moving toward more sustainable health care. Curr Opin Nephrol Hypertens. 2020; 29:333-338.

13. 7. Li PK, Garcia-Garcia G, Lui SF, et al; World Kidney Day Steering Committee. Kidney health for everyone everywhere-from prevention to detection and equitable access to care. Kidney Int. 2020; 97:226-232.
14. https://doi.org/10.1016/j.kint.2020.10.012
15. https://www.spn.pe/archivos/apuntes_sobre_la_historia_de_la_nefrologia_en_los_ultimos_50_anos___dr_c_torres.pdf

**DR. CARLOS ARMANDO SOLIS CACERES**

Nacimiento: el 21 de octubre de 1954 en Miraflores, Lima, Perú Estudios: primaria en colegio inglés John Dewey, segundaria en Colegio San Agustín Universidad: Medicina humana en Cayetano Heredia, especialidad: Ginecología y Obstetricia, Epidemiología en la Escuela de Salud Pública, trabajo de epidemiólogo desde hace 28 años. Bachiller en medicina desde el 13 de enero de 1982. Médico cirujano desde 3 de febrero de 1982, CMP 14358. Ginecólogo y obstetra desde 1 de agosto de 1985 RNE 004676. Auditor Médico en UPC desde 2 noviembre de 2012 RNA A03050. Trabajos: En el Instituto Marcelino 1984 – 1995 (centro ginecológico) En el INO (Instituto Nacional de Oftalmología), como jefe de Estadística e Informática y jefe de Epidemiología hasta la fecha (28 años)

# LA CIENCIA LOCA

**Dr. Carlos Armando Solis Caceres**

Había leído muchas novelas de ciencia ficción, había visto muchas películas de terror, y nunca se imaginó que esa profunda curiosidad científica y ese deseo de crear, lo llevaría a esta terrorífica pero fascinante historia de la cual ahora deseaba salir, pero no sabía cómo.

Él siempre fue sencillo, lo llamaban Beto, de talla baja, ojos pequeños como guisantes y cabello negro desordenado, así como toda su vida; siempre tímido con el futuro, y miedoso hasta de su sombra; hijo único de una gitana desconocida, sólo Dios sabe quién fue su padre, por lo que vivió siempre resentido y retraído en busca de un espectacular descubrimiento que lo inmortalizara.

Su problema comenzó cuando se imaginó que había aprendido demasiado, ya que había leído mucho, estaba lleno de conocimientos, sabía demasiado, sentía el mundo en sus manos, había descubierto todos los secretos del universo y dentro de ellos el secreto de la vida y de la muerte, del bien y del mal, el secreto divino de su propia existencia, y quería llevar toda su ciencia a la práctica, su fin único era el de crear una vida humana.

Dormía muy poco y en cualquier momento, dejando la noche para avanzar su experimento, así se concentraba mejor, ya que se alimentaba del mudo silencio y de la triste soledad; siendo su perro el único compañero de trabajo, pues no se comunicaba con ninguna persona, de esa manera ningún mortal sospecharía lo que él hacía, así nadie se enteraría del avance hasta terminado su proyecto.

"Tengo que hacerlo en forma perfecta" se repetía con suma frecuencia, "Tiene que salirme bien", y mientras decía esto, se presentó una mujer. Era Sara, ella era muy joven y bella, cara de ángel con cuerpo de muñeca, siendo la única persona que lo entendía, y que lo amaba desde hacía mucho tiempo atrás; él también la amaba, pero su timidez era más fuerte que el amor por ella, por lo que él no se atrevía a cortejarla, manteniendo sus deseos en secreto.

¿Qué tiene que salirte bien? preguntó Sara, que acababa de ingresar y lo escuchó.
No lo vas a entender, me creerás un loco, y por miedo a eso es que me he ocultado tanto tiempo; Si alguien en este mundo puede ayudarte, soy yo, dijo Sara, sólo yo comprendo tus inquietantes pensamientos, intensos sentimientos y absurdas ansiedades, y sabes que no puedes negarlo, cuéntame todo, que quiero ser parte de tu accidentada vida. Y así Beto se llenó de valor y le contó: ...

Desde hace ya tiempo, te vengo observando en una foto antigua, y lo que allí veo es lo más maravilloso que existe en esta naturaleza, no me canso de verte, ya que para mí es una perfección, eres lo máximo, no solo por lo que muestras, sino por todo el esplendor y belleza que se pueden ver a través de tus profundos ojos, reflejo de tu sublime alma, que en esa profundidad me introduce dentro de los recuerdos aún no vividos, traduciendo el remolino de lo deseado con la satisfacción de lo ya hecho, en un embriagante éctasis que conmueve a la vida misma.

Ese amor que te tengo me ha dado fuerzas y energía que me convierten en un-Dios, ya que he sobrepasado todo el conocimiento humano, con lo que voy a crear vida. Por eso me he refugiado en mi laboratorio, donde con un cabello tuyo, he decodificado y sintetizado tu ADN, que, al combinarlo con mi ADN, crearé el hijo perfecto que siempre quise y que anhelé desde que te conocí y que nunca me atreví a pedírtelo. No puedes hacer eso sin que mi amor esté presente dijo Sara, la locura se ha apoderado de ti y no sé desde cuando has cambiado mucho.

No, no estoy loco, estuve loco mucho tiempo atrás, pero el amor a ti me ha salvado, ahora amo la vida gracias a ti, y como el tiempo no retrocede, esto debe continuar, he de crear a alguien que seas a la vez tú y a la vez yo.

No necesitas de tu ciencia, no utilices tus conocimientos, no rompas las leyes de la vida, el amor es la más grande de todas las facultades, yo puedo darte ese hijo por amor, solo te necesito a ti. Estoy segura de que los dos podemos hacerlo.

Es muy tarde, no se puede desvivir lo ya vivido, no puedo olvidar lo aprendido, no se puede comenzar de nuevo, ya el disparo este hecho, y sólo falta que la flecha llegue a su destino.

Ese destino debemos construirlo nosotros, sobre la base del amor y sacrificio, todo error se puede corregir, aún no está dicha la última palabra, no se puede jugar con la raza humana, no somos Dioses y estamos aún muy lejos de esa perfección.

Si, estas equivocada, si somos Dioses, la perfección está en nosotros, porque tenemos el destino del mundo en nuestras manos, de nosotros depende la vida y la muerte, creamos vida cuando queremos, ¿qué importa el método que empleemos? tenemos la libertad plena para hacerlo, nadie nos puede impedir ni obligar; además, ya he utilizado todos mis recursos para ello, si no soy yo, alguien más lo hará, yo debo ser el primero.

Si lo haces, ese día será el comienzo del fin, se perderá todo control, se matará al sentimiento, se destruirá al amor y el hombre perderá parte de su esencia, y así, aumentará la explotación de hombre por el hombre, regresará la esclavitud, se generará el caos total y reinará la maldad, no creo que quieras ese futuro.

De ser así, la ciencia es dañina, el conocimiento es perjudicial, es peligroso pensar mucho, porque uno puede darse cuenta de las cosas, o es que el hombre tiende a su propia destrucción y no hay quien lo detenga.

No, la ciencia en sí no es mala, lo malo es la mala utilidad que se le dé a ésta, hay que usar algunos criterios, seguir ciertos patrones, hay normas establecidas que no deben romperse, ya todo está escrito.

Pero si las normas las ha puesto el hombre, ¿qué importancia tiene que éste las cambie si eso mejora su propia evolución?

Depende de lo que entiendas por mejora, porque, así como toda acción tiene su reacción, todo cambio para bien, genera también un cambio para el mal en otra dirección, el cual a veces no se evalúa hasta que ya es demasiado tarde. La única solución es la de vivir con todo el amor que nos une y olvidarnos del experimento que pretendes hacer. Terminó diciendo Sara, a lo que Beto respondió escondiendo sus dos testículos ya licuados dentro de un gran tubo de ensayo:

Te aseguro que haré todo lo posible.

## UN PEQUEÑO ERROR DE CÁLCULO

Habrá una vez, en un futuro muy cercano, un joven, que desde pequeño soñará con tener un laboratorio de física. Muy inteligente, desordenado pero brillante. Alto, delgado, con lentes de metal que ocultarán unos ojos muy grandes que cambiarán de color con la luz del sol, impidiendo darle un color adecuado.

Trabajará diario hasta tarde casi sin dormir, como queriendo sacarle un secreto a la naturaleza. Construirá la maravillosa máquina del tiempo. Un día en un laboratorio de física de una universidad, creará con varios equipos científicos de alta tecnología y todo su conocimiento un campo magnético de alta intensidad, a través del cual, al atravesar un potencial eléctrico infinito dentro de una bobina gigante, la vibración molecular generada superará la velocidad de la luz, cayendo a otra dimensión en el tiempo.

Todo empezará como jugando, Juan, se llamará ese joven, que creará un agujero en el tiempo mediante un campo magnético gravitatorio infinito el que hará vibrar todas las moléculas de cualquier cuerpo que lo atraviese, cuando esta vibración sea más rápida que la velocidad de la luz, se creará una radiación muy brillante, abriendo una puerta hacia otro tiempo.

Al comienzo nadie le creerá, solo él confiará en sus cálculos físicos matemáticos, los cuales le dirán que, a más voltaje, genera mayor campo magnético y con ello más vibración, y que, al sobrepasar la velocidad de la luz, invertirá el tiempo; lo que ningún científico se imaginaba, era que no se necesitaba viajar a la velocidad de la luz, bastaba con la vibración de las moléculas a dicha velocidad.

El plan para la primera prueba será la de atravesar el campo magnético llevando una soga larga atada a la correa, de esa manera, si desparece, sus amigos lo podrán rescatar con solo tirar de la soga, ya que será la única manera de regresar.

En la segunda prueba se planeará el ir con él un compañero, y permanecerán más de 6 horas en un viaje hacia el pasado, y mediante el mismo sistema de cuerda atada de uno a otro irán a ser rescatados del pasado.

El experimento va a estar en prueba en forma oculta, nadie se va a enterar, va a ser un secreto que Juan sólo revelará si da resultado, Juan que será el único en el mundo que conozca todo el secreto del funcionamiento del más fantástico y maravilloso descubrimiento del siglo, el poder pasar a otro tiempo.

El día más importante será un Domingo, a las 10.00 de la mañana, Juan se levantará ese día muy temprano, acudirá al laboratorio de la Universidad sin contarle a nadie, tomará el desayuno con poco queso y pan, lo suficiente para no sentir hambre, se cargará de algunos planos y cálculos, su máquina filmadora, una cámara fotográfica, muchos rollos y cintas, e ingresará muy temprano al laboratorio para preparar la prueba final, la cual sería filmada, grabada y que serviría para dar a conocer al mundo sobre tan fabuloso invento.

Ese día el mundo girará como todos los días, y nada presagiará lo que sucederá, nadie, ni mucho menos Juan, que habrá de tomar todas las precauciones del caso. Cargará la cámara fotográfica con un rollo nuevo, le colocará las pilas, cargará también la filmadora con película de larga duración, se colgará la filmadora al cuello y ajustará la correa de esta, se amarrará la soga a la correa de su pantalón con doble nudo y uno más de refuerzo, revisará una vez más los últimos cálculos para saber con seguridad que cantidad de energía se necesitará, y prenderá la revolucionaria máquina, calibrando y revisando los controles para asegurarse de que todo esté bien y atando el extremo de la soga que tenía atada a la cintura a la pata de la mesa, se dejará caer en el campo magnético creado por el monstruoso aparato que habrá de crear. Al atravesar el campo, primero sentirá como un cosquilleo en todo el cuerpo, luego sentirá como que pierde peso o que se vuelve transparente, y empezará su caída en el tiempo, visualizando hechos del pasado, los cuales los filmará y tomará fotografías, manteniendo siempre tirante la soga que lo tendrá atado a su tiempo real.

Se asombrará de todas las maravillas de poder estar en un sitio donde realmente no está, de ver que nadie lo puede ver, pudiendo él observar a todos, cambiando de tiempo con sólo agregar la energía al sistema, oír todo y que nadie lo oiga, ser testigo de hechos históricos, conocer lo inimaginable, ser dueño del tiempo, amo del universo, sentirse invisible, sentirse eterno, ser inmortal.

Ver, oír y gozar la historia misma, sentirse independiente del tiempo y del espacio, haber roto las teorías de Newton, entrar en el mundo de Einstein. Antes de seguir pensando en eso, en la Universidad, un empleado de limpieza entrará al laboratorio, y al ver una soga unida a una pata de la mesa y flotando en el aire, desatará esta y como un rayo la soga desaparecerá en la mitad de la habitación haciendo un leve sonido "zaaaazzzz". Luego dirá en tono de sorpresa: han dejado la máquina prendida, puede ser peligroso, es mejor que la apague, y muy solícito la apagará, desconectando el interruptor, notando solamente la disminución de la iluminación que esta dejaba, haciendo un "bloppp".

Quién diría que con la desconexión de esa máquina iba a quedar atrapado fuera de su tiempo, perdido aquí en el año 1493, sin poder regresar a su casa, sin poder dar a conocer lo fantástico de su viaje, por lo que no puede contar los hechos de este relato del que nadie se enterará ya que no le verán ni le escucharán, ya que estará y no estará a la vez, ya que será el dueño del tiempo, y no podrá vivir como uno de nosotros, ya que sólo será energía, energía de otra época, de otro tiempo, de otra vida, de otro mundo, y aún no se sabrá si él se ha librado del tiempo o si el tiempo se habrá librado de él, para él, el tiempo ya no existirá, y para el tiempo él tampoco existirá.

## EL FOTOGRAFO DEL ALMA

Era un día muy caluroso, en pleno verano, pero Juanito prefería ir a su equipado laboratorio, que jugar en la playa como todo el mundo. Él era un muchacho retraído, sumamente inteligente y de gran bondad. No era ni gordo ni delgado, ni alto ni bajo, y de cara común, sólo lo diferenciaba la pequeña cicatriz que presentaba en la frente y un diente de oro que brillaba con la sonrisa. Aquel día, mientras revelaba un rollo fotográfico, se dio cuenta de un extraño descubrimiento fantástico, la película que usaba, no sólo grababa las imágenes en la foto, sino también registraba sensaciones, ideas, pensamientos y sentimientos que se filtraban a su mente; lo curioso es que solamente él podía captarlas, y parece ser que esa facultad la consiguió luego de un accidente en que por error ingirió revelador y fijador de películas sufriendo luego una electrocución de 5,000 voltios.

Ese día fue el inicio de su desgracia o el inicio de su consagración, al comienzo pensó que era lo mejor que le había sucedido, manteniendo todo en secreto, se dedicó a fotografiar a cuanta persona encontraba, leyéndole luego el pensamiento y sobre todo sus sentimientos. Luego se dio cuenta que al conocer a las personas tan íntimamente, le permitía dominarla psicológicamente, influyendo tanto sobre sus actos que le era fácil manejarlas como quien juega el ajedrez.

Pronto se dio cuenta también que nadie decía lo que sentía, nadie sentía lo que pensaba, ni pensaba lo que decía, por lo que no se extrañó, que tampoco sean como actuaran. Eso le sirvió para conocer la fragilidad humana, las contradicciones de la mente, los conflictos emocionales, los bloqueos sentimentales, los sufrimientos ocultos, sentimientos disfrazados, odios, rencores, temores, fracasos, sueños, deseos, anhelos y engaños, todo lo que la gente oculta.

Sin querer, la vida cambió totalmente para él, se dio cuenta entre otras cosas, que la amistad no existía, que era un juego de intereses; el amor era un juego de satisfacciones, los deseos eran juegos de necesidades, el vivir era un juego de supervivencia, el crecer y desarrollar juego de competencia, en resumen, todo en el mundo era un juego de oportunidades, acciones y reacciones, dominios, transformaciones y energías cambiantes.

La mayor sorpresa se presentó, cuando se tomó una foto frente al espejo, y analizó su imagen con todo su contenido, dándose cuenta de que uno no es lo que cree ser, en el diagnóstico que uno mismo se hace, hay muchos factores que alteran la percepción y detalles de uno mismo. Recién empezaba a conocerse, muchos filtros y caretas le impedían saber cómo era, y comprendiendo como era, conoció su interior profundo, entendió también para que había nacido y qué función tenía en esta vida. Se dio cuenta que, al comprender al hombre, comprendía a Dios.

Los recuerdos teológicos aprendidos desde niño cambiaron, la religión tomó otro significado, comprendiéndola como creada por el hombre, debido a la impotencia de éste, entendió que no tiene nada que ver la moral con lo divino, y que ninguna religión tiene la verdad, que los Dioses no son como los pintan, que no tienen facultades humanas, que es energía pura, que el bien y el mal lo ha decidido el hombre, que todas las normas, doctrinas, preceptos, las ha creado el hombre y son para el hombre. Que Dios no creó el universo, Dios es el universo mismo. Dios no creó nada, Dios es todo. Y el hombre es parte de Dios, que todo está en constante evolución, el mismo universo evoluciona creando sus propias leyes lógicas las cuales son inviolables. Dios se crea a sí mismo en una evolución donde el tiempo no existe.

Pensó que no estaba preparado para todo ese conocimiento, pues comprendió toda la evolución del hombre y su historia, cambió toda la filosofía que tenía del mundo, conociendo todas las leyes del universo, le dio miedo, temor extremo, y en vez de obtener poder con el cual podría dominar el mundo, se aisló más de éste, no hablando con ser viviente alguno, pues ya no podía confiar en nadie, pues conocía las debilidades de todos.

Estuvo mucho tiempo aislado, encerrado en sí mismo; cuando se cansó de estar aislado, de vivir sin vivir, hizo un esfuerzo y cambió totalmente de vida, se sintió iluminado, y trató de comunicar sus conocimientos, habló con muchas personas, escribió muchos libros, hizo mucho esfuerzo, pero nadie lo entendió, y lo peor es que él sabía lo que la gente pensaba de él, y no podía hacer nada, estaba en un laberinto sin fin, no encontraba la salida.

Pronto se dio cuenta que había creado una nueva filosofía en el mundo, era el Mesías de una nueva religión, creó una nueva idea, era el creador de un nuevo movimiento de pensamiento moderno, y lo difícil era él divulgarlo, la nueva doctrina creada no tenía aún nombre, no tenía normas, ni métodos, no tenía una finalidad social como las otras, no habían doctrinas, preceptos, no existían obligaciones, era más bien individual, se vivía con la conciencia, era la más sencilla de las religiones, casi natural.

Pero se sentía en la obligación de divulgar al mundo su nueva doctrina, por lo que se preparó para esa gran hazaña tratando de enseñar de cuanta forma posible había.

Vendió todo lo que tenía, viajó mucho, visitó todos los pueblos que pudo, conversó con mucha gente, aprendió varios idiomas, se esforzó mucho, pero no consiguió nada. Esto lo deprimió bastante, pero por primera vez, se alegró de tener los conocimientos que tenía, se sintió el elegido, el único en el mundo, ¿por qué podía ver él lo que otros no veían? ¿Por qué podía escuchar él algo que otros no escuchaban?, ¿Por qué podía sentir él cosas que otros no sentían?

Estaba en la creencia que se había adelantado a su época, estaba viviendo fuera de su tiempo, así como no se les puede enseñar a los animales a sumar, así tampoco se les podía enseñar su nueva doctrina a las personas, pues necesitaban una inteligencia superior.

Cansado ya de divulgar sus enseñanzas y no tener respuestas positivas, se acostó una noche muy temprano, y muy temprano también lo despertaron, y le dijeron: Juanito prepárate otra vez, te toca tu sesión de electroshock, quiero que esta vez lo hagas bien, ponte tu pañuelo en la boca, déjate amarrar a la cama que ya vamos a empezar...

## LA GALERIA DINÁMICA

Federico se llamaba, era un arquitecto moderno, muy delgado él, de ojos chiquitos y un gran bigote, alto como un poste y de pensamientos muy rápidos e ingeniosos. Según dice la gente, era uno de los mejores profesionales que había egresado de la nueva universidad del pueblo, por lo que todos lo querían bastante, hasta su desaparición, misterio que hasta ahora lo cuentan como si fuera una leyenda.

Sucedió hace mucho tiempo, en que Federico, hijo de un ingeniero y una experta en cibernética, tenía una idea fija en la mente, la de construir una edificación diferente a las que se hacían normalmente, "Todas las construcciones son estáticas", decía él, "Hay que modificar la arquitectura, deben ser dinámicas", "no es posible que toda puerta separe siempre la misma habitación con el mismo cuarto", y así se embarcó en un proyecto de realizar una edificación dinámica; y tuvo suerte, porque justo se necesitó de sus servicios para construir una galería de venta de pequeños puestos para la navidad que ya se acercaba.

Diseñó una construcción fuera de lo habitual, con puertas y ventanas electrónicas, pasadizos móviles, escaleras eléctricas que subían y bajaban, paredes irregulares, techos que se abrían y cerraban, columnas inclinadas, separadores de ambientes que cambiaban de posición constantemente, de tal manera que los planos no eran estáticos y no podían dibujarse como todos, los planos estaban graficados en una computadora la cual había utilizado no tres sino cuatro dimensiones, utilizando el tiempo como una medida más.

La realización de la obra fue un dolor de cabeza, trabajó mucha gente durante mucho tiempo, por lo que pasaron muchas navidades sin que se termine aún. Había sectores que se hicieron más de veinte veces y siempre al finalizar, algo faltaba; como los planos variaban constantemente, todos los constructores llevaban computadoras portátiles e intercomunicadores para no perderse.

Los materiales que usaban no faltaban, eran de primera calidad, y el financiamiento de toda la obra fue de todo el pueblo, desde las autoridades hasta el más pobre mendigo, quiénes con gusto invertían en esa construcción dada la confianza que tenían con Federico por un lado y la esperanza de contar con un lugar propio para vender, ya todos tenían comprado su puesto, y todos querían lo mejor para el pueblo, que de paso serviría para aumentar el turismo, por lo que la expectativa iba en aumento.

La galería crecía y crecía de tamaño, inicialmente estaba diseñada para alcanzar los diez pisos, pero conforme se construía, fueron agregándose más y más pisos, además no se podía hablar mucho de pisos porque estos no estaban siempre en un sitio, no todos los pisos tenían el mismo nivel, y estos variaban mucho; si uno subía del quinto piso hacia arriba, de repente se encontraba en el segundo piso, y al bajar dos pisos, se llegaba al sexto piso, así también, de un sector A una puerta llevaba al sector B, pero a veces esa puerta lo llevaba al sector D o al sector F; si uno avanzaba del sector R al sector S, al retroceder por el mismo camino ya no estaba en el sector R inicial sino llegaba al sector K;

Las ventanas y puertas cambiaban constantemente de posición forma tamaño y color, así también como la decoración que estaba configurada a estos cambios.

El día de la inauguración fue todo un éxito, acudió mucha gente, y se vendió mucha mercadería, pero mucha gente también se perdió, la que apareció muchos días después, y esto se debió a que no podían encontrar la salida, dado que los pasadizos y pasajes cambiaban constantemente de lugar.

La crítica fue de lo más variada, por un extremo a Federico lo creían un genio, revolucionario de la arquitectura, maestro de maestros, ingeniero del futuro, cuya fama llegó a todos los rincones del mundo, pues de todas partes acudían a comprar en esa galería, sólo para conocerla; por otra parte había gente que lo creía un loco, que había despilfarrado el dinero del pueblo en una edificación que no tenía ni pies ni cabeza, y hasta hubo quien lo calificó como enviado del demonio, creando un caos en pueblo, ya que había roto todas las normas de la construcción, poniendo en peligro a todas las personas que ingresaban, las cuales entraban en pánico al no poder encontrar la salida, necesitando constantemente cuadrillas de rescate para las personas perdidas.

Lo más raro de todo fue la desaparición de Federico, quien ingresó el día anterior a la inauguración, y desde ese día nadie lo ha visto, a pesar de que se formaron muchas escuadrillas de rescate, siendo buscado múltiples veces centímetro a centímetro, de día y de noche durante más de seis meses sin resultado.

Algunos creen que anda buscando el camino de la salida y aún no lo encuentra, otros creen que nunca ingresó o está adentro manejando el mecanismo central, creando más comunicaciones y laberintos, pero la mayoría cree que ya salió sin que nadie lo haya visto y se ha escondido esperando el resultado de la crítica de su obra, o que está adentro y que no quiere salir para darle mayor publicidad a su creación, pero lo extraño es que no ha cobrado por el trabajo realizado y a pesar de que la obra ha ganado muchos premios, no se ha presentado para recibirlos.

Lo que no sabe la gente es que Federico, por tratar de ajustar el controlador magnético del módulo cinético del centro de coordinación general de movimiento se cayó por la ventana del décimo piso, en una zona donde la dinámica es muy rápida, cambiando constantemente de pisos, y aún no toca el suelo ya que, dado el diseño, está permanentemente en caída atrapado por la dinámica.

Actualmente la Galería lleva su nombre y es patrón mundial de diseño futurista de ingeniería dinámica aplicada a la construcción, que ha abierto un capítulo en la arquitectura moderna, creando lo que nunca se pensó y que ahora se trata de copiar sin ningún resultado positivo, ya que Federico se llevó consigo el secreto.

## LA REBELIÓN DE LAS CIENCIAS

En una época no definida, en algún recóndito lugar muy selecto del cerebro de Dios, tuvo lugar la primera gran reunión del segundo milenio de todas las Ciencias.  En ella participaban todas las disciplinas del pensamiento y doctrinas del saber.  El gran anfitrión fue la Energía.

La primera en llegar fue la Ciencia Ficción, ya que había sobrepasado ampliamente la velocidad de la luz, y su nave estaba a la vanguardia de la tecnología.  Seguida por la Física Nuclear, Física Cuántica y la Bioquímica. La Cibernética estuvo cargada todo el tiempo por sus padres, pues aún no sabía caminar bien.  Las Ciencias Matemáticas acudieron con toda su tribu, la Aritmética, la Geometría, el Álgebra, la Trigonometría, el Cálculo Infinitesimal, y cientos de hermanos más.  Las que llegaron al final fueron las más conflictivas, las Ciencias Sociales, Políticas y Administrativas, pues se quedaron a discutir en la entrada con la Antropología la Arqueología y la Historia.  A las Ciencias Ocultas nadie laspero estaban detrás de la columna principal.

Todas estaban muy bien representadas, y llevaban sus quejas y denuncias; la finalidad de dicha reunión era la de redefinir sus campos y liberar asperezas que se habían creado entre ellas, tratando de presentar los mejores avances de cada una, además de evaluar el papel que estas estaban desempeñando en la evolución del hombre, en suma, ver si el proyecto “Hombre” era factible o no.

La primera en abrir la discusión fue la Historia, denunciando que había sido alterada, violada, falsificada, y mal interpretada por el hombre, que sus registros dependían mucho de las circunstancias e intereses personales, que muchos de sus pasajes no eran reales y culpó en parte a las Ciencias Políticas de influir negativamente. Las Ciencias Políticas respondieron acusando al hombre, de buscar con desesperación la riqueza, la fama y el poder, motivos suficientes para alterar la historia.

La astronomía se quejó de la astrología, porque la deforma en sus principios y mal interpretaba sus resultados. La astrología se quejó del hombre, que la ha hecho ruinmente comercial y alejada de la moral.

La Ciencia Ficción se quejó de la Física, que le pisaba sus pasos, y no la dejaba ni respirar, le robaba todos sus proyectos, que no tenía la libertad de recrearse porque con mucha rapidez se veía superada por esta. La física respondió echándole la culpa al Tiempo, el cual, según ésta, se estaba apresurando demasiado, tanto que no le daba la oportunidad al hombre a pensar en forma adecuada, lo que era muy peligroso, poniendo en peligro la evolución, que con tanto sacrificio había sido creada.

En eso saltó la Selección Natural quejándose de que las Ciencias Médicas estaban deformando al hombre, haciéndolo débil, enfermizo y dependiente, "ya no muere quien debe morir, y eso lleva a inmortalizar a las enfermedades además de crear una superpoblación con nefastas consecuencias", decía. Las Ciencias Médicas se defendieron declarando que sólo trababa de mejorar la calidad de vida, que sus principios eran buenos y echó la culpa al hombre de no saber utilizarlos en forma adecuada. La Selección Natural explicó que cada vez que un enfermo engendra un hijo, perpetúa su enfermedad, que según lo calculado en enfermedades importantes los individuos no debían reproducirse y en otras la muerte es más segura para evitar que la enfermedad continúe que para terminar con el individuo. Replicando la Medicina, que su función no era la de impedir la muerte si no la de evitar o disminuir el sufrimiento.

La psicología amenazada por la psiquiatría se quejó del hombre, por su pensamiento impredecible, que no la dejaba desarrollar. La sociología comentó que, si la psicología no puede con uno solo, mayor dificultad tiene ella que estudia al hombre en reunión con otros hombres.

La ecología también se quejó del hombre, que destruía todo por donde se abría paso, no respetando los bosques, el mar ni el aire. Responsabilizó a la Física Nuclear de los desechos radiactivos, a la Química de la polución y a las Ciencias Políticas de la política mundial.

La Física Nuclear se defendió acusando una vez más al hombre, que la ha llevado al borde del caos con la creación de poderosas armas nucleares, usando la energía más para la guerra que para la paz, a beneficio personal y no colectivo.

Todas las quejas terminaban en el hombre, según ellas el hombre tenía cientos de cualidades negativas, por lo que pidieron en conjunto que se retirara toda ciencia del conocimiento humano por ser muy peligroso, hasta que este aprenda a respetarse y valorarse a sí mismo y aprender el uso adecuado de cada una de ellas.

El representante humano se levantó violentamente y dijo: defiendo al género humano porque a pesar de ser débil y poseer muchas cualidades negativas tal como ustedes lo han expresado, ha podido crearlos a todos ustedes, gracias a él todos existen, sin el pensamiento humano, no existiría ninguno de ustedes, y que como el hombre está hecho a imagen y semejanza de Dios, lo que el hombre piensa es lo que Dios piensa, y que como cada una de estas ciencias está en constante cambio y reformulación, se demuestra que la mente humana tiende con la evolución a llegar a la esencia de la existencia que es el mismo Dios, pidiendo así una nueva oportunidad para el cambio, prometiendo ser más justo con todas ellas y asegurando a todos que el futuro será distinto y que también en este campo el bien derrotará al mal.

El acuerdo fue tomado, todos estuvieron de acuerdo en colaborar unos con otros, y en conceder al hombre una oportunidad para enrumbar hacia un gran y nuevo desafío, con miras a la superación y la coordinación interdisciplinaria cuya meta final sería la transformación del hombre mediante el proceso de evolución hacia la perfección máxima.

El hombre simplemente agradeció a todos los participantes por su asistencia, se levantó y dio por concluida la sesión, citándolos para una nueva reunión a llevarse a cabo en otra época no definida, en algún otro recóndito lugar muy selecto de su cerebro.

## EL INFORME DEL SIGLO

Era el acontecimiento más importante de la historia, la gente llenaba las calles formando un mar que simulaba "la playa en temporada de verano", extendiéndose varias cuadras a la redonda; estaban recibiendo al primer ser que regresaba de explorar un mundo extraño y desconocido fuera de la galaxia.

El astronauta se llamaba Juan, era alto, cabello rubio bien cortado, ojos grandes, de cuerpo atlético y estaba bien preparado para entrevistarse con seres de otra galaxia, había llevado estudios especiales de biología, bioquímica, lógica, filosofía, sociología, historia; además de físico y matemático era un experto en informática, comprendía fácilmente más de doce idiomas; había sido ganador a la mayor capacitación para el difícil trabajo.

Luego de la cuarentena, donde pasó por cientos de exámenes médicos y pruebas científicas se dirigió al salón de conferencias para dar una exposición a todo el grupo de científicos, que habían llegado desde muy lejos para oírlo, y les contó su gran experiencia: El viaje fue muy difícil, dijo Juan, cargado de situaciones adversas, en que debía tomar decisiones sin poderme comunicar con Uds. Un pequeño error hubiese sido el fin de la expedición, y de mi vida. La mayor ayuda que he tenido es la confianza en mí mismo y en la computadora central, la que me salvo en varias ocasiones. Se dice que la teoría es diferente a la práctica, pero también la práctica es diferente a la realidad. Toda la información científica del viaje está muy bien registrada, y cada uno de ustedes va a recibir una copia.

¡Hermanos! no estamos solos en el universo, y el universo es mucho más grande de lo que uno pueda imaginarse; todo está cargado de vida, el universo mismo tiene su propia vida, su propia inteligencia. Existen seres inteligentes poblando casi todos los sistemas en casi todas las galaxias, la diferencia es que no hay homogeneidad en la forma, la cual es dependiente del medio.

De todas las civilizaciones que contacté, elegí una que se encuentra en un tercer planeta de un sistema con una sola estrella, y la elección fue debida a la cantidad de ondas electromagnética que de ella reflejaba, las cuales pude descifrar, a pesar de que se encontraban mezcladas entre puras y moduladas, creando un verdadero laberinto de información.

Dicho planeta al que llamaré "mundo", era esférico con ligero achatamiento en los polos; estaban claramente separadas las fases sólidas, líquidas y gaseosas. Presentando seres vivos en las tres fases.

La temperatura fluctuaba entre –50 a 50 grados. Presentaba tal como lo detectaba desde lejos, los elementos típicos compatibles con la vida: Carbono, oxigeno, nitrógeno, hidrógeno, azufre y níquel entre otros. Y abundantes compuestos como aire, agua, fuego y tierra.

Los seres más desarrollados fueron muy amigables, aunque en un principio se mostraron muy temerosos y defensivos. Su evolución está aún en un inicio, y dependen mucho de la materia, recién están haciendo uso de la energía, la que no manejan adecuadamente, usándola para fines bélicos. Ya han tenido dos guerras mundiales y en la segunda han usado la energía atómica para destruirse.

Los habitantes de ese mundo tienen extrañas costumbre, poseen una tendencia a la autodestrucción, fuman tabaco sabiendo que eso los mata, toman abundante licor para estar sin control y tener problemas, son violentos, destruyen su medio ambiental contaminándolo con monóxido de carbono, aún utilizan el petróleo, pero sin procesar los deshechos de este, lo mismo que la basura radiactiva a la que no dan tratamiento adecuado. Han ensuciado el ambiente con una telaraña descontrolada de ondas electromagnéticas. Botan sus desechos al mar, No ha aprendido a compartir sus bienes y no sacan provecho del trabajo en comunidad. Son muy egoístas, todos buscan la fama, el dinero o el poder, y cuando lo obtienen son desconfiados, abusivos, avaros, explotadores, lujuriosos, soberbios y ciegos en el amor.

Han creado normas para la vida en sociedad, pero ellos mismos no las respetan, necesitando un poder policial y judicial. Creando cárceles para aquellos que no las cumplen y no tienen el poder de sobornar a los jueces. Así, ser pobre es más que un delito, quien tiene dinero o amistades, todo lo puede, el que no tiene riquezas, está solo.

Los gobiernos nunca cumplen lo que prometen, pero, aun así, el pueblo los elige, gastan millones en armas, teniendo millones de seres que se mueren de hambre. Se han dividido el planeta en zonas imaginarias llamadas países, cuyas fronteras sólo se pueden pasar con permisos especiales. Se enriquecen a costas del más pobre.

Creen en Dioses que guían sus destinos, como si sus vidas fueran predestinadas, Sus religiones están diseñadas sólo para responder a sus necesidades y tranquilizar sus conciencias, pero no tienen ni idea del daño que hacen, pues el perdón lo tapa todo.
Se creen seres individuales unos a otros, teniendo como enemigo al que tiene otro credo. Luchando siempre por propiedades, intereses y negocios turbios como las drogas y el tráfico de armas.

Existen dos sexos, masculino y femenino, sin embargo, muchos masculinos se comportan y desean ser femeninos y viceversa. Han creado el Gay, que no es ni masculino ni femenino, lo que demuestra que no están contentos con su propia existencia, y muchos de ellos se suicidan, se drogan o se pierden mentalmente, las mujeres se prostituyen desde pequeñas, y los hombres están de acuerdo, aunque digan lo contrario, después de todo casi nadie dice la verdad.

La ciencia está avanzando, pero sin una base espiritual, ya están empezando a clonarse, y aún no tienen normas legales en cuanto a ello. En este mundo, domina la propaganda, que es una orden enmascarada, pues hace que uno desee lo que no tiene, compre lo que no necesita, que uno necesite lo que no conoce, y que conozca lo que otros quieren, para así tener lo que uno no usa, ni quiere, ni desea. Los productos están encadenados, la propaganda ayuda a que se consuman, teniendo drogas que crean la necesidad de otros productos, y que al usarlos abren otras necesidades, todas encadenadas. Hermanos, ya conocemos: la Tierra.

## LA GRAN SORPRESA

En la fría cama de un moderno y hermoso Hospital, se encontraba José Pérez López, al borde de la muerte, llevaba meses con un horrendo y doloroso sufrimiento, el cual estaba a punto de terminar, por lo menos así es como lo esperaban algunos médicos, familiares, periodistas y demás amigos que lo acompañaban el día anterior al acto quirúrgico.

José Pérez era un ejecutivo de ventas, nacido hace 48 años en esta capital, de mediana estatura, y de peso promedio, de ojos tan claros como su pensamiento, cabello como una sopa de finos fideos chinos y dientes tan brillantes, que cegaban con la risa contagiosa; siempre muy inquieto y juguetón, amiguero y conocido por todo el barrio por lo alegre y bonachón que era, incapaz de hacer daño a nadie, respetuoso y muy correcto en la vida, siempre andaba muy contento, pero su felicidad quedó truncada por un agresivo tumor canceroso que le invadió el cerebro, produciéndole terribles dolores de cabeza e incapacitándolo poco a poco, hasta postrarlo en cama, con un horrible diagnóstico lapidante donde sólo existía una posibilidad en un millón de curarse, pero esto sólo era posible mediante un trasplante de cerebro; a pesar de las dificultades y tener todo en su contra, él se aferraba a la vida, deseaba con todas sus fuerzas vivir, era muy optimista.

Decía Juan: *Si Dios me ha preparado tanto y me ha dado tanto en la vida debe ser para algo, por eso creo que puedo superar esta difícil etapa, ya que le debo mucho a la vida y sólo necesito tiempo y buena salud para retribuir todo el amor recibido.*

El calendario del cuarto mostraba el mes de mayo del año 2025; en ese año se habían declarado por fin la curación de todas las enfermedades metabólicas, estando ya las enfermedades infecciosas erradicadas una década atrás. El avance de la medicina era realmente espectacular, existía la clonación en serie, ya se manejaban los cromosomas, se evitaban casi todos los trastornos congénitos, la calidad de vida había mejorado en forma impresionante y el tiempo de sobre vida del hombre alcanzaba ya los 200 años de edad, se trasplantaban casi todos los órganos, y muchos funcionaban en forma artificial, pero nunca se había realizado un trasplante de cerebro, el cerebro seguía siendo el órgano intocable; pero no para José, quien se iba a convertir en el primer ser humano en someterse a un trasplante total de cerebro.

Durante varias semanas se estaba preparando esta delicada cirugía, y la prensa internacional, así como toda la sociedad médica y científica del planeta tenían los ojos puestos en este caso; discutiéndose en la televisión, periódicos y en la poderosa red informática mundial, las consecuencias éticas y morales, así como la repercusión de tan tremenda operación; todo el mundo daba su opinión y cada uno tenía sus propias hipótesis y teorías. Legalmente no había nada escrito en ninguna legislación del mundo, una vez más la ciencia se adelantaba a las leyes.

La Iglesia ya se había manifestado en contra, así como muchas organizaciones sociales y otras grandes corporaciones internacionales; para algunos era una denigrante violación a los derechos humanos, era romper las leyes naturales y hasta un enfrentamiento a Dios; para otros era el mejor logro de la naturaleza humana, el avance más atrevido de la medicina, el mayor reto del hombre hecho realidad; era en sí un revolucionario tratamiento nuevo, pero para-José, era su única oportunidad de vivir.

En este moderno hospital, rodeado de familiares y eminentes científicos, José da sus últimas manifestaciones diciendo: *No sé si mañana sea el mismo que siempre he sido, pues amo profundamente a mis hijos, a mi mujer y a mi familia, más allá de lo que alguien pude imaginarse, y no soporto la idea de perder este amor que me mantiene vivo.* Por otro lado, tengo una historia a la que he aprendido a querer, pues me ha dado muchos logros y satisfacciones, no sé si al perderla, que es el perder cada recuerdo pasado que ha labrado mi personalidad y me ha formado tal como todos ustedes me conocen, desee seguir viviendo; por otro lado, el cerebro que reciba va a ser dueño de mi cuerpo, no sé qué pasado haya tenido, no sé si le agrade su nuevo hogar. ¿Estará mi cuerpo preparado para mi nueva actividad? ¿Seguiré siendo yo o seré él? El sólo pensar que voy a cambiar de recuerdos, pensamientos, sentimientos, sensaciones, creencias y experiencias, me tortura intensamente hasta lo más profundo del alma. ¿Moriré yo al estar vivo? o tal vez, ¿No será esto un paso a la inmortalidad?

Otro grupo de científicos y médicos en ese mismo momento estaban examinando y dándole el último adiós en una habitación cercana a Manuel Sánchez Gómez, el donante, en torno a ellos se sentía la misma atmósfera casi sólida de duda entre temor, ansiedad, preocupación, desesperación, necesidad y amor al prójimo.

La historia de Manuel no era menos triste que la de José, Manuel no tuvo infancia, vivió de la calle, huérfano y desolado por la pobreza, no por muerte sino por abandono de sus padres, a quienes nunca conoció; sin familiares, con sólo seudos amigos fugaces de cada encierro en la cárcel, donde vivió 18 de los 29 años de su malgastada y agresiva vida, siempre con la soledad por compañera y la audacia que le permitía vivir, realmente vivía del trabajo de los demás, era muy violento y despiadado, no confiaba ni en su sombra, no creía en Dios ni en el Diablo, pues él personificaba fielmente a la maldad en bruto. Luego de robar un banco y esconderse, en plena persecución policial, cayó del cuarto piso y se rompió el alma junto con el cuello, quedando su atlético cuerpo completamente paralítico al destrozarse la columna vertebral cervical, perdiendo así todo movimiento y con él su fornido cuerpo quedó convertido en trapo, pasó a ser un muerto en vida ya que tenía ahora la vida muerta.

Manuel se aferraba a la muerte, deseaba morir en cada momento, no podía transmitir a los médicos el deseo de terminar su vida, la cual era inaguantable, mayor tormento no podía tener, escuchaba, pero no podía hablar, sólo se comunicaba con el movimiento de los párpados y los ojos, ojos negros como su conciencia, los que estaban impregnados de furia y profundo odio; no tomó mucho tiempo el convencerlo de darle otro cuerpo, total no tenía otra opción.

Luego de aceptar y dar el permiso respectivo para la operación, Manuel pensó: *Por fin saldré de esta maldita cárcel, mataré primero a los tres policías que me sentenciaron a esta horrenda prisión y luego podré desenterrar los cuatro millones de dólares que tengo ocultos del último asalto y me iré libremente a pasear por el mundo; al parecer, que las cosas están mejorando.*

La operación de trasplante se llevó a cabo sin problemas, sólo duró 29 horas con 25 minutos, en la que trabajaron 16 neurocirujanos expertos en un equipo formado por 78 personas con un costo de 800,000 dólares. El período de recuperación también fue favorable, aunque demoró más de dos semanas en despertarse.

El primer problema que se presentó fue el legal, nadie sabía si el paciente era Manuel o José, pues era el cerebro de Manuel en el cuerpo de José. Además, Manuel estaba registrado como fallecido al retirársele el cerebro, certificado sin el cual no se le podía enterrar.

El segundo problema fue académico, no se ponían de acuerdo si Manuel de donó su cerebro a José o si José le dono su cuerpo a Manuel, incluso hubo quien afirmara que lo que se hizo fue la de armar otro hombre con el cerebro de Manuel y el cuerpo de José.
La mayor sorpresa fue que al despertar del postoperatorio, frente a todos los incrédulos y estupefactos médicos, el paciente comenta entre dormido y despierto: *No sé si mañana sea el mismo que siempre he sido, pues amo profundamente a mis hijos, a mi mujer y a mi familia, más allá de lo que alguien pude imaginarse, y no soporto la idea de perder este amor que me mantiene vivo.*

Sí, el que habló fue José, pues, aunque el cerebro de Manuel funcionaba perfectamente en su cuerpo, no era en ese órgano como todo el mundo pensaba que radicaban los pensamientos, los sentimientos, las ideas, los recuerdos, el carácter, la personalidad y el amor acumulado. Todas estas capacidades son propias de cada una de las células del cuerpo, cada célula es lo suficientemente capaz e inteligente, y utiliza al cerebro tan sólo para comunicarse con otras células y así crear la inteligencia social, de esta manera tomo el comando del cuerpo de José.

El cerebro donado por Manuel en realidad no es más que un simple órgano de comunicación, que contacta a cada célula del cuerpo con otra, creando la inteligencia social que no es más que la organización de la inteligencia que se encuentra fielmente gravada en el ADN de cada célula; inteligencia que ha costado millones de años de evolución con infinitas pruebas de ensayo y error. Cada célula sabe lo que tiene que hacer y conoce perfectamente lo que siente y desean todas las demás células del cuerpo, el cerebro sólo se encarga de conectarlas y comunicarlas.

Al mes de la operación, José es dado de alta, gozando de una nueva y alegre vida por delante, pero no por tener otro cerebro, sino por la ausencia de los dolores y sufrimientos que antes tanto lo aquejaban. Se convirtió en la persona más feliz y famosa del mundo, su nombre se escribió en todos los libros de medicina, así como revistas y periódicos de todos los países del globo y quedando registrado por la historia como el primer ser humano en vivir con un cerebro ajeno; ganándose en adelante la vida dando entrevistas y conferencias en todos los países desde donde le llovían importantes invitaciones, apareciendo constantemente en la televisión.

Así el cerebro perdió la importancia que antes tenía, pues hoy se le conoce tan sólo como un órgano más, siendo el equivalente a una computadora vacía, la cual, si no tiene programas adecuados, de poco sirve. Pero más importante que la destrucción de todos los mitos que se habían creado sobre este falso ídolo de barro, mucho más que el avance de la medicina de romper su último reto, el trasplantar un cerebro humano y más aún que la recuperación de una vida fue además lo más curioso y sorprendente: la poderosa proyección de la mente humana, la creación de una mueva meta en la medicina, ya que el espíritu humano nunca descansa, la fabricación del cerebro artificial.

## LA MALDICION TECNOLOGICA

En una época no muy lejana, en una ciudad muy poblada y próspera, se presentan algunos casos clínicos raros que la ciencia médica trata desesperadamente de entender, nadie se explica porque el porcentaje de nacimientos de niños con sordera está incrementándose día a día, en una forma que escapa de los controles epidemiológicos, haciéndose un problema real de salud.

Todo empezó cuando se presentó en el Hospital General de la Nación un caso de sordera congénita de etiología no conocida, extraño para esta época, ya se conocía el Genoma completo, y se manejaban los casos de anormalidades congénitas y genéticas, pues podían manipular la raíz de los problemas cambiando el código genético de células básicas primordiales y estimulando su auto reproducción. A la semana se presentaron tres casos más, sumando al final del primer mes 22 casos. En el siguiente mes se diagnosticaron 73 casos de sordera congénita no tratable por los métodos conocidos; los directores del hospital se comunicaron con otros hospitales, sorprendiéndose de que también en estos, los casos de sordera estaban aumentando, convirtiéndose en un problema nacional de salud.

La comunicación por Internet era alarmante, cada vez aumentaban los lugares de donde se reportaban casos de sordera, siendo las páginas web de sordera las más abundantes en toda la red mundial. Para esto ya se estaban reuniendo los médicos, genetistas, otorrinolaringólogos, epidemiólogos y científicos de todo el mundo, se hacían revisión de historias clínicas, congresos, conferencias, investigación médica, epidemiológica, y científica, gastándose millones de dólares en los mejores laboratorios del mundo investigando la causa y el tratamiento de esta nueva epidemia mundial de sordera congénita.

La radio y la televisión mantenían informado al mundo entero, todos alarmados, pues de cada tres nacimientos, dos de ellos tenían sordera congénita, y la cifra iba en aumento, en algunas ciudades casi todos los nacimientos eran anormales. Llamaba la atención que este problema era mayor en países desarrollados, y a más desarrollo más frecuencia de sorderas; por otro lado, las zonas deprimidas de los países pobres estaban raramente protegidas de esta plaga, en otras palabras, donde la tecnología no había llegado no existía la sordera congénita.

Se discutió mucho y se crearon teorías para explicar este hecho, desde errores en la evolución del hombre, por la falta de uso, pues en el paso del hombre al animal se disminuyó notablemente la audición, ¿sería la desaparición de la audición en la especie humana? o intoxicaciones por algún gas tóxico, a maldiciones de la naturaleza por el mal uso de la tecnología.

Después de años de investigación, un científico dio con el problema, en un estudio epidemiológico, conectó dos mil computadoras de los centros de investigación y por medio de un super programa de epidemiología estadística, alimentó todos los casos de sordera congénita con todas las variables conocidas y demostró una correlación directa de uso del teléfono con la sordera, fenómeno que se presentaba sólo después de cuatro generaciones. De sus estudios se concluía que el uso del teléfono alteraba algunos genes de la configuración del oído, pero que esto no se expresaba sino en la cuarta generación, y lo que se estaba viendo era resultado de la alteración genética de los bisabuelos al usar los primeros teléfonos del mundo.

Pronto se dieron cuenta todos los científicos del mundo que, si no se arreglaba esta situación, se condenaba a toda la humanidad a la sordera, por lo que hubo una gran reunión mundial para resolver este asunto; luego de la cual todos se convencieron de que la solución estaba dentro del Genoma.

Todos los estudios mundiales se centraron en el genoma, pero la preocupación fue mayor al darse con la gran sorpresa, que, al descifrar el genoma, éste estaba ya con esta alteración, ya que todos los descendientes de alguien que haya hablado por teléfono tenían en sus genes la terrible mutación.

En todo el mundo se inició la búsqueda de alguien que, no sólo no haya hablado por teléfono, sino que ninguno de sus progenitores haya hablado por teléfono y no tenga esa alteración en los genes, para poder saber realmente como era el Genoma del hombre sin esa alteración y poder reparar ese daño, pero había pasado ya mucho tiempo, y no se encontró a la persona buscada, no se pudo reconstruir el Genoma, quedando el mundo habitado por personas sordas o con genoma alterado que tendrá necesariamente sus hijos o nietos sordos, de esa manera, el hombre sin querer condenó a la humanidad a una de las peores maldiciones de la tecnología, la sordera.

Con la desaparición de la audición en el género humano, aparecieron miles de empresas que se dedicaron a fabricar el oído artificial, creándose nuevas profesiones y ocupaciones en torno a ello; en radio televisión e Internet se ofrecían oídos cada vez mejores, con frecuencias más amplias y a menores costos, siendo cada vez más pequeños los que se tenían que implantar en el lugar que clásicamente le correspondía al órgano de la audición.

Luego de algunos años, en otro prestigioso hospital, nace el primer niño con ceguera congénita de causa desconocida, por lo que el Director sumamente deprimido y con una profunda tristeza, convoca a todos los directores de los hospitales del estado y da la orden: Apaguen todos sus televisores y busquen por todo el mundo a una persona que no esté contaminada y que en cuatro generaciones no hayan conocido un televisor; convoquen nuevamente a los científicos, y comuníquenles que también necesitamos que inventen el ojo artificial; luego de lo cual levantó una plegaria a nivel mundial, suplicando desesperadamente a Dios para que no aparezca ningún nacimiento con infertilidad congénita de etiología no conocida.

**DRA. CARMEN GLORIA SAGASTEGUI PONSIGNON**

Nacida en la ciudad de Lima (Perú). Estudios de Médico Cirujano con Especialidad en Ginecología Obstetricia y Maestría en la Universidad Peruana Cayetano Heredia. Maestría en Reproducción Humana en la Universidad de Valencia -España; Fellow en Reproducción en IVI-Murcia.

Medico Gíneco-Obstetra del Hospital Regional Docente de Cajamarca, ocupando diversos cargos en el Departamento de Gíneco-Obstetricia; actualmente en actividad asistencial en favor de las mujeres de Cajamarca.

Docente Asociada de la Universidad Nacional de Cajamarca; ocupando el Decanato de la Facultad de Medicina y actualmente a cargo de la Escuela Académico Profesional de Medicina.

Trabajos en Atención Primaria y formación de Promotores de Salud en Abancay (Apurimac) y Chanchamayo (Junín)

# SER MADRE EN PERÚ

**Dra. Carmen G. Sagastegui Ponsignon**
Medico Gineco-Obstetra

La maternidad es un regalo biológico, divino, histórico; nos permite desarrollar los mejores sentimientos de afecto, el ideal de familia, la preservación de la estirpe y la realización de muchas mujeres.
Se ha elogiado a la maternidad como una proeza, como heroísmo. Madre significa vida, sacrificio, dolor, formación en valores

humanos, educativos y culturales; la madre es refugio, consejo y hogar. Cuando muere una madre se destruye no solo una vida sino una familia, una sociedad, se reparten los hijos, se quiebran los tiempos; para muchos la madre inspirará sus destinos, para otros desatará venganzas, mas nadie puede negar que cuando una madre muere se muere una parte de nosotros.

En algunas regiones del mundo y de nuestro país, la maternidad no tiene los cuidados, valor e importancia que para otros. Se convierte en una cifra, un indicador económico, en un dato sanitario. Más aún en nuestro Perú donde la salud ha sido siempre postergada, sobretodo en regiones rurales de nuestro territorio. Voy a hablar específicamente de la mortalidad materna en Cajamarca.

La región Cajamarca en los Andes del Norte del Perú, tiene una geografía difícil, con zonas inaccesibles y donde la población en un 70% se dedica a la agricultura, crianza de ganado y animales menores; posee una cultura mestiza, genéticamente colonial y culturalmente andina, Las tradiciones se mantienen como un todo dentro de la comunidad donde un evento como la felicidad, la enfermedad , tristeza o luto es acompañado por la familia, vecinos y amistades a través de sus lamentos, alimentos y luto persistente. Lugares donde la justicia lo hacen ellos mismos desde hace más de 45 años a través de sus "rondas" con las que controlan, castigan e imparten justicia a su manera. Comunidades de gran arraigo machistas, donde la mujer esta solo para tareas del hogar y no es necesarios que estudie, ni que tenga un trabajo remunerado y si lo tiene este ingreso es arrebatado por su pareja para vicios, violencia o sumisión.

En Cajamarca tenemos uno de los indicadores más altos de mortalidad materna pese a que se han ejecutado diversas estrategias como el incremento de los controles prenatales, pero no se logra incrementar la atención del parto institucional, ni la adecuada nutrición, despistaje de Papanicolaou ni inmunizaciones por lo que estos y otros factores se suman para que persistan complicaciones obstétricas como preeclampsia, hemorragias, aborto, infecciones maternas y neonatales que se cobran la vida de las madres y neonatos.

Las instituciones de salud no están equipadas ni preparadas para resolver estas emergencias por lo que terminan en el Hospital Regional de Cajamarca congestionando la Unidad Neonatal y materna de cuidados intensivos; agregando un riesgo adicional que es el traslado de los enfermos a través de la inhóspita geografía.

Reflexionemos que tan difícil es ser madre en Perú. Aquí algunas cifras:

Si bien es cierto que la tasa de Mortalidad Materna en Perú ha disminuido de 605 en el año 2000 a 196 en el 2020; estas se encuentran heterogéneamente distribuidas en el territorio.

Así tenemos este cuadro del MINSA que muestra uno de los más altos valores a lo largo de los años en regiones como Piura, Loreto y Cajamarca.

PERÚ | Ministerio de Salud | Viceministerio de Salud Pública | Centro Nacional de Epidemiología Prevención y Control de Enfermedades

**Muerte materna según departamento de ocurrencia y procedencia, Perú del año 2014 – 2019 y hasta la SE 26 del 2020***

| DEPARTAMENTOS DE OCURRENCIA | AÑOS 2014 | 2015 | 2016 | 2017 | 2018 | 2019 | 2020* | TOTAL | % |
|---|---|---|---|---|---|---|---|---|---|
| AMAZONAS | 11 | 12 | 17 | 12 | 9 | 10 | 9 | 80 | 3.36 |
| ANCASH | 14 | 12 | 14 | 8 | 15 | 9 | 6 | 78 | 3.28 |
| APURÍMAC | 2 | 4 | 3 | 1 | 1 | 3 | 1 | 15 | 0.63 |
| AREQUIPA | 11 | 11 | 14 | 8 | 11 | 9 | 5 | 69 | 2.90 |
| AYACUCHO | 10 | 8 | 6 | 8 | 10 | 5 | 5 | 52 | 2.18 |
| CAJAMARCA | 29 | 30 | 21 | 31 | 18 | 12 | 7 | 148 | 6.22 |
| CALLAO | 18 | 9 | 7 | 6 | 12 | 7 | 8 | 67 | 2.82 |
| CUSCO | 29 | 18 | 22 | 28 | 21 | 9 | 11 | 138 | 5.71 |
| HUANCAVELICA | 6 | 4 | 2 | 8 | 2 | 1 | 4 | 27 | 1.13 |
| HUÁNUCO | 8 | 14 | 10 | 14 | 17 | 10 | 5 | 78 | 3.28 |
| ICA | 4 | 4 | 3 | 4 | 7 | 8 | 5 | 35 | 1.47 |
| JUNÍN | 30 | 28 | 11 | 19 | 15 | 16 | 7 | 124 | 5.21 |
| LA LIBERTAD | 30 | 28 | 25 | 23 | 23 | 19 | 14 | 162 | 6.81 |
| LAMBAYEQUE | 23 | 24 | 15 | 17 | 18 | 18 | 11 | 126 | 5.29 |
| LIMA | 50 | 73 | 55 | 50 | 65 | 54 | 32 | 379 | 15.92 |
| LORETO | 32 | 24 | 24 | 34 | 26 | 23 | 22 | 185 | 7.77 |
| MADRE DE DIOS | 3 | 2 | 2 | 2 | 2 | 5 | 2 | 18 | 0.76 |
| MOQUEGUA | 0 | 1 | 0 | 0 | 0 | 0 | 0 | 1 | 0.04 |
| PASCO | 5 | 2 | 1 | 6 | 7 | 2 | 0 | 23 | 0.97 |
| PIURA | 28 | 42 | 34 | 36 | 30 | 26 | 10 | 206 | 8.66 |
| PUNO | 25 | 26 | 13 | 28 | 23 | 20 | 8 | 143 | 6.01 |
| SAN MARTÍN | 13 | 14 | 8 | 18 | 7 | 11 | 8 | 79 | 3.32 |
| TACNA | 1 | 2 | 7 | 3 | 2 | 1 | 1 | 17 | 0.71 |
| TUMBES | 3 | 2 | 2 | 1 | 3 | 2 | 4 | 17 | 0.71 |
| UCAYALI | 24 | 18 | 11 | 13 | 16 | 22 | 11 | 115 | 4.83 |
| **Total Perú** | **409** | **412** | **327** | **374** | **360** | **302** | **196** | **2380** | **100.00** |

| DEPARTAMENTOS DE PROCEDENCIA | AÑOS 2014 | 2015 | 2016 | 2017 | 2018 | 2019 | 2020* | TOTAL | % |
|---|---|---|---|---|---|---|---|---|---|
| AMAZONAS | 13 | 13 | 19 | 13 | 10 | 10 | 9 | 87 | 3.66 |
| ANCASH | 15 | 15 | 15 | 12 | 19 | 12 | 7 | 95 | 3.99 |
| APURIMAC | 3 | 4 | 3 | 2 | 1 | 3 | 1 | 17 | 0.71 |
| AREQUIPA | 10 | 11 | 13 | 6 | 10 | 7 | 5 | 62 | 2.61 |
| AYACUCHO | 10 | 5 | 8 | 8 | 11 | 7 | 4 | 53 | 2.23 |
| CAJAMARCA | 35 | 37 | 20 | 33 | 26 | 13 | 8 | 172 | 7.23 |
| CALLAO | 19 | 10 | 7 | 7 | 8 | 5 | 6 | 62 | 2.61 |
| CUSCO | 30 | 19 | 21 | 26 | 21 | 9 | 10 | 136 | 5.71 |
| HUANCAVELICA | 8 | 6 | 3 | 12 | 4 | 2 | 3 | 38 | 1.60 |
| HUANUCO | 9 | 18 | 13 | 17 | 18 | 12 | 6 | 93 | 3.91 |
| ICA | 3 | 5 | 2 | 5 | 9 | 9 | 5 | 38 | 1.60 |
| JUNIN | 26 | 27 | 11 | 16 | 16 | 17 | 9 | 122 | 5.13 |
| LA LIBERTAD | 31 | 29 | 26 | 23 | 21 | 19 | 14 | 163 | 6.85 |
| LAMBAYEQUE | 13 | 16 | 15 | 12 | 13 | 15 | 9 | 93 | 3.91 |
| LIMA | 41 | 57 | 45 | 34 | 51 | 42 | 31 | 301 | 12.65 |
| LORETO | 32 | 27 | 34 | 40 | 29 | 25 | 23 | 200 | 8.40 |
| MADRE DE DIOS | 3 | 2 | 3 | 3 | 3 | 5 | 3 | 22 | 0.92 |
| MOQUEGUA | 0 | 1 | 2 | 1 | 0 | 1 | 0 | 5 | 0.21 |
| PASCO | 11 | 4 | 5 | 8 | 8 | 2 | 0 | 38 | 1.60 |
| PIURA | 29 | 41 | 35 | 35 | 31 | 28 | 10 | 209 | 8.78 |
| PUNO | 26 | 28 | 13 | 27 | 24 | 20 | 8 | 146 | 6.13 |
| SAN MARTIN | 16 | 14 | 9 | 18 | 6 | 12 | 10 | 84 | 3.53 |
| TACNA | 1 | 2 | 7 | 3 | 3 | 1 | 1 | 18 | 0.76 |
| TUMBES | 2 | 4 | 2 | 2 | 3 | 2 | 4 | 19 | 0.80 |
| UCAYALI | 23 | 17 | 7 | 11 | 15 | 24 | 10 | 107 | 4.50 |
| **Total Perú** | **409** | **412** | **327** | **374** | **360** | **302** | **196** | **2380** | **100** |

Se ha considerado los casos de muerte materna de clasificación preliminar directa e indirecta.

**Ocurrencia:** Departamento/región donde se produjo la muerte y que notifica el caso.

**Procedencia:** Departamento/región de residencia de forma permanente de la fallecida en los últimos doce meses o la mayor parte del tiempo de ese período.

Fuente : Centro Nacional de Epidemiología, Prevención y Control de Enfermedades – MINSA. (*) Hasta la SE 26 - 2020

La cultura cajamarquina de la de compartir; aquí apreciamos un almuerzo comunitario en un mantel o *joijona* en una celebración en el campo

La edad más frecuente para ser madre está entre 18 a 34 años; pero también es significativa en edades extremas de la vida reproductiva como es la adolescencia y las mujeres mayores de 35 años.

Las edades extremas para la maternidad como la adolescencia y la mujeres mayores de 39 años se asocian a complicaciones orgánicas propias y de igual forma a situaciones socio-económicas especiales como la desercion estudiantil, desnutricion materna y perinatal, mayor indice de abortos inducidos con complicaciones y mayor paridad con mayor pobreza.

Cajamarca con una poblacion de 1'529,755 habitantes (Minmp.Gob.pe) . Las mujeres en edad fértil llegan a 78.9% comprendidas entre 15 a 39 años. El 68.1% viven en el área rural, el 44% tienen sólo primaria y el 7% son analfabetas. Son pobres (76.6% estan en los ultimos quintiles de pobreza: 51.8% son pobres y 24.8% son pobres extremas) dependientes del esposo o los suegros. El 73% se dedican a las labores agrícolas no remuneradas, en tanto en el ámbito urbano se dedican a sus casas o a las ventas

Con una alta tasa de fertilidad llegando a 33.8 nacimientos/1000 habitantes y de 34.4 nacimientos por 1000 habitantes en el area rural. Lo que significa 2.8 hijos por mujer en edad fertil. Aunque el 7% de ellas tienen más de 6 hijos.

https://www.inei.gob.pe/media/MenuRecursivo/publicaciones_digitales/Est/Lib0011/est_caj.htm#:~:text=En%20el%20departamento%20de%20Cajamarca%20la%20Tasa%20Bruta%20de%20Natalidad,a%2032%2C3%20por%20mil.

Las edad de la mujer para su primer parto es antes de los 18años (22.2%) de tal modo al llegar a los 25 años el 77% ya había tenido al menos un hijo.

El parto en adolescentes alcanza el 16.6% al año 2013 aunque el embarazo llega al 19.4%. El 21% no usa métodos de planificación familiar menos aun entre adolescentes

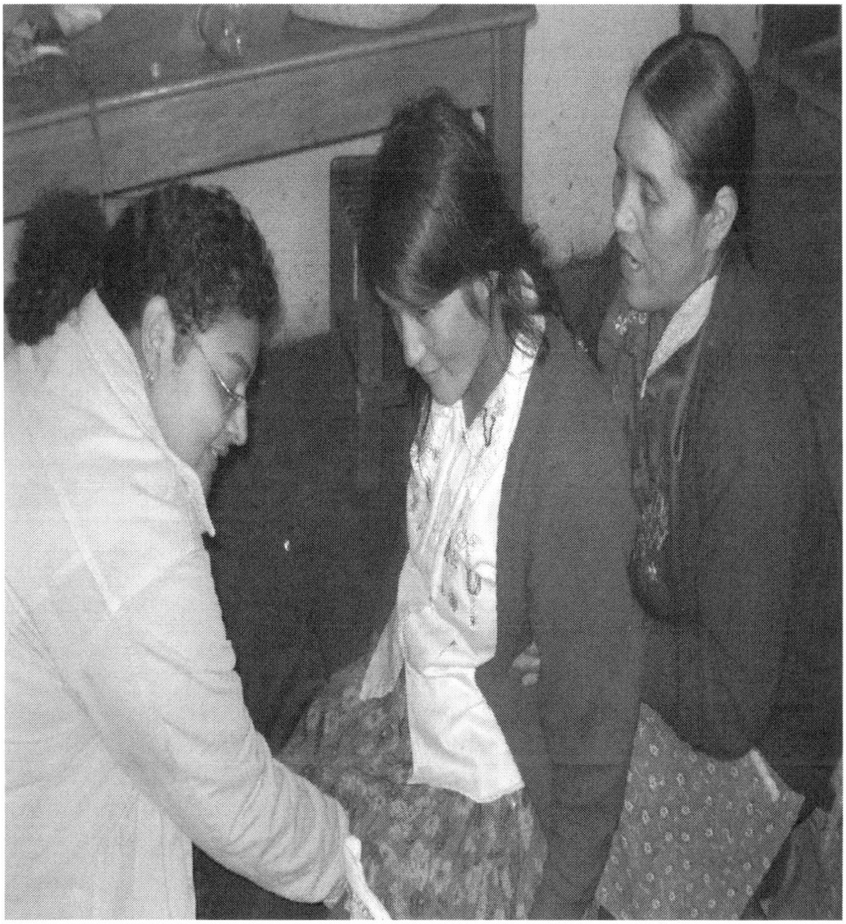

*Aquí apreciamos la atención de un parto vertical, de acuerdo con las costumbres locales en la Casa de Hospedaje Rural. La gestante es acompañada por el familiar o la partera. Hay un respeto a exponer el "pudor" de la mujer.*

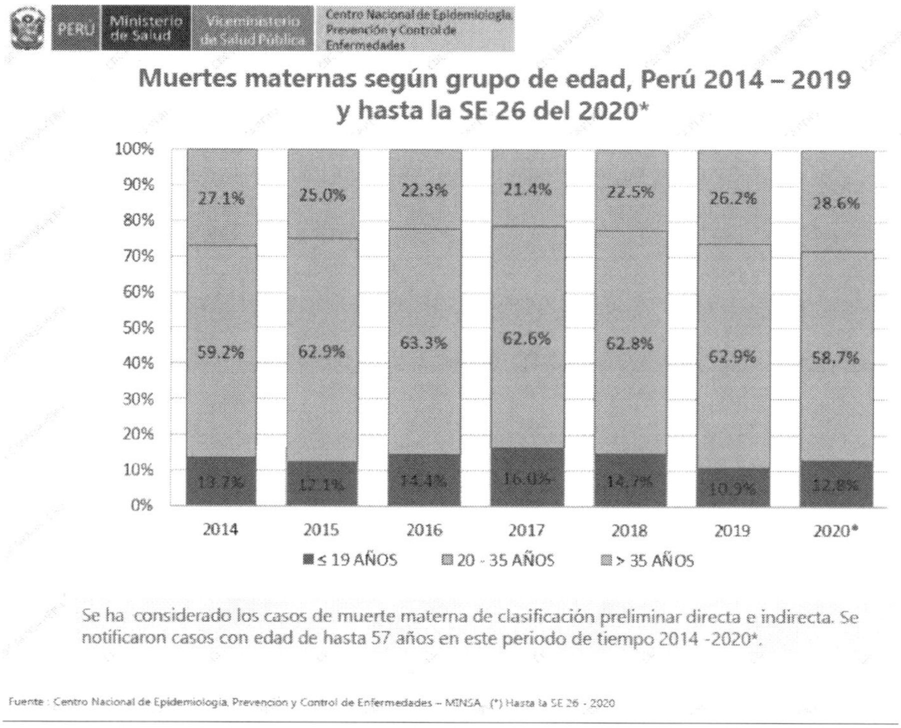


Siguen predominando las muertes maternas de causa directa por hemorragia sobre todo puerperal, preeclampsia complicada y sepsis secundaria a infecciones como pielonefritis o aborto séptico. Por ello estrategias planteadas para su control son la atención del parto institucional o por personal de salud debidamente entrenado.
La educación sanitaria de la familia para la identificación de signos de alarma y sobretodo la confianza en sus agentes de salud que deben tener la empatía suficiente con la paciente, familia y comunidad respetando su cultura y educando.

Las dificultades de acceso a la atención de salud tienen que ver con la depreciación que tiene la mujer sobre el cuidado de su salud, costumbres culturales donde predomina la vergüenza. Así mismo la gran dispersión de las poblaciones que sumado a la baja infraestructura vial produce demoras en la atención, sobretodo de las emergencias obstétricas. Se ha avanzado en la cobertura del Seguro Integral de Salud (SIS) que llega al 63.7% de mujeres en edad fértil y a ese porcentaje se suma el 12% atendido por Essalud. Sin embargo, el 23% no tiene ningún tipo de seguro; en parte por la ausencia de documento nacional de identidad y por ser poblaciones migrantes.

Planteemos propuestas a este problema complejo y socialmente injusto que determinará crecer como país, personas y sociedad. Pueden ser soluciones en educación, en infraestructura vial, en implementación del primer nivel de atención con recursos humanos adecuados y justamente remunerados. En otras palabras, en una estrategia multisectorial.

Falta aún evaluar el impacto que la pandemia del COVID ha tenido en las cifras de mortalidad, hasta el momento se registra un incremento de mortalidad materna por la postergación y el temor de las madres y personal de salud al contagio COVID.

Cajamarca tiene mucho que aportar y también muchas necesidades de salud que no deben ser impuestas sino adaptadas intercultural y antropológicamente para lograr mejores resultados.

Estamos a su disposición.

Bibliografía


1. https://www.inei.gob.pe/media/MenuRecursivo/publicaciones_digitales/Est/Lib0011/est_caj.htm#:~:text=En%20el%20departamento%20de%20Cajamarca%20la%20Tasa%20Bruta%20de%20Natalidad,a%2032%2C3%20por%20mil.
2. INEI-INDES-2013: https://www.inei.gob.pe/media/MenuRecursivo/publicaciones_digitales/Est/Lib1224/PDF/libro.pd
3. https://www.mimp.gob.pe/adultomayor/regiones/Cajamarca2.html

**DR. EUGENIO VILLAR MONTESINOS**

Médico graduado en la UPCH (1981) y residente en Pediatría (1985). Posee una maestría en Salud Publica en la Escuela de Medicina Tropical e Higiene de la Universidad de Londres (1986), y se graduó en Salud internacional en la OPS/OMS en WDC. Siguió estudios de post grado en Gobernabilidad y Desarrollo Humano en la Universidad Abierta de Cataluña, España (2003). Inició labor en salud pública durante sus estudios en la facultad en salud comunitaria en los AAHH urbano-marginales de Independencia, y en los campesinos de Piura y Apurímac, y continuando al graduarse, en Atención Primaria de la Salud (APS), en Calca, Urubamba y Paucartambo (Cusco). Trabajo como profesor en la UPCH en APS en SJ Lurigancho, antes de asumir como director de Cooperación Técnica en el MINSA (1990-2). Sirvió en la OMS por 26 años en WDC y en Ginebra. Coordinó el equipo Global de Pobreza y Financiamiento de la Salud y de Determinantes Sociales de la Salud (DSS) incluyendo la organización de la Comisión Global de DSS y la publicación y difusión de su Reporte (2018). Dirigió la organización de la Conferencia Global de DSS de Rio (2011). Actualmente es Profesor extraordinario de Salud Publica en la UPCH y colabora con numerosas iniciativas globales en su campo.

# LOS DETERMINANTES SOCIALES DE LA EQUIDAD EN SALUD Y LA PANDEMIA/SINDEMIA DE LA COVID19

Reflexiones para un Debate

**Dr. Eugenio Villar Montesinos**

## Equidad y Universalidad de la Salud

El año 2020, fue declarado oficialmente como el de la Universalización de la Salud, nos invita a reflexionar un poco la propia definición de "Universalización de la Salud".

Cuando hablamos de Universalización estamos hablando, evidentemente, que todos los ciudadanos tienen acceso al goce de la salud, y esto alude directamente a que no exista inequidad (definida aquí como las desigualdades injustas, evitables socialmente, que violan derechos humanos). Vale decir, más explícitamente, que inequidad es lo opuesto de la universalización. También es importante precisar que cuando nos referimos a Universalización de la Salud, y por lo tanto a "salud", hablamos como ya ha sido dicho, no solamente de enfermedad, o de su ausencia, sino de salud en su más amplio sentido. Ello porque es algo muy común, aún en los profesionales de la salud, el sostener que "salud" es simplemente, equiparable con enfermedad o con ausencia de enfermedad; pero evidentemente, salud es mucho más que ausencia de enfermedad. Aquí entonces nos referimos a salud tal como la definición de la OMS lo señala en su Constitución de 1948: como el "completo estado de bienestar físico, mental y social, y no solo la ausencia de enfermedad". De manera que cuando hablamos de Universalización de la salud, tenemos que hablar necesariamente de superar las inequidades que tenemos en la salud en el país. Estas inequidades son reflejo de las inequidades mayores en los campos social, económico y político. Vale la pena contextualizar que estas inequidades son un desafío central no solamente del Perú, y no solo alrededor de esta epidemia, sino son un desafío que confrontan todas las sociedades del mundo, en particular en los últimos 20 o 30 años, en los cuales hay una explosión de la inequidad en todas las esferas de la vida social.

La inequidad, para muchos, es el signo más importante de nuestra época. La inequidad en salud, en particular, resulta relevante porque de manera general, y especialmente en el campo del desarrollo, se mide la salud como un indicador de bienestar y porque su negación, la enfermedad y la muerte de las personas, como los indicadores más importantes del éxito o el fracaso de una sociedad, en su conjunto.
La inequidad, en todos los campos, ha crecido a nivel global, al punto que está erosionando el propio tejido social y la gobernanza de los países. Veamos en ese sentido el ejemplo cercano de Chile, considerado previamente como un "modelo de desarrollo económico" está ahora en proceso de redefinición de la esencia de su institucionalidad con el cambio de su constitución, dadas las

inequidades rechazadas en las calles y en las urnas por la mayoría de su población. La epidemia, en ese sentido, solamente ha gatillado un proceso que venía intensificándose ya de décadas atrás. Por ello entonces es importante referirnos al tema de las inequidades cuando hablamos de universalidad, porque a veces el termino universalidad queda demasiado general, y numéricamente promedia, soslayando las profundas e injustas desigualdades que caracterizan a la sociedad y la vida de nuestros países.

**Relación entre los Determinantes Sociales y las Inequidades de la Salud**

Otro concepto muy importante en el que me voy a centrar es en los Determinantes Sociales de la Salud. Planteo aquí utilizar la propia definición de la Comisión de Determinantes Sociales de la Salud de la OMS (OMS, 2018): Los determinantes sociales son "Las circunstancias bajo las cuales las personas nacen, crecen, viven, trabajan y envejecen, incluyendo a su sistema de salud.

Esto último equivale a que el Sistema de Salud, per se, es también un determinante social como elaboraré a continuación. Estas circunstancias que determinan la salud de las personas, que he referido, se denominan "Determinantes Intermedios", los cuales son el resultado, están gobernados, por determinantes mayores llamados "Determinantes Estructurales". Estos son el resultado de la distribución desigual del dinero, del poder y los recursos en la sociedad. Entonces, cuando hablamos de determinantes, hablamos de los determinantes de la vida (intermedios), pero también de los subyacentes y fundamentales determinantes de la estructura económica, social y política de los países (estructurales).

La Comisión de Determinantes Sociales de la salud de la OMS, creada en el año 2005, hizo en 3 años un análisis socio epidemiológico muy acucioso y llegó a la muy importante y científicamente sólida conclusión que las inequidades en salud, las desigualdades en resultados de salud son el resultado de los determinantes sociales de la Salud que subyacen a esas inequidades, a esos resultados. Esto que pudiera parecer algo muy intuitivo, carecía de una evidencia científica sólida y de consenso científico en esa época. De hecho, el director general de la OMS, al crear la Comisión lo hizo, primariamente, para averiguar las causas del incremento global de las inequidades en salud.

Este hallazgo nos sirve ahora fundamentalmente para explicar cuál es la relación entre el aporte que hacen los servicios de salud para disminuir las inequidades y, por lo tanto, universalizar el acceso a la salud; y cuál es la contribución que hace la sociedad y la forma como vive la gente, a esos resultados de salud y de enfermedad. Entonces, la universalización de la salud implica abatir inequidades, y por lo tanto implica abordar sus determinantes sociales subyacentes, incluyendo, pero no circunscribiéndose, únicamente a mejorar los sistemas de salud. Estos últimos pasan entonces a ser una condición fundamental, necesaria, pero no suficiente para disminuir inequidades y alcanzar la universalización de la salud. Esta es una conclusión, creemos muy importante, porque va más allá de lo que siempre ha sido, explicablemente, el foco muchas veces exclusivo en el debate de la universalización. Esto, evidentemente no significa que los sistemas de salud no sean importantes. Muy por el contrario, ellos son el componente más importante del quehacer en el sector salud, sin embargo, no son lo único que hay que mejorar, si la universalización de la salud es el objetivo para alcanzar. Ha habido diversos esfuerzos por cuantificar la contribución de los servicios y de la vida social en el alcance de las metas de salud y los estimados, evidentemente, varían de acuerdo con el tema específico de salud o enfermedad que queramos estudiar.

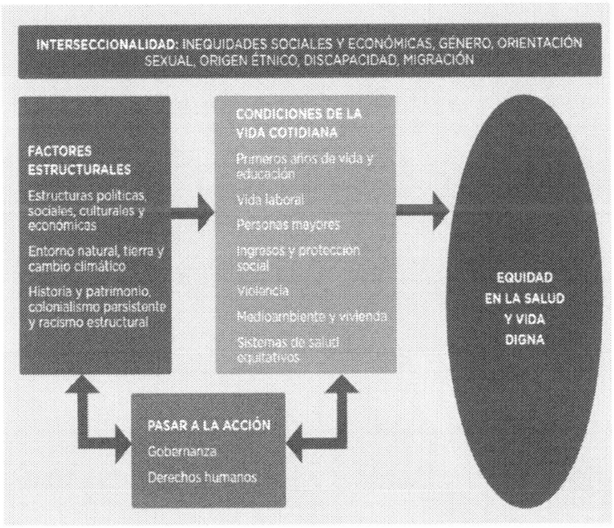


FIGURA 1

Para ilustrar mejor la relación entre determinantes, equidad y universalización, conviene revisar el marco conceptual de Determinantes Sociales de la Salud (FIGURA 1) que ha sido definido por la Comisión presidida, al igual que la de la OMS, por el Dr.

Michael Marmot, esta vez para Las Américas, a través de la OPS/OMS. Ella emitió un reporte muy importante sobre el tema de las inequidades en Salud en América Latina en el año 2019 (OPS/OMS 2019). En dicho marco conceptual observamos la elipse, en el extremo derecho, el resultado final que aspiran las sociedades, que es tener una equidad en la salud y una vida digna. Cuando hablamos de Determinantes Sociales, para alcanzar esa equidad, vemos hacia la izquierda, los dos tipos de determinantes que ya mencioné. En el rectángulo celeste están los determinantes intermedios, que referí anteriormente, que son las condiciones de la vida cotidiana, que se expresan durante los primeros años de vida, tales como la educación, la vida laboral, la vida de las personas mayores, el ingreso, la protección social o su ausencia, la violencia, el medio ambiente, la vivienda; y un Determinante intermedio fundamental, que son los Sistemas de Salud.

## El Sistema de Salud es un Determinante Social

Entonces vemos, como ya enfatizamos, que el Sistema de Salud es un Determinante Social junto con otros más de carácter intermedio. Ellos, en el rectángulo celeste están gobernados por determinantes mayores o estructurales del rectángulo hacia la izquierda, más azul, que son los factores estructurales en la sociedad; y es ahí donde están las estructuras políticas, las estructuras sociales, culturales, económicas, el entorno natural, la tenencia o no de la tierra en las zonas rurales, el cambio climático que es medio ambiental (un determinante igualmente estructural mediado también por la sociedad); la historia, el patrimonio y el "colonialismo persistente y el racismo estructural" (que en nuestra región esta comisión concluyó que era muy importante resaltar).

La existencia de un Sistema de Salud en la sociedad es muy importante para lo que nos ocupa, porque cuando estos no son de carácter universal, estos sistemas de salud inequitativos, resultado de que el Estado invierte poco y mal en ellos (como ha sido histórico en el Perú), y cuando están dejados al "libre mercado"; por defecto, profundizan la inequidad en salud. Estas deficiencias han sido dramáticamente evidentes durante la pandemia, particularmente en lo concerniente al rol del sector privado de la salud. Este tema fue estudiado hace más de 50 años por Julián T Hart en lo que se llamó "La ley de cuidados de salud inversa", vale decir que quienes más necesitan servicios de salud, por su déficit social, son los que menos tienen acceso a ellos, sea por falta de un subsidio público o sea por la falta de acceso al sector privado. Por ello, servicios de salud no universales, pueden incrementar las inequidades en la salud e incluso, empobrecer a las familias. Por ello tenemos que concluir que, para alcanzar mayor equidad en salud, debemos tener Sistemas de Salud con cobertura universal, y debemos tener una economía y sistemas sociales que aborden los determinantes sociales de la salud. Sino tenemos los dos componentes de la equidad, de manera simultánea no vamos a poder tener una disminución de las inequidades y una universalización de la salud.

Muchos países, especialmente desarrollados, que han llegado a desarrollar sistemas de salud de cobertura universal y de buena calidad, como los pases nórdicos con estados de bienestar, pero cuyas sociedades aún albergan desigualdades en los determinantes sociales (usualmente relacionados a las minorías y/o migrantes), continúan teniendo crecientes inequidades en los resultados de la salud. Alcanzar ambos requiere de complejos (pero enteramente posibles) procesos de índole política, porque hay que abordar determinantes de carácter estructural, como es la cuestión política, los modelos económicos, los temas culturales de las sociedades, entre otros. Lo que la pandemia ha develado completamente, es la trágica demostración del fracaso de nuestro país en lo concerniente a su sistema de Salud, claramente no universal; y en un desarrollo social que aborde los Determinantes sociales de la salud. Esto a pesar de haber tenido mucho éxito en sus políticas macroeconómicas que, sin embargo, negligieron en la redistribución y la inversión social. Evidentemente, esto es algo que es sumamente serio y que nos explica justamente la gravedad del impacto que está teniendo la pandemia en nuestro país, liderando las tasas de mortalidad a nivel global. El logro de la cobertura Universal de servicios de salud entonces no implica automáticamente universalizar la salud, ni reducir sus inequidades, si es que no se abordan, además, y simultáneamente, los Determinantes Sociales de la Salud.

Es importante insistir que lo anterior no significa, en lo absoluto, que alcanzar la cobertura universal de los servicios de salud no sea un objetivo societal prioritario, dicha cobertura universal es en verdad la prioridad más importante que debe tener el sector salud, sin lugar a dudas; lo que enfatizamos, sin embargo, es que, siendo una condición necesaria o indispensable para alcanzar la universalización de la salud, esta no es suficiente para reducir las inequidades ni para universalizar la salud, por si misma. Lamentablemente, no hay una ruta corta o alternativa a este desafío.

## La Sindemia de la COVID 19 y los Determinantes Sociales

¿Qué cosa nos enseña la pandemia de la Covid 19 en estos aspectos? En primer lugar, el SAR-COV2 es un virus, es una partícula viral, es un pedazo de ARN cubierto con proteínas y grasas, es un ente biológico simple y para muchos, sin vida; sin embargo, la zoonosis que originó la pandemia surge no solamente por la existencia de ese virus, sino por una serie de procesos y determinantes sociales. Entre ellos, la expansión económica irresponsable hacia espacios naturales, a través de la cual se dio la zoonosis (el contagio del virus al animal y de allí al hombre). Dicho proceso, que es biológico, es también social, porque

está relacionado al modelo económico de producción agropecuaria intensiva, como respuesta al aumento del consumo y la demanda de proteína animal. La expansión de superficies agrícolas a expensas de la tala de bosques y la cría intensiva de ganado también contribuye negativamente al cambio climático.

El proceso siguiente, que es la infección y el contagio del virus a las personas se ha facilitado, a nivel mundial, por los procesos de globalización del comercio internacional, como sabemos. Una vez llegado a nuestro país el virus, el brote se inició en sectores socio económicos altos que trajeron el virus de otros países, pero rápidamente se extendió prioritariamente en los sectores más pobres, con alta informalidad. Pobreza e informalidad son Determinantes Sociales de la Salud que, de esta forma, han posibilitado la expansión y el contagio de epidemia. Ya en el plano clínico, la morbimortalidad también está asociada a Determinantes Sociales tales como el acceso a los servicios de salud, la pobreza, el hacinamiento, la pobre educación, la falta de agua y saneamiento, entre otros. Las complicaciones de la enfermedad están cercanamente asociadas a los factores de comorbilidad como por ejemplo la Diabetes o las enfermedades cardiovasculares o pulmonares crónicas, todas ellas relacionadas también a Determinantes Sociales de la Salud. Por el lado de la respuesta a la pandemia que el gobierno del Perú tempranamente organizo como la cuarentena, la distribución de bonos de asistencia financiera a los más pobres, tuvieron como sabemos un alcance muy limitado.

Por el lado de la respuesta sanitaria, ella consistió básicamente en incrementar rápidamente los servicios hospitalarios para la atención de los pacientes (sin una priorización real del indispensable primer nivel de atención), y la mejora del sistema de vigilancia epidemiológica; fue también enormemente limitada. En ambos casos lo social y sanitario, caracterizados por una desigualdad y deterioro estructural, han pasado una factura muy alta en términos de contagios, morbilidad y mortalidad, así como en términos de un deterioro macro y microeconómico, sin precedentes en nuestro país.

Vale decir entonces que las inequidades y los Determinantes Sociales de la Salud han estado en la base de la pandemia, y van a ser impactados más aún por la pandemia en sí. De esta manera se está conformando lo que peligrosamente sería un círculo vicioso de inequidad y de pobreza, conforme la pandemia avanza. Recientemente, diversos autores han catalogado entonces a la COVID 19 como una SINDEMIA, vale decir un proceso sanitario y social en el cual convergen diferentes componentes epidémicos, en este caso el del SARS-CoV-2, junto con varios de carácter más socio epidemiológicos, como la pobreza, la desigualdad, la informalidad, entre otros mencionados. En cuanto a alternativas, es urgente romper dicho círculo vicioso repensando, no solamente el sistema de salud con cobertura universal y basado en la estrategia de la Atención Primaria de la Salud, sino nuevos sistemas de protección social y políticas intersectoriales que aborden los determinantes sociales que están a la base de la epidemia.

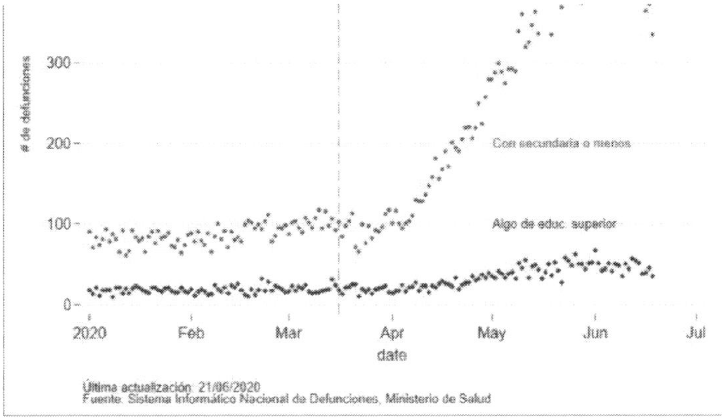


FIGURA 2

Elaborando sobre el impacto en la pandemia, más allá de las cifras promédiales de morbimortalidad, es importante desagregar la información para develar las inequidades y analizar sus determinantes específicos, a fin de poder actuar coherentemente sobre ellos. Aun cuando no se han hecho aun estudios ni mediciones comprehensivas, hay un primer grafico (Figura 2) tomado con datos aun crudos del Sistema Nacional de Defunciones que muestra que el exceso de la mortalidad después de la pandemia se ha incrementado marcadamente en la población con menor nivel educativo. Esto ilustraría, inicial y tentativamente, el agravamiento de las inequidades por la pandemia que, por lo expuesto anteriormente, ha afectado mayormente a los sectores más desfavorecidos, tal como se ha visto ya en otros países con mejores datos y estudios de inequidad, en el mismo periodo de pandemia.

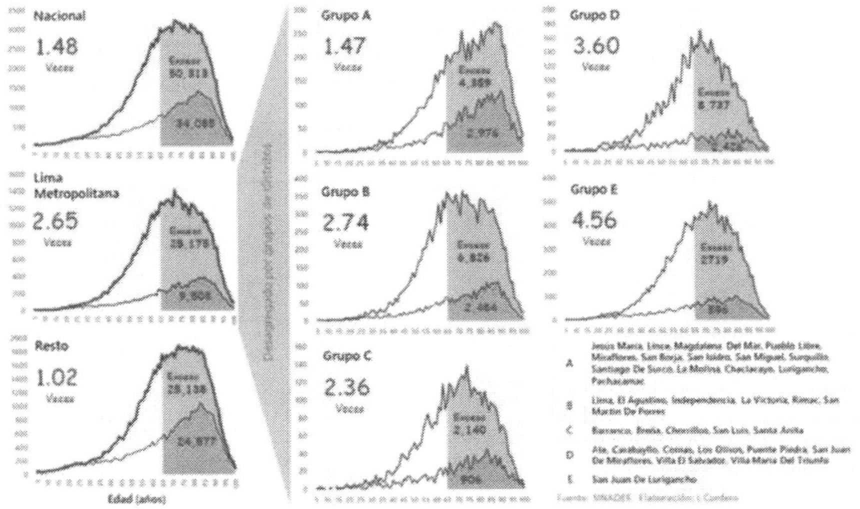


FIGURA 3 (cortesía Dr. Luis Cordero)

Datos preliminares más recientes también ilustran la gradiente de desigualdad social y mortalidad, como podemos apreciar en la Figura 3 (cortesía del Dr. Luis Cordero), también con datos del SINADEF (exceso de mortalidad). Esta muestra como el exceso de la ratio de mortalidad promedia nacional y de Lima Metropolitana, en su conjunto, (izquierda) esconden, la gradiente social (representada aquí por distritos de Lima con niveles socio económicos diferentes) y su impacto diferenciado, correspondiente, en la ratio de exceso de mortalidad por la COVID 19. A mejor estatus SE, menor ratio de exceso de mortalidad

**Determinantes Sociales de la Salud, Atención Primaria de la Salud y Pandemia**

En relación con el enfoque de Atención Primaria en Salud (APS), es importante resaltar su estrecha relación con el de los Determinantes Sociales. En realidad, la estrategia de la Atención Primaria en Salud y el enfoque de los Determinantes Sociales son dos caras de la misma moneda para conseguir la hasta ahora elusiva equidad en salud, no hay forma de separarlos. Esto fue enunciado desde la misma Declaración de Alma Ata en 1978 (OMS 1978) cuando se hizo una referencia al desarrollo económico y social y la acción intersectorial como indispensables para la mejora de la salud, junto con el desarrollo coordinado y coherente de servicios de salud desde la comunidad hasta los niveles hospitalarios. Esto ha sido reiterado por la OMS desde el 2008 cuando se renovó la estrategia de APS. La cobertura universal de salud tiene que estar basada en la APS, la cual aborda simultáneamente la mejora en los Determinantes Sociales de la Salud, y el desarrollo de los Servicios de Salud, como única forma de alcanzar la universalidad de la salud. La APS actúa como una bisagra entre los servicios y los Determinantes Sociales de la Salud, tanto a nivel local, como a nivel nacional y sectorial; de manera que, en una Red, como las Redes Integradas, posibilitan esa interfase entre servicios de salud, sociedad y comunidad. Esa interacción es fundamental para poder abordar los Determinantes Sociales tanto a nivel local como a nivel multisectorial nacional. La pandemia, y la respuesta social a ella nos demuestra también la importancia de los enfoques intersectoriales. Posiblemente no hay precedentes en los ejemplos que se han visto, de cómo la salud ha estado tan estrechamente vinculada (pero no tan bien coordinada) con todos los sectores. Esto ha sido más evidente aun en el tema de la apertura económica, donde hay un consenso unánime que sin salud no hay economía posible y que una buena economía es imprescindible también para una buena salud, no hay dicotomía posible. Además, cada sector ha protocolizado la salud a fin de asegurar que la misma va a evitar los contagios en su respectiva área económica y social.

## Algunas propuestas desde la perspectiva de los Determinantes de la Equidad en Salud a raíz de la Pandemia de la COVID19 - Ideas para el debate

Considerando la oportunidad que nos da la crisis de la pandemia, de cara al sufrimiento, al dolor y a la muerte que nuestro país ha confrontado; esbozo algunos elementos para el debate en relación con los cambios que necesitaríamos procesar desde una perspectiva de determinantes sociales, a fin de abordar las inequidades en salud, agravadas por la pandemia. Requerimos un nuevo Sistema de Salud que esté enmarcado en el Desarrollo, un desarrollo que tiene que ser sostenible, es decir con respeto al medio ambiente amenazado por el cambio climático; y también basado en el Desarrollo Humano, es decir, que no privilegie únicamente el crecimiento PBI, sino también la redistribución de la riqueza y la inversión social. Este desarrollo estará basado en la realización de los Derechos Humanos, asegurando por lo tanto la equidad y el bienestar de todos. Todo esto está consagrado en los objetivos de Desarrollo Sustentable de las

NNUU, aprobado por todos los estados del mundo en 2015 (PNUD, 2015). Enfatizo el desarrollo con respecto al Medio Ambiente, porque sin él, no vamos tampoco a poder asegurar la salud, especialmente la equidad en salud.

Un nuevo sistema de salud tiene que estar enmarcado coherentemente en un sistema de Protección Social, que realice Derechos ciudadanos y que asegure trabajo, vivienda, pensiones, educación, dignos; posibilitando el abordaje de los determinantes que son los que afectan en última instancia a la salud. Este nuevo Sistema de Salud tendrá que ser universal, como ya hemos explicado, basado en la estrategia de Atención Primaria en Salud. Evidentemente estos sistemas tienen que ser eficientes y probos en un país que ha sido tan castigado por la ineficiencia y por la corrupción. Tienen que ser sistemas públicos que des mercantilicen bienes públicos (la salud pública no debe ser una mercancía sujeta a las leyes del mercado). Ello no quiere decir que confronte o suprima al sector privado, pero tienen que haber sistemas de regulación, que eviten el abuso que ha sido evidente durante la pandemia (los sistemas de salud privados tienden a ser inequitativos). El Sistema tiene que estar sujeto al Derecho Ciudadano a la Salud y no sujeto a las leyes del mercado; tiene que ser participativo (y con rendición de cuentas). Los Determinantes Sociales de la Salud tienen que ser abordados coherente y sistemáticamente como ya hemos mencionado, a través de la Protección Social y de la acción intersectorial (lo que llamamos Salud en todas las políticas). Por último, el nuevo Sistema debe tener algo que la epidemia nos demuestra que es indispensable: una moderna inteligencia sanitaria, que monitoree inequidades y Determinantes Sociales, y anticipe, prepare y lidere los cambios para responder eficaz y equitativamente a las transiciones epidemiológicas (tenemos varias convergiendo), notablemente al Cambio Climático y a las crisis de desastres naturales, biológicas, sociales, como la actual pandemia y las que sin duda alguna van a venir en un futuro.

9 de noviembre 2020

**Referencias**


1. OMS (1978), Declaración de Alma Ata sobre Atención Primaria de la Salud, Ginebra
2. OMS (2018), Informe de la Comisión de Determinantes Sociales de la Salud, Ginebra
3. OPS/OMS (2019), Sociedades Justas. Equidad en la salud y vida digna, Washington DC
4. PNUD/ONU (2015), Los Objetivos de Desarrollo Sostenible, Nueva York
5. The Lancet (Sept 2020). Offline COVID19 is not a Pandemic by Richard Horton Vol 396:10255

**DR. JOSÉ M. SAAVEDRA**

Profesor Asociado de Pediatría en la División de Gastroenterología y Nutrición, Johns Hopkins University School of Medicine, USA, donde continua como clínico, docente e investigador. Graduado de Cayetano Heredia, se inició como investigador en el Instituto de Investigación Nutricional, en Lima, enfocado en malabsorción y función intestinal. Completó la especialidad de pediatría en State University of New York, Brooklyn, y la de Gastroenterología y Nutrición en Johns Hopkins University. Fundó y dirigió el Centro de Nutrición Pediatrica, del Johns Hopkins Hospital, realizando algunos de los primeros estudios en probióticos y la del microbiota intestinal en niños. Ocupó también el cargo de vicepresidente de asuntos Médicos y Científicos de Nestlé Norteamerica, y eventualmente el de director Médico Global de Nestlé Nutrition en Vevey, Suiza. Ha publicado extensamente en temas de nutrición, gastroenterología, y nutrición preventiva, liderando múltiples iniciativas internacionales de cooperación, con sociedades médicas y científicas, y organizaciones no gubernamentales en salud pediátrica, educación y nutrición, incluyendo LASPGHAN, ESPGHAN, el National Academies of Science en Washington DC y UNESCO.

# MICROBIOS, ECOSISTEMAS Y LECCIONES SOCIALES

**Dr. José M. Saavedra**

A diferencia de todos nuestros vecinos planetarios, la tierra fue bendecida con el surgimiento de múltiples ecosistemas. Hábitats interconectados, ricos en el número de especies, que evolucionaron contemporáneamente durante algo más de tres billones de años; muchas que siguieron el camino de la extinción. Hoy, los *sapiens* participamos de este mosaico de ecosistemas terrestres compuestos por aquellas otras especies que han sobrevivido.

Estas comunidades de organismos han interactuado con variable interdependencia, no solamente entre ellas, sino con el ambiente físico no biológico que las rodea. Estas interacciones han sido longitudinales en el tiempo, co-evolucionando, compitiendo por recursos, y adaptándose constantemente. Estas interacciones varían también transversalmente en el tipo de interdependencia y complejidad de los interdependientes, algunas de las especies más sencillas (e.g. eubacteria) forjando relaciones críticas con algunas de las más complejas (e.g. mammalia). Estas relaciones también han variado a través del tiempo, co-evolucionando de tal forma de "mejorar" una relación basada en incrementar la mutua oportunidad de supervivencia. Su riqueza (cantidad y diversidad de especias) y las características el ambiente (temperatura, humedad, sustratos y otros recursos) definen a un sistema y las condiciones que afectan su estabilidad.

Para nosotros los humanos, fue fácil al principio describir ecosistemas alrededor nuestro. Nichos geográficos, climáticos, y sus especies han sido reconocidos por milenios. Pero sólo a principios del siglo veinte se identificaron hábitats particulares de especies microscópicas, cuando R.E. Hungate inauguró la ecología microbiana, describiendo el rumen de mamíferos (trecientos años después de que Leeuwenhoek descubriera las bacterias). Menos evidente aún ha sido la apreciación de los sistemas ecológicos bacterianos más adyacentes, y muy íntimamente asociados a cada uno de nosotros los humanos. El microbiota, esa comunidad de microbios que viven adyacentes y en contacto con nuestras superficies que 'miran a nuestro exterior': la piel y las mucosas respiratorias, intestinales y ginecológicas han sido muy poco apreciadas, hasta ahora. Y fue también a principios de los años 1900 que E. Metchnikov postuló que la gran cantidad de bacterias que se empezaban a reconocer en el intestino de los humanos jugaba un rol importante en el mantenimiento de la salud y la prolongación de la vida.

Los últimos 25 años han sido testigos de una verdadera explosión del conocimiento y entendimiento de la riqueza y complejidad de los microbiotas asociados a los humanos, y en particular el entendimiento del microbiota intestinal. Hoy es claro que la relación con nuestro microbiota ha sido larga y crítica para nuestra supervivencia. Es muy claro que el mantener una relación balanceada y 'amistosa' con nuestro medio microbiano es necesario para el mantenimiento de la salud y la longevidad individual. Y quizás este mejor entendimiento de los ecosistemas microbianos y nuestra relación con ellos, conlleven lecciones que nos ayuden a modular el sistema complejo que llamamos 'sociedad', y mejoren también nuestras posibilidades de supervivencia en el planeta.

**Un ecosistema complejo**

De las ~ 35 Phylum y ~30,000 especies nombradas de bacterias, en el mundo biológico, sólo 5 phyla (*Firmicutes, Bacteroidetes, Actinobacterias, Proteobacterias*, y *Verrucobacterias*) y 2,000 especies han sido descritas en el intestino humano. 400-500 especies y estos 5 phyla constituyen el 90% de su microbiota en un humano. El mejor estimado del número de bacterias en un intestino es de $10^{13}$ a $10^{14}$ (14 ceros de bacterias en un intestino), equivalente a ~10% del peso de un individuo. El microbiota intestinal humana constituye así uno de los nichos ecológicos más densos y complejos de la naturaleza. La composición del perfil microbiano va a variar, dependiendo de factores ambientales (composición química del lumen, presencia de sustrato, y gradientes inmunológicos) a lo largo del tracto gastrointestinal de cada individuo.

Nuestra relación con bacterias es no sólo rica y diversa sino también bastante selectiva e individual. La diferencia de especies y subespecies entre individuos es mayor que la diferencia en la variación de comunidades en un individuo. Cada uno de nosotros poseemos una "huella 'digital' microbiana". Es importante recalcar que las bacterias luminales, así como aquellas en la piel, el tracto respiratorio y vaginal, se encuentran '*asociadas a*' y no '*dentro del*' huésped. Los cambios en el medio interno del huésped se dan a través de nuestra *interacción* con este ecosistema de microbios. Ya que no son "nuestras" bacterias, es la *relación* con este microbiota la que debemos fomentar positivamente para llegar a un balance que sea mutuamente favorable.

*¿Qué ventajas ontológicas -si alguna- tiene para los humanos desarrollar una asociación con un ecosistema tan considerable y complejo en el lumen del intestino?*

Hasta hace sólo 30 años la actividad de la "flora" intestinal, como delicadamente llamábamos al microbiota, se resumía en ciertas funciones digestivas y metabólicas importantes: producción de vitaminas, fermentación de carbohidratos y generación de productos metabólicos como los ácidos grasos de cadena corta (con muchas consecuencias fisiológicas que no describimos), y metabolismo de las sales biliares. Hoy en día está claro que la interacción con el ecosistema microbiano intestinal es mucho más variada y compleja. En estas últimas tres décadas, dos consecuencias fisiológicas que resultan de las interacciones homo-bacteria se han desarrollado en forma formidablemente acelerada.

Quizás la mejor descrita de estas es la del papel que juega el microbiota en el desarrollo, la maduración, y el mantenimiento de la función inmunológica local y sistémica del humano. La falta de bacterias en el lumen intestinal del ser humano, así como de todos los mamíferos es no sólo importante sino fundamental e imprescindible para la función inmunológica del huésped. Animales gnotobióticos que crecen en un medio estéril, y que no desarrollan un microbiota intestinal, tampoco desarrollan mecanismos inmunológicos de defensa, y no sobreviven ni a la mínima presencia de patógenos. La vida del ser humano no es compatible con un ambiente estéril - ni externamente, en el medio ambiente, ni con un lumen intestinal sin bacterias. La presencia de bacterias en el intestino estimula la secreción de moco y mucina, haciendo que los enterocitos refuercen sus uniones intercelulares, manteniendo la integridad de la barrera mucosa intestinal. Igualmente, estimulan la secreción de anticuerpos luminales, particularmente IgA. Además, la presencia de bacterias es el estímulo primordial de la proliferación y la actividad del tejido linfocitario asociado al intestino, que constituye ~80% del total de nuestras células inmunológicamente activas. Esta estimulación bacteriana no es sólo protectora sino moduladora, balanceando su respuesta para minimizar la sobrerreacción inmunológica que ocurre en enfermedades inflamatorias. La falta de control y tolerancia inmunológica que resulta de un microbiota poco desarrollado y 'alterada' da lugar a una respuesta inflamatoria exagerada que se expresa diversamente, como alergia, inflamación cardiovascular, enfermedad intestinal inflamatoria, y muchas más,

Nuestra relación con el microbiota, mediada inmunológicamente, define en gran parte la supervivencia a enfermedades infecciosas (las plagas bacterianas del pasado), así como a enfermedades inflamatorias no comunicables, como alergia, asma, diabetes e inflamación cardiovascular y enfermedades inflamatorias intestinales (las plagas del presente).

Menos estudiada está la relación entre los mecanismos inmunológicos y el microbiota respiratorio. Las bacterias que respiramos (unas $10^4$ - $10^6$ por metro cúbico de aire) interaccionan constantemente con el tejido linfocitario nasofaríngeo, y la mucosa respiratoria está adyacente a su propio microbiota. Similarmente, este microbiota modula la actividad del tejido linfocitario nasofaríngeo. El microbiota respiratorio alterada se asocia a trastornos como la rino-sinusitis crónica, trastornos del olfato, y quizás otras afecciones respiratorias mediadas inmunológicamente. El papel del microbiota respiratorio en afecciones virales y alérgicas recién se está empezando a entender.

Finalmente, avances en sólo los últimos diez años ha llevado a un mucho mejor entendimiento de la relación que existe entre la función gastrointestinal y el sistema nervioso central a través del eje intestino-cerebro. La comunicación bidireccional entre las funciones del intestino y el sistema nervioso central ocurre a través de tres vías principales. Una, a través de metabolitos y otras moléculas bio-activas que viajan por el sistema vascular, del intestino al cerebro (algunas de las cual atraviesan la barrera hemato-encefálica), otra a través del sistema nervioso autonómico, incluyendo el nervio vago que conecta directamente al intestino con el cerebro, y a una tercera vía, a través de la secreción de hormonas del cerebro, especialmente el eje hipófisis-pituitaria-adrenal. El cerebro eferentemente modula la función intestinal, incluyendo la motilidad y secreciones intestinales. El intestino aferentemente manda señales de percepción de dolor, bienestar del tracto gastrointestinal, que se procesan centralmente, manifestándose en respuestas neurológicas y de nuestro comportamiento. Hoy, lo que llamamos enfermedades gastrointestinales "funcionales", tales como la dismotilidad e 'irritabilidad' intestinal, el dolor abdominal recurrente, el cólico infantil en los lactantes, estreñimiento, etc., se definen como *trastornos del eje intestino-cerebro*. Pacientes con cólico infantil, síndrome de intestino irritable, dolor abdominal recurrente, tienen perfiles de microbiota claramente distinguibles de individuos control, con predominancia de diferentes especies, y disminución de la diversidad de especies. Este eje modula muchas de las "percepciones" de nuestro intestino, así como cambios -como la motilidad autónoma intestinal- afectados por la función nerviosa central. La influencia del microbiota en la función intestinal ha llevado a la postulación de que ciertos trastornos como el desorden de déficit de atención e hiperactividad, así como trastornos de comportamiento, el autismo y otros trastornos neuro-psiquiátricos puedan estar relacionados con alteraciones del microbiota intestinal.

*El desarrollo temprano inadecuado de un ecosistema microbiano persiste, probablemente por el resto de la vida y la alteración del microbiota en su desarrollo o mantenimiento tiene consecuencias serias a corto y largo plazo.* Aunque probablemente existen influencias intrauterinas, al nacer el neonato tiene una mínima expresión de bacterias en el lumen intestinal. Sin embargo, en cuestión de horas el intestino se coloniza, y unas pocas bacterias se convierten en trillones. Sólo ciertos phyla y ciertas especies proliferan y hay una interacción marcada entre especies por arraigarse a este nuevo nicho, inhabitado, y rico en oportunidades para proliferar.

Dos eventos principales en la vida temprana están asociados con alteraciones del perfil del microbiota intestinal (disbiosis): la falta de lactancia materna y el parto por cesárea. Los dos tienen un efecto directo en la definición del perfil del ecosistema luminal bacteriano. Los neonatos que reciben leche materna tienen un incremento muy particular de ciertos géneros como bífidobacterias y lactobacilos. Los que no reciben leche materna tienen un incremento de clostridium, coliformes, y una cantidad reducida de bífidobacterias y lactobacilos. El parto vaginal promueve el crecimiento de especies similares a las de la madre, mientras que el parto por cesárea permite que sean bacterias ambientales, a veces las menos deseables (como las del ambiente hospitalario) las que primero colonicen al recién nacido. Las consecuencias clínicas de la falta de lactancia materna y el parto por cesárea son significativas, tanto a corto como largo plazo.

Múltiples estudios han mostrado una clara asociación entre la falta de lactancia materna y muchas enfermedades agudas, particularmente infecciones respiratorias e intestinales, globalmente, no solo en países desarrollados. Y estudios de cohortes grandes demuestran que la lactancia materna también protege de enfermedades que ocurren mucho más tarde en la vida, incluyendo la diabetes tipo 1 y 2, obesidad, alergia, asma, enfermedad inflamatoria intestinal, y leucemia – todos asociados a una disfunción inmunológica y/o inflamatoria. Aunque muchos de esos beneficios asociados a la lactancia materna se habían descrito por bastante tiempo, solamente en las últimas dos décadas se ha documentado que el parto por cesárea, cuya prevalencia continúa siendo más alta que la deseable, también está asociado a consecuencias clínicas similares a la falta de lactancia. El parto por cesárea independientemente incrementa significativamente la severidad y la frecuencia de hospitalización por gastroenteritis aguda en niños. Y los niños nacidos por cesárea que no reciben lactancia materna incrementan su riesgo aún más. El nacimiento por cesárea independientemente aumenta también el riesgo de alergia, asma, y obesidad. Y estudios en poblaciones grandes demuestran un incremento en la leucemia linfocítica aguda en niños y adultos nacidos por parto por cesárea. Todos estos trastornos son idénticos a los observados en niños no amamantados, y tienen fundamentos inmunológicos e inflamatorios, que como mencionamos anteriormente, son en gran parte gobernados por nuestra relación con el microbiota intestinal.

El uso innecesario de sucedáneos de la leche materna, y los partos por cesárea no indicados clínicamente tienen riesgos y consecuencias a corto y largo plazo que muy poco se mencionan. Si bien la lactancia materna exclusiva ha aumentado en la última década, estamos lejos aún de niveles deseables. En países de ingreso medio y alto los partos por cesárea han aumentado persistentemente los últimos 20 años, y la mayor parte de países del mundo hoy tiene tazas de cesárea que son entre dos a cuatro veces de las que están indicadas clínicamente. Estos son factores que afectan el microbiota y la salud, son controlables – si tenemos la voluntad para controlarlos.

Cada vez más, la disbiosis temprana surge como un eslabón significativo y determinante del riesgo de múltiples trastornos de salud a largo plazo. Nuevas tecnologías que permiten identificar y cuantificar el genoma de los organismos que componen la microbiota -el microbioma intestinal- permiten hacer estudios comparativos del perfil bacteriano de pacientes con estos trastornos y compararlos con poblaciones por lo demás sanas. Claras diferencias y alteraciones en composición del microbiota han sido documentadas en múltiples trastornos alérgicos, inflamación intestinal, enfermedades intestinales funcionales, obesidad y diabetes, tanto en niños como adultos. Con algunas excepciones, no se ha documentado claramente que la predominancia de una u otra especie única sea responsable o esté asociada a una u otra enfermedad aguda o crónica. Mas bien, diferentes enfermedades se asocian a las diferencias relativas en el perfil de a phila y especies predominantes. Mientras muchas de estas relaciones son asociaciones, que no son demostración de una relación causal, hay cada vez más evidencia de que la disrupción del microbiota hacia la disbiosis precede a la ocurrencia de todos estos trastornos clínicos.

Dicho esto, dos características aparecen clara y recurrentemente: una es la *disminución de bífidobacterias* con incremento de bacteroides, clostridia y coliformes en la vida temprana; y la otra es la *disminución significativa de la diversidad de especies* del ecosistema.

**La coevolución y co-adaptación son críticas para la supervivencia.**

Como mencionamos anteriormente, la reducción de bífidobacterias está asociada a un incremento en el riesgo de condiciones como infección, así como alergia y obesidad. Entre todos los géneros de bacterias que colonizan el intestino en la edad temprana, particularmente los primeros dos años de vida, las bífidobacterias son el género predominante en neonatos sanos nacidos por parto vaginal y que reciben leche materna. Parte de esta predominancia de bífidobacterias está relacionada a la presencia de oligosacáridos en la leche materna. Estos carbohidratos de la leche materna no son digeribles ni tienen ningún valor nutricional para el recién nacido, pero son sustrato específico para la reproducción de ciertas especies, particularmente las bífidobacterias. Un tercio de la energía de carbohidratos en el calostro es alimento para bacterias. Los lactantes que reciben sucedáneos de la leche materna, muchos a base de leche de vaca, desarrollan un perfil microbiano muy diferente, con una marcada disminución de bífidobacterias, y con predominancia de otras especies. Estos cambios en el perfil del microbiota persisten por años, asociándose a los riesgos clínicos mencionados anteriormente.

No está claro por qué y cómo se desarrolla evolutivamente la composición de la leche materna para dar preferencia de supervivencia a un género particular y ciertas especies específicas de ese género de bacterias. Lo que es claro es que la lactancia las favorece selectivamente, y estas bacterias confieren un beneficio inmunológico al huésped lactante en la vida temprana, e influyen a largo plazo el perfil del microbiota, aparentemente de por vida.

**La diversidad en un ecosistema es crítica para su estabilidad y efecto positivo.**

Las alteraciones del microbiota se han descrito en múltiples condiciones, incluyendo diabetes tipo 1 y 2, obesidad, alergia, enfermedad inflamatoria intestinal, enfermedad funcional gastrointestinal, e incluso trastornos neuropsiquiátricos, comparándolas con el perfil en individuos sanos. Para cada una de estas enfermedades no se ha descrito un perfil específico de bacterias que se considere causal o definitorio de esa condición. Sin embargo, el denominador común de la expresión fenotípica de estas enfermedades asociadas a disbiosis es el de una disminución en la diversidad del microbiota.

La alteración del microbiota por factores controlables tiene efectos profundos y significativos para el huésped.

Más allá de la infancia, muchos otros factores modulan o modifican el perfil del microbiota. Desde el nacimiento, y a lo largo de la vida, la dieta ejerce un gran efecto mayor sobre su composición. La dieta no solo nutre al huésped, si no a su microbiota. En buena parte estos efectos están relacionados a la capacidad de diferentes bacterias de metabolizar los diferentes sustratos, particularmente azúcares de la dieta. Así, la composición de la dieta, incluyendo carbohidratos y fibras, y otros componentes que modifican su metabolismo son factores determinantes en el mantenimiento de un ecosistema intestinal balanceado y diverso. En general, dietas poco variadas, con falta de alimentos de origen vegetal, bajas en fibra, y altas en azúcares refinadas, se asocian a un microbiota muy poco diverso. Estas mismas dietas se asocian a enfermedades crónicas, incluyendo enfermedades inflamatorias y obesidad. Aunque queda mucho por entender, es claro que un factor importante en la prevención de enfermedades crónicas asociadas a la dieta, están mediadas por su efecto en el microbiota intestinal.

Entre las intervenciones humanas recientes que tienen efectos profundos en la modificación del ecosistema bacteriano del intestino ninguna resalta tanto como el uso de antibióticos. Si bien estas drogas han tenido un efecto dramático en mejorar la salud y nuestras posibilidades de supervivencia, su uso y especialmente el indiscriminado, tiene consecuencias para el individuo y más allá, para la comunidad. El uso de antibióticos, particularmente en forma recurrente está asociado a un incremento de riesgo de alergia, asma, obesidad, y diabetes tipo 2. El nexo mecanístico es cada vez más claro: la disbiosis por antibióticos que altera la respuesta inmunológica del huésped. No es ninguna sorpresa que el uso de antibióticos, y particularmente aquellos de espectro amplio completamente destruyen el balance ecológico del microbiota, disminuyéndolo en cantidad, y en diversidad y particularmente en diversidad punto esta disminución en diversidad persiste después del uso de antibióticos, y es más significativa aún con el uso recurrente. Además del efecto en el huésped individual, el uso indiscriminado de antibióticos ha incrementado dramáticamente el surgimiento de organismos patogénicos resistentes, con todas sus serias consecuencias para otros huéspedes de la comunidad.

**Corolario**

El microbiota intestinal es un ejemplo excelente de un ecosistema abundante y complejo, cuyo desarrollo es dependiente de la relación formada evolutivamente entre el huésped y el lumen del intestino que lo hospeda. La disrupción severa del microbiota y nuestra relación con ella, a veces bien intencionada, tiene serias consecuencias. Esta relación depende en gran parte de factores que afectan a las especies y el medio ambiente del sistema, algunos que hasta hace poco no entendíamos. Resulta que muchos de estos factores son controlables. La lactancia, el parto natural, la dieta adecuada tienen un efecto positivo, manteniendo un medio ambiente favorable al balance adecuado de las especies, favoreciendo aquellas con las que co-evolucionamos, y manteniendo la diversidad del ecosistema. Esto resulta en beneficios significativos a la salud y el bienestar del huésped. El parto por cesárea no clínicamente indicado, el uso de sucedáneos de la leche materna cuando no es indispensable, la dieta inadecuada, y el uso indiscriminado de antibióticos, todos alteran dramáticamente el medio ambiente de estas especies, eliminando muchas, alterando su balance, y disminuyendo su diversidad. Las consecuencias de este microbiota alterado son profundas y negativas a corto y a largo plazo, para muchos huéspedes humanos individualmente, afectando así a toda la comunidad de huéspedes, nuestra sociedad. Educar y actuar para disminuir los factores controlables que alteran el microbiota es no solo un imperativo de salud si no social.

Los principios que gobiernan nuestra relación con este ecosistema microbiano intestinal son un subconjunto de nuestra relación con todos los otros hábitats y ecosistemas con los que nos relacionamos. Esto incluye todas las especies biológicas a nuestro alrededor, algunas tan complejas como nosotros, así como el medio ambiente abiótico, la tierra y sus recursos, el agua, el aire y los factores climáticos que la afectan. A veces con buenas intenciones, a veces por necesidad, a veces por codicia, las actividades humanas han alterado este balance, modificando el ambiente, usando recursos indiscriminadamente, afectando el clima, eliminando especies, y disminuyendo la diversidad de los miembros de la comunidad terrestre. Resulta que -igual que con nuestra microbiota- muchos de estos factores son controlables. Quizás los 'homo' debamos aprender algo de nuestra relación con las bacterias para ser más 'sapiens'. Necesitamos tomar conciencia de los factores que podemos controlar, entenderlos, aceptarlos, y desarrollar la voluntad para actuar. Solo con voluntad y dedicación podemos frenar y minimizar la disrupción del medio ambiente, y mantener la diversidad y el balance de especies del espacio que ocupa nuestra sociedad. Educar y actuar para disminuir los factores controlables que alteran el ecosistema en que habitamos no solo es un imperativo social, si no de supervivencia.

**Referencias**

Thursby E, Juge N. Introduction to the human gut microbiota. Biochem J. 2017 May 16;474(11):1823-1836. doi: 10.1042/BCJ20160510. PMID: 28512250; PMCID: PMC5433529.

Dykhuizen D. Species Numbers in Bacteria. Proc Calif Acad Sci. 2005 Jun 3;56(6 Suppl 1):62-71. PMID: 21874075; PMCID: PMC3160642.

Thomas S, Izard J, Walsh E, et al. The Host Microbiome Regulates and Maintains Human Health: A Primer and Perspective for Non-Microbiologists. Cancer Res. 2017 Apr 15 ;77(8) :1783-1812. Doi : 10.1158/0008-5472.

Kumpitsch, C., Koskinen, K., Schöpf, V. et al. The microbiome of the upper respiratory tract in health and disease. BMC Biol 17, 87 (2019). https://doi.org/10.1186/s12915-019-0703-z

Gomez-Gallego C, Garcia-Mantrana I, Salminen S, Collado MC. The human milk microbiome and factors influencing its composition and activity. Semin Fetal Neonatal Med. 2016 Dec;21(6):400-405. doi: 10.1016/j.siny.2016.05.003.

Turroni F, Milani C, Duranti S, Ferrario C, Lugli GA, Mancabelli L, van Sinderen D, Ventura M. Bifidobacteria and the infant gut: an example of co-evolution and natural selection. Cell Mol Life Sci. 2018 Jan;75(1):103-118. doi: 10.1007/s00018-017-2672-0.

Andersen V, Möller S, Jensen PB, Møller FT, Green A. Caesarean Delivery and Risk of Chronic Inflammatory Diseases (Inflammatory Bowel Disease, Rheumatoid Arthritis, Coeliac Disease, and Diabetes Mellitus): A Population Based Registry Study of 2,699,479 Births in Denmark During 1973-2016. Clin Epidemiol. 2020 Mar 9; 12:287-293. doi: 10.2147/CLEP.S229056.

Hesla HM, Stenius F, Jäderlund L, Nelson R, Engstrand L, Alm J, Dicksved J. Impact of lifestyle on the gut microbiota of healthy infants and their mothers—the ALADDIN birth cohort. FEMS Microbiol Ecol. 2014 Dec;90(3):791-801. doi: 10.1111/1574-6941.12434.

Galazzo G, van Best N, Bervoets L, et al. Development of the Microbiota and Associations with Birth Mode, Diet, and Atopic Disorders in a Longitudinal Analysis of Stool Samples, Collected from Infancy Through Early Childhood. Gastroenterology. 2020 May;158(6):1584-1596. doi: 10.1053/j.gastro.2020.01.024.

## DR. JORGE LUIS LEMBCKE DIEZ

Médico-Cirujano egresado de la Universidad Peruana Cayetano Heredia en el año 1980. Residente de Pediatría en la Clínica Angloamericana el año1982. Asistente de Investigación en el Instituto de Investigación Nutricional los años 1984-1989. Maestría en Alimentación y Nutrición en Salud en el Instituto de Nutrición de Centro-América y Panamá en la Ciudad de Guatemala, Guatemala los años 1989-1990. Estudios de Doctorado en Nutrición Internacional en la Universidad de California en Davis, California, EE. UU. los años 1990-1991 (Sin obtener grado por falta de publicación del trabajo de tesis). Postdoctoral Fellow en el Centro de Nutrición Humana de la Universidad de Johns Hopkins en Baltimore, EE. UU. en el año 1994. Investigador en el Instituto de Investigación Nutricional los años 1991-1998. Profesor Asistente en el Departamento de Zootecnia y en el Postgrado de Nutrición Pública en la Universidad Nacional Agraria La Molina los años 1994-2000. Profesor del Curso de Diplomado en Nutrición y Actividad Física de la Universidad Peruana Cayetano Heredia los años 2007-2008. Intérprete/traductor médico-científico local e internacional desde 1976 hasta la actualidad

# UN MÉDICO QUE SIRVE A LA MEDICINA SIN VER PACIENTES.

**Dr. Jorge Luis Lembcke Diez**

ANTES DEL CAMBIO

Cuando cursaba el tercer año de secundaria en el Colegio Santa María decidí estudiar medicina. El curso de biología de la Profesora Flora me ayudó a tomar esta decisión. Sin embargo, desde que leí y vi las fotos del primer ser humano que recibió un trasplante de corazón en manos del Dr. Christian Barnard en Sudáfrica me cautivó la medicina.

El verano previo al último año del colegio, empecé a pensar en organizarme en mi preparación para ingresar a la universidad. En esa época, año 1972, en Lima solo había tres universidades con facultades de medicina: Cayetano Heredia, San Marcos Y Villareal. Me propuse ingresar a la Cayetano Heredia, la mejor de las tres. Hacía dos años que me había aficionada al surf, y siendo ese mi último verano de vida escolar, decidí posponer mi plan de preparación para el ingreso hasta el inicio de quinto año de media y correr olas todo el verano.

Llegó abril, empecé el colegio y en mayo me matriculé en la academia que llevaba el mismo nombre de Cayetano Heredia. Fui asignado al salón B Tardes, conformado por alumnos de los colegios privados de Lima. El primer día de clases en la academia, el profesor nos informó que de este salón solo ingresaba uno a la Cayetano y señaló la carpeta donde se sentaba usualmente el afortunado que ingresaba. ¡Doce compañeros de ese famoso salón B Tardes ingresamos a la Cayetano el año siguiente! Es más, de mi promoción del colegio, ¡ingresamos cinco de seis! Algo más, corrí tabla un par de horas hasta la semana de los exámenes de ingreso. Desde esa época pensaba que hay que equilibrar el estudio/trabajo siempre con algo de diversión. Hasta ahora lo hago…

Tuve la bendición del apoyo de mi familia y amigos en este proyecto de convertirme en médico, lo que me permitió dedicarme exclusivamente a mis estudios en la universidad. Ya desde las primeras semanas de clases formamos un grupo de estudio Cacho, Pepe, Chito, Jebe y yo. Estudiamos como grupo hasta el final de la carrera. Hicimos todo juntos, estudiar, tomar, parrandear y desarrollamos una amistad que dura hasta la actualidad. Nos juntamos de lunes a viernes a estudiar casi todas las semanas de nuestra carrera universitaria. Al ingresar tenía pensado ser cirujano cardiovascular como Barnard. Cuando empezamos los cursos con pacientes me atrajo más la clínica que la cirugía, en especial la pediatría.

En el segundo año de facultad, Pepe me propuso hacer interpretación simultánea de conferencias médicas, luego de haber interpretado en un congreso se cardiología en Lima. La idea me asustó un poco, pero me dijo "tenemos el inglés del colegio y somos estudiantes de medicina" y agregó "ya me comprometí para trabajar contigo un simposio de fiebre reumática". Le dije que de ninguna manera lo haría, pero, habiéndose ya comprometido con el Dr. Augusto Mispireta, no me quedó más remedio que hacerlo. El trabajo lo hicimos muy bien, tanto que hasta la fecha sigo interpretando conferencias médicas. Tuve entonces dos carreras en paralelo.

Empecé a ejercer la medicina como residente de Pediatría en la Clínica Angloamericana con el Dr. Jaime Freundt como mi principal tutor. Luego de un año empecé a trabajar en el Instituto de Investigación Nutricional, fundado por el Dr. George Graham en la década del sesenta y dirigido por el Dr. Guillermo López de Romaña. Aquí trabajé durante 14 años alternando investigación clínica en la unidad metabólica y estudios de campo con la práctica privada de Pediatría. En este periodo viajé a Guatemala por dos años para obtener el título de Maestría en Alimentación y Nutrición en el INCAP y luego dos años en la Universidad de California en Davis con el Dr. Kenneth Brown, con quien trabajé en Lima, para obtener un Doctorado en Nutrición Internacional. De los dos posgrados, solo completé la maestría, para el doctorado, me faltó publicar la tesis.

Ya de regreso en Lima y desde mediados de los noventa, empecé a viajar por todo el mundo interpretando conferencias médicas para instituciones académicas y la industria farmacéutica, al igual que en congresos y eventos médico-científicos en Lima.

A la investigación, práctica privada, interpretación/traducción se agregó también la enseñanza. Fui contratado por la Universidad Nacional Agraria La Molina como profesor a tiempo parcial (no podría haber sido de otra manera) para enseñar nutrición humana en el curso de Maestría de Zootecnia. Luego también fui profesor de Cayetano en un Diplomado de Nutrición y Actividad Física. En Davis también fui *"Teacher Assistant"*. La enseñanza siempre me atrajo, algo que heredé de mi padre.

Durante la primera década del siglo 21 decidí abrir un consultorio de nutrición pediátrica, manejando en forma ambulatoria mayoritariamente casos de obesidad. Seguí trabajando como intérprete y traductor médico, viajando cada vez más al extranjero a estos eventos. Como era de esperarse, cada vez más tiempo de viaje y menos tiempo en el consultorio. Contraté una asistente por un tiempo, pero al final cerré el consultorio a principios de la segunda década y me dediqué exclusivamente a la interpretación y traducción.

## EL CAMBIO

Fui educado en un hogar católico y mis estudios escolares los realicé en el Colegio Inmaculado Corazón y el Colegio Santa María. Tuve una formación católica tradicional y siempre he creído en Dios. Como en la mayoría de los casos, a partir de finales de la adolescencia me fui alejando progresivamente de la vida espiritual y dejé a Dios para después…

Sumado a este alejamiento de Dios, estuvo la soberbia de ser médico graduado de la Cayetano. Con la idea que yo era dueño y control de mi destino, dejé a Dios para los casos difíciles que no pudiera manejar.

A mediados de la segunda década de este siglo, empecé a pensar nuevamente en mi parte espiritual. Conocí a dos personas, Nicolás y Lisby, los dos iniciaron mi camino de retorno a Dios. Asistí regularmente a misa y comulgué en la mayoría de ellas. Era clara para mí la necesidad de profundizar en el conocimiento de Jesús, pero no sabía cómo hacerlo. Le pedía a Dios que tuviera paciencia y a la vez le pedía que me indicara cómo.

Un domingo de marzo de 2016, en misa de mediodía de la Parroquia de Santa María Reina, en San Isidro, escuché la invitación a un retiro llamado Camino de Emaús. Alonso, quien lo anunciaba, pronunció unas palabras que me respondieron a esa pregunta de cómo conocer a Jesús. Dijo "un retiro de laicos para laicos". Este retiro de organiza dos veces al año, en abril/mayo y en noviembre. Por compromisos de trabajo tuve que esperar hasta abril del año siguiente para hacerlo.

Lo que viví en estos tres días de retiro, donde nos llamaron "caminantes", cambiaron el rumbo de mi vida para siempre. Puede empezar a conocer a Jesús, qué es lo que quiere de mí y cómo debo hacerlo. Entendí que hemos venido a este mundo a servir y no a ser servidos.

**DESPUÉS DEL CAMBIO**

Mi vida después del retiro es un camino de conversión lento y difícil pero apoyado tremendamente por la comunidad de hermanos que tengo en nuestro grupo de servidores de Emaús, como así no llamamos.

Trabajamos para ser una comunidad laica evangelizadora a través de una diversidad de pastorales y grupos de oración, que detallaré a continuación contando mi participación en algunas de ellas.

El primer servicio en que participé fue en los siguientes retiros, ya no como "caminante" sino como "servidor". He servido en tres retiros de nuestra parroquia, uno en Pucusana y uno en Cuzco. En todos estos retiros hubo una que otra atención médica que hacer.

También me uní a una ONG llamada Asociación Civil Los Hijos del Padre Pío, creada por hermanos de Emaús en nuestra parroquia. Tiene un programa llamado Puertas de Emergencia. Este proyecto lleva alimento, solidaridad y esperanza a los familiares de pacientes atendidos por emergencia en 7 hospitales de Lima. Estos son, arzobispo Loayza, San Bartolomé, Dos de Mayo, Instituto Nacional de Enfermedades Neoplásicas, Hospital de Emergencias Casimiro Ulloa, Policlínico Angamos de Essalud y María Auxiliadora.

Desde el año 2016 salen 3 noches a la semana a acompañar a las personas que han quedado solas en las puertas de emergencia de los hospitales. Se prepara una merienda que consiste en un pan con margarina y jamonada y una infusión caliente.

Yo los he acompañado todos los miércoles que he podido, principalmente al San Bartolomé. Desde que me gradué en la universidad, no había regresado a ninguno de estos hospitales. Me dio mucha frustración y pena ver que la situación ha cambiado muy poco en ellos. Me conmovió mucho ver familiares durmiendo en los exteriores de los pabellones del Loayza. Al principio me sentí raro en este ambiente hospitalario sin estetoscopio. Cambié el estetoscopio por la oración. En las salas de hospitalización, además de compartir con los familiares la merienda, orábamos con ellos y con el personal médico y de enfermería. Con el inicio de la pandemia, se acabaron mis salidas a Puertas de Emergencia.

En marzo de 2019, fui invitado a participar en el diseño de un retiro de Emaús para las personas privada de libertad en el Penal de Lurigancho. Con este fin, participé en un retiro de Emaús en la cárcel La Modelo, en Bogotá, organizada por un grupo local de Emaús. Viajé con dos hermanos más, Carlos y Mario, ninguno de los tres había estado nunca en un penal. El retiro duró tres días, ingresamos al penal a las 6 am y salimos a las 3 pm cada día. Lo que más me impresionó fue la tristeza que experimenté al salir del penal el primer día y me puse en el lugar de todos los presos sabiendo que ninguno de ellos iba a salir conmigo.

Yo solía pensar que lo peor que me pudiera pasar era una enfermedad, pero luego de mi experiencia en los penales, estar preso es peor. Allá adentro, no tienes ningún control de lo que fue tu mundo exterior. No ves a tu familia, no decides nada sobre ellos. Si te abandonan no hay nada que puedas hacer al respecto. Si no quieren que te visiten tus hijos, no los ves nunca. Y si estás enfermo y preso, la situación no podría ser peor.

En 2019 llegó la pandemia. Nos agarró completamente desprevenidos. Al inicio, pensamos que era uno de esos otros virus nuevos que como el H1N1, el SARS y el MERS, causaron un daño limitado y se fueron. Así lo comentábamos alegremente como médicos. Al menos así fue en mi caso. Pero poco a poco la situación empeoró y salió de control en todo el mundo.

Todo cambió de un momento a otro, se cancelaron todas la interpretaciones y traducciones médicas, mi último viaje fue a fines de febrero y durante los siguiente 4 meses no hubo trabajo, salvo algunas traducciones esporádicas. Las actividades en la parroquia también fueron suspendidas: no más reuniones de Emaús, no más salidas a los hospitales, no más Adoración Perpetua al Santísimo. En resumen, me quedé encerrado en mi casa.

Empecé a recibir llamadas, mensajes, correos electrónicos de muchos familiares y conocidos preguntando acerca de la pandemia. Haciendo todo tipo de consultas, desde algunas muy centradas hasta las más descabelladas (como el dióxido de cloro). Entendí la importancia de educarme en todos los aspectos médicos de esta enfermedad y tratar ayudar a aclarar la desinformación o la falta de información al respecto. Un día me llamó un amigo y me pidió una receta para sus medicinas en vista que no podía salir a la clínica. Desde ese día he llenado decenas de recetas para familiares y amigos.

El chat de nuestra promoción de la universidad se convirtió en el principal canal para saber más del virus. Organicé una reunión todos los sábados por Zoom con ellos para no solo aprender sino también vernos las caras y pasar un buen rato. Igualmente lo hice con mi promoción XXX del colegio, donde también con los otros médicos de esta promoción tratamos de educar acerca de la pandemia.

Las actividades de servicio de nuestra parroquia también cambiaron, Puertas de Emergencia empezó a repartir mascarillas y artículos de desinfección en las puertas de los hospitales. Dejamos de asistir al penal y nos concentramos en enviar alimentos y artículos de desinfección y mascarillas al penal. También con la generosa colaboración de los amigos del colegio, se puedo apoyar la compra de alimentos para una parroquia en Miraflores que atendía a muchas familias necesitadas, peruanas y venezolanas de la zona.

El grupo de Los Hijos del Padre Pío, buscando otras alternativas de servicio, a través de la Hermana Katia, de la orden de las Carmelitas, descubrió la desesperada situación de las ollas comunes en los cerros de Villa María del Triunfo. Este populoso distrito se encuentra al sur de Lima. Nos encontramos con miles de personas, hermanos nuestros, que no tenían comida. Se acostaban por la noche sin saber si al día siguiente iban a comer. Se movilizaron todos los esfuerzos para buscar maneras de aliviar esta dramática e inconcebible situación a pocos kilómetros de nuestros hogares. Tuve oportunidad de visitar algunas de las ollas comunes y conocer in situ esta realidad. En Villa María del Triunfo hay de todo, pero solo hasta donde termina el asfalto. Una vez que empieza la tierra y la pendiente, no hay escuelas, postas médicas, farmacias, bancos. No hay agua potable por tubería ni desagüe. Solo hay energía eléctrica. Se creo el proyecto Ollas de Emergencia como foco de acción prioritaria de este grupo.

Tomé unas cuantas fotos y las compartí con mis compañeros de universidad en la siguiente reunión sabatina de Zoom. Como resultado de esa reunión se recolectó una importante suma de dinero y se dieron los primeros pasos para la creación de la Asociación Peruana Contra la COVID-19 (ASOC-19). Somos una asociación compuesta por profesionales de la salud que busca dar respuesta económica a las consecuencias sociales de la COVID 19 a través de proyectos de impacto social.

Nuestra primera actividad, como asociación, fue la organización de un agasajo navideño para 96 niños pertenecientes a una olla común llamada Manolo Castillo en este distrito. A cada niño, de acuerdo con su edad y sexo se le entregó un regalo. A sus familias se les entregó alimentos y artículos de higiene. Fue hermoso poder ver algo de alegría en sus rostros al menos por unas horas, en medio de la tragedia que sufren cotidianamente.

Los Hijos del Padre Pío, también ha creado el proyecto Aulas de Emergencia, con el propósito de donar tabletas y equipos de conectividad a la internet, para que los niños tengan la posibilidad de asistir a las clases de educación virtual. El segundo proyecto de nuestra ASOC-19 tiene como objetivo recaudar fondos para equipar a cinco ollas comunes en sus locales comunales. Ojalá, cuando se haya publicado este libro, ya hayamos cumplido con esta meta y algunas más.

La última actividad de servicio que me tiene actualmente ocupado y cuento con el apoyo de los miembros de la promoción XXX del colegio, tanto en dinero como en otras acciones, consiste en preparar y llevar un plato de comida a personas que viven en las calles del centro de Lima. Lo hacemos juntamente con Los Hijos del Padre Pío, una vez por semana y hemos empezado con 60 porciones que esperamos aumentar gradualmente.

## COMENTARIO FINAL

Siempre he sabido que la medicina es una profesión de servicio, pero hasta hace poco la consideraba como limitada al manejo clínico de los pacientes. En estos últimos años, luego de mi reconversión al llamado de Jesús, veo a mi profesión como un servicio no solo de cuerpo sino también de alma. He finalmente aprendido que la salud, no es solamente la ausencia de enfermedad, sino un bienestar físico, mental, material y espiritual.

Hoy, trato se seguir el texto del Evangelio de Mateo es su capítulo 25, versículos 34-40:

*"Entonces dirá el Rey a los de su derecha: "Venid, benditos de mi Padre, recibid la herencia del Reino preparado para vosotros desde la creación del mundo. Porque tuve hambre, y me disteis de comer; tuve sed, y me disteis de beber; era forastero, y me acogisteis; estaba desnudo, y me vestisteis; enfermo, y me visitasteis; en la cárcel, y vinisteis a verme." Entonces los justos le responderán: "Señor, ¿cuándo te vimos hambriento, y te dimos de comer; o sediento, ¿y te dimos de beber? ¿Cuándo te vimos forastero, y te acogimos; o desnudo, ¿y te vestimos? ¿Cuándo te vimos enfermo o en la cárcel, y fuimos a verte?" Y el Rey les dirá: "En verdad os digo que cuanto hicisteis a unos de estos hermanos míos más pequeños, a mí me lo hicisteis."*

Agradezco a Dios por haber tenido mucha paciencia conmigo por tantos años y que ahora me permita servirlo por amor a Él y al prójimo.

**DR. JOSE FRANCISCO CASTRO CASTRO**

Cirujano General, con estudios de pre y post grado en la Universidad Peruana Cayetano Heredia. Entrenamiento en Cirugía Laparoscópica en Centro de Entrenamiento de Cirugía Laparoscópica de la Universidad Peruana Cayetano Heredia (1994).Curso de Cirugía Avanzada, Arequipa (2000)Director Médico en Policlínico Buen Samaritano, Beneficiencia de Piura (2003 – 2007) Cirujano General y Laparoscópico en Médicos Asociados San Sebastián (1988 – hasta la actualidad) Gerente General Proyecto Clinica Bello Horizonte Docente en la Universidad Antenor Orrego – PiuraMiembro de la Fundación Hipólito Unanue, de la Sociedad Europea de Video Cirugía y de la Sociedad Europea de Cirugía Endoscópica

# TE METISTE DE SOLDAU, Y AHORA TIENES QUE APRENDER

**Dr. José Francisco Castro**

Bueno, la verdad sea dicha, a mí no se me había ocurrido, ni en sueños ni en pesadillas, asimilarme en el Glorioso Ejército Peruano. Mi padre fue comandante, y tuve varios tíos militares. Algunos muy queridos, y más de los que uno pudiera pensar, brillantes.

Soy ave nocturna, duermo tarde y me levanto más tarde, si es posible. Mi padre se levantaba al alba, hacía sus ejercicios y se bañaba con agua fría…como hizo desde que entró al ejército: francamente, medieval. No soy muy destacado en el supremo arte de llevarme bien con mi prójimo, y menos aún, con mis superiores jerárquicos. Mi respeto está reservado a quienes tienen algo que enseñarme, sea en ciencia, arte, o integridad personal. He aprendido a mentir algo tarde, y me cuesta mucho trabajo, aún ahora; característica que trajo algunos problemillas durante mi formación profesional, como cirujano general, en la relación con mis jefes y profesores.

Así las cosas, en 1986, terminando la residencia de Cirugía General en el Hospital Nacional Cayetano Heredia, pasé por la desagradable experiencia de buscar trabajo; recién casado, con un hijo lactante, no había tomado vacaciones (bueno, en el verano del 76 pasé los días en la carpintería del Tío Nano, en la prolongación México, en la rica Vicky, bajo la supervisión del Maestro Dávila, donde algo aprendí de carpintería, talla de madera y tornería en madera. Y luego, recién graduado, al paro.

Postulamos los recién graduados de la especialidad de Cayetano, todos juntos, al concurso del Hospital María Auxiliadora (pongo como testigos, además de los cielos y los infiernos, a mis amigos Jorge Rey de Castro y Betsi Butrón). Bueno, resumiendo, si no tenías carta de recomendación con la estrellita aprista, no tenías ninguna chance. Por supuesto, necio yo, a embestir contra los molinos de viento, fui a reclamarle al Decano del Colegio Médico, cardiólogo y profesor nuestro, quien nos garantizó que enviaría un veedor (que sí, que lo envió, otro aprista que validó las canalladas aquellas).

Claro, averigüé en provincias (Cuzco, Piura y Tarapoto) y la respuesta, igual: no te gastes.

Así las cosas, mi señor padre me informó que se estaba abriendo un curso de asimilación en el Glorioso Ejército Peruano. Me presenté, di los exámenes (en la prueba de carrera de fondo casi pierdo la vida y la carrera, con mi viejito corriendo al lado mío ¡para impedir mi colapso!).

Octubre y noviembre: entrenamiento en la Escuela de Servicios del Ejército Peruano, en Chorrillos. El director era el general Juan Malatesta, amigo del viejo. Nunca lo molesté, a pesar de que ocasiones hubo. Un capitán instructor nos coaccionaba para que le compráramos a él nuestros galones de oficial, bañados en oro, supuestamente. Por el precio, podrían haber sido de rodio macizo. Todos los caballeros cadetes atracaron, hasta que me tocó contestar, y muy *seriote* yo, le dije que tenía la colección completa de galones hasta el grado de general de división (que era el más alto grado en ese tiempo). En fin, que le jodí el negocio. Nadie compró. Y empezaron las hostilidades, hasta llegar a la agresión física con un colega psiquiatra. Según el Código de Justicia Militar, los reclamos se presentan por escrito en forma individual. Los reclamos colectivos se llaman motín, y a los amotinados la justicia militar los trata con dureza. Y debe ser así... ¿se imaginan si los subordinados decidieran hacer una asamblea ante cada orden peligrosa o desagradable?

Pero como en quechu-eslovaquia hecha la ley, hecha la trampa, presentamos los reclamos en forma individual... 68 reclamos del mismo tenor, firmados con nombre, grado y número administrativo: el Código de Justicia Militar establece también que un superior no puede agredir físicamente a un subordinado. Puede encerrarlo en el calabozo, a pan y agua, o hacerlo correr hasta que se desmaye, pero no puede pegarle una cachetada. Y claro, creo que nadie entre los oficiales, ha leído los códigos.

La cuestión es que se apareció, un poco alteradito él, nuestro oficial al mando, un mayor de veterinaria, acusándonos precisamente de estar amotinados, de intentar asaltar el cuartel Moncada y el Palacio de Invierno de San Petersburgo, todo junto. Cuando se detuvo para tomar aliento, me puse de pie, en posición de firmes, barriga metida y sacando el pecho, con la cara levantada a unos 100°, y me identifiqué "alumno aspirante a mayor asimilado, cirujano militar con NA 12345678, Castro Castro, José Francisco". "Hable, pues", me dijo, con cara de oficial de pelotón de fusilamiento.

Y solté mi rollo, como decía el maestro Porturas: Señor, de acuerdo con el Código de Justicia Militar y al Manual de Cortesía Militar, la agresión física hacia los subordinados no está permitida. La extorsión y venta compulsiva de bienes militares, tampoco. Nosotros estamos recurriendo a la vía regular, vía que permite reclamos individuales. Si hubiéramos optado por reclamar fuera de la vía regular, por ejemplo, molestando con jeremiadas a mi tío, el general Juanito Malatesta, director de la Escuela Militar de Chorrillos, estaríamos en falta.

Bueno, así, con buenas maneras, cualquiera entiende. Nos graduamos (yo con la rodilla derecha enyesada, porque me rompí los ligamentos al pisar en un hoyo en la única marcha de campaña con maniobras, simulando combate, en la que participé)

Avergüenza decirlo, pero el viceministro de Defensa en ese tiempo era mi primo político: el general Lewis Weiss Ikeda (mestizo de austriaco y japonesa; y loretano, para más señas), un militar brillante, inteligente y con más cojones que Leónidas en las Termópilas, quería mucho a mis padres y a nosotros, los sobrinos. El me enseñó mis primeras lisuras, en Iquitos, cuando tenía tres años.

Total, que acabé en el Hospital Militar Central. En diciembre del 86 me presenté al HMC, un ritual que empieza con uniforme completo, saludar al general director, jefes de servicio y a los miembros del Servicio de Cirugía (el general Silvio Alva había sido mi pediatra, y se acordaba muy bien de mi viejo).

Primera guardia (por supuesto, todos los feriados eran de los nuevos, en Cirugía tenía de compañero a Alexis Kostrisky, cirujano de Cayetano cinco años mayor, y un buen amigo que se tomó el trabajo de enseñarme muchísimo).

Llegó una adulta mayor 98ª, con cifoescoliosis severa por osteoporosis (la bendita señora se miraba el ombligo permanentemente) con un cuadro de colecistitis aguda y sepsis. Por supuesto, prepararla y a sala (no teníamos cirugía laparoscópica) así que, Kher: incisión en L invertida (mediana más transversa), colecistectomía con exploración de vías biliares, y fue todo bien… hasta la mañana siguiente, que empezó con el jefe, el coronel Ojeda, que me llevó a la Dirección, a quejarse: "en este servicio, las vesículas biliares no se operan de emergencia" y don Silvio, tranquilazo, me preguntó "¿y qué dices, Paco?". *"Bueno, mi general, a mí me formaron operando las vesículas en la guardia, y mientras más frágiles y graves, más pronto". Y, de nuevo, mi coronel jefe, "así no hacemos las cosas en mi servicio". Y pregunté "¿y cuál es la mortalidad en el servicio?". "Cero",* dijo el jefazo, *"¡aquí no se muere nadie!"*

*"Entonces, se están muriendo en Medicina"*, porque la colangitis supurativa tenía entonces una mortalidad del 50%, cuando se operaban, y 100% sin cirugía. Se acabó la discusión, y se corrió la voz: el recluta está recontra envarado. Y eso sí se entiende en la milicia.

Para mí, fue mi cuarto año de la residencia. Estaban amigos de Cayetano: Tito Saavedra, Marco Camere, Víctor Mendizábal y el capitán Santiago Gallo, de residente de Cirugía ("Gallito" había hecho todos los cursos de comando y estaba hecho un Rambo chiquito).

Entraba a las 7 a.m. (una hora antes de la norma, como en el Rímac), por emergencia, de allí a recuperación, Uci, piso, y a las 8 en el servicio. Encontré bellezas, un síndrome de wipple (insulinoma), que operamos con Alexis, un megacolon tóxico por colitis ulcerativa y etcs. Pero la joya de la corona fue un soldado afroperuano, centinela en el Cuartel de Barbones, que se ganó un balazo con sección de femoral, y que llegó blanco como un papel, y con 0 de presión. Interno, a comprimir la herida, y 4 unidades de O+ (el zambo, por supuesto, era O-) y a sala. Estaba terminando el by pass con injerto venoso cuando llegó el doctor Linares, un extraordinario cirujano vascular que cuando evaluó me dijo: "¿y para qué carajos me llaman, si la chamba está hecha?". Bueno, nos hicimos amigos con Víctor Mendizábal y el doctor Mezzich, y a trabajar juntos.

A la mañana siguiente, llamada del jefe de anestesia, el coronel Ruiz (un primo hermano de Shreck, pero más bien marrón-caqui, y ya sabía de qué pié cojeaba), así que pasé antes por la oficina del jefe de Hematología, un paisano piurano, el doctor Miguel, y le pedí que me acompañara; había que explicar por qué había usado O+ en un paciente O- en shock hipovolémico. Coronel no mata coronel, así que nuevamente, pasé piola.

Lo bueno de estas broncas es que se dejaron de joder y tuve manos libres el año que pase allí, incluyendo un ciclo con el viejo doctor Borda, cirujano de colon, recto y ano, jubilado del Hospital Almenara que acudía como consultor una vez por semana al Hospital Militar: me presenté y le pedí que me enseñara la especialidad, ya que era consciente de mis limitaciones. Profesor extraordinario y generoso.

Ayacucho: a fines de diciembre del 86 me llegó un sobre (papel de computadora reciclado, sellado con tres avisos en tinta roja: PERSONAL, MUY URGENTE Y RESERVADO. Una invitación para un tour con la Unidad Quirúrgica Móvil, en Huamanga.

**Pregunté a los colegas, y luego, al viejo: "¿y ahora, que hago?".**

*"Que te vas, claro. Nadie muere en la víspera, y al final es sólo un paseo, y de paso conoces Ayacucho, que es una ciudad preciosa."*

Bueno, a Personal, entrega de uniforme de combate sin nombres ni galones (así se usaba en la zona), e intentaron, los ilusos, entregarme la Browning 9 mm parabellum de reglamento. Y me reí en su carota, diciéndole que no sabía usarla, que no pensaba usarla y que lo más probable es que me dieran vuelta para robármela. El técnico superior, maestro armero, no discutía con oficiales, ni con tontos, dicho sea de paso, así que me embarqué en el Grupo 8 de la Fuerza Aérea, y a conocer el Perú.

Me empecé a mosquear cuando vi que viajábamos en Antonov, con un comandante anestesiólogo, un comandante traumatólogo, enfermeros militares, y hartas cajas de munición en el medio del avión.

Bueno. Hasta allí, pálido pero sereno; pero cuando llegamos a Huamanga y aterrizamos, el aeropuerto tenía valla de alambre de espinas, y en el perímetro había casamatas de bolsas de arena con tropa y ametralladoras pesadas calibre 50.

El comité de recepción: una ambulancia para nosotros, un camión para la munición y dos jeeps artillados, con comandos con gorrito de lana negro y la cara embetunada, uno delante y otro al final del convoy. Como que me empecé a preocupar.

En el cuartel Los Cabitos, el mismo protocolo: presentarse al general, los jefes, etc. Y luego, mi examen de ingreso: un recluta con grado de mayor, con tres meses en el ejército, vaya usted a saber si no es un infiltrado del enemigo.

Me ordenaron evaluar a dos prisioneros: un muchacho de veintidós años, mando militar retirado del ejército, que había caído por un soplo: una vecina y familiar suya, con la que tenía un juicio por una casa (y los juicios en el Perú son eternos, pero en la sierra son un poco más largos que la paciencia de Job) pasó la voz, cayó el SIE (inteligencia militar, no es un juego de palabras) revolvieron la casa… y piña, le encontraron una caserina de FAL. Como dicen ellos, la bala busca la cacerina, y la cacerina busca el FAL (Fusil Automático Ligero). FAL en manos de civil-terruco.

El otro era un niño, de unos trece años, y retaco, además. Bruto como un cerrojo, estaba con el disco rayado "el presidente Gonzalo, Cuarta espada y etcétera" Abimael no quería que su gente quedara encarcelada: los prefería mártires, para captar más cuadros entre los familiares; de allí la explicación del levantamiento en el Frontón y Lurigancho, durante el congreso de la III Internacional Socialista.

Hice lo que pude: hablé con el muchachón, casado y con dos hijitos, y le dije que tenía el deber de hacer un informe escrito, que se elevaría a mi comando, al preboste (el fiscal del Fuero Militar) y a la fiscalía provincial de Ayacucho, para evitar que desaparecieran. No me creyó, y con razón. Cuando entregué los documentos, los rompieron en mi cara, y me contaron que estaban grabando la entrevista. Que era un huevoncito buena gente, pero crudo en el oficio. Y que no era saludable meter la nariz donde no me importaba, de paso. Luego me enteré de que el S2, el oficial de inteligencia era hermano del anestesiólogo, y tomamos algunas cervezas juntos. Bastantes. No tenía la más mínima idea de la diferencia entre Pol Pot, Ho Chi Min, Stalin o la vendedora de fruta de la esquina, pero era un zorro, astucia animal con malaleche. Y hacían su trabajo muy bien. Sendero había infiltrado al EP, pero el EP también había infiltrado a Sendero: por eso perdieron.

El trabajo médico, suave, tenía tres colegas capitanes, médicos generales, y un mayor, médico general (tropero, le decían) que había pasado su vida en cuarteles, y si sabía medicina, se la había olvidado.

El caso más bonito fue un comando de la compañía "Lince", que fue emboscado por una buenamoza a tres cuadras del cuartel, y se ganó, si no un beso, un par de balas de AKM, una en el pecho y la otra en el maxilar derecho. Y el perro llegó corriendo, así que traqueostomía de emergencia + toracotomía de drenaje con luz solar, en la cancha de fulbito, transfusión de sangre a libre demanda (personal de tropa, O+ a formar por la derecha, de mayor a menor).

Estabilizado el gallo, al quirófano. Y no dejaba de sangrar a pesar de que taponeamos con gasa la boca, oro y rinofaringe. Así que: a ligar la carótida primitiva. Y paró el sangrado, no hizo síntomas neurológicos, lo derivamos a Lima, y vivió bien. Claro, los colegas, cirujanos neurocirujanos y los vasculares, disfrutaron disecciones de alternativas y rajes.

Ya se sabe: amigo, el del vicio. Enemigo, el del oficio. Y a otra cosa, mariposa.

Piura, 14 de febrero del 2021.

## DR. JORGE NEGRON RODRIGUEZ

- Médico – Cirujano Universidad Peruana Cayetano Heredia.
- Ginecólogo – Obstetra Universidad Peruana Cayetano Heredia.
- Especialista en Cirugía Laparoscópica.
- Director del Centro de Endometriosis y Dolor Pélvico.
- Past President de la Sociedad Peruana de Endoscopía Ginecológica.
- Miembro de la Sociedad Peruana de Obstetricia y Ginecología.
- Miembro de la Asociación Peruana de Endometriosis.
- Miembro de la Asociación Americana de Ginecologos Laparoscopistas (AAGL – American Association of Gynecologist Laparoscopist).
- Miembro de la Sociedad Mundial de Endometriosis World Endometriosis Society -WES.

# DIAGNOSTICO Y TRATAMIENTO DE LA ENDOMETRIOSIS DEL SEPTUM RECTO VAGINAL

**Dr. José Negron Rodriguez**

Centro de Endometriosis y Dolor Pélvico
Clínica Montesur
Lima-Perú
e-mail: drjosenegronr@gmail.com

## RESUMEN

La fascia recto vaginal o septum recto vaginal es la capa de tejido areolar situada entre el recto y la vagina. La endometriosis del septum recto vaginal se refiere a aisladas y verdaderas lesiones sub peritoneales sin continuidad con las lesiones del fondo de saco de Douglas. La endometriosis recto vaginal ocurre entre 5 a 10% de las mujeres con endometriosis. Síntomas variables como dismenorrea, dolor pélvico acíclico, dispareunia de profundidad, alteración cíclica de la función evacuatoria, dolor defecatorio, están relacionados con este cuadro. Los métodos de diagnóstico por imágenes como la endosonografía (con o sin preparación intestinal) y la RMN, son de gran ayuda, con una alta sensibilidad y especificidad. El tratamiento médico de la endometriosis del septum recto vaginal no es una real alternativa terapéutica al tratamiento quirúrgico en las pacientes

sintomáticas. La cirugía de esta condición es técnicamente demandante, "shaving", "resección nodular" o "resección colorrectal", son utilizadas en la actualidad y no están exentas de complicaciones.
Palabras clave: endometriosis, septum recto vaginal, "shaving", resección nodular, resección colorrectal.

## DIAGNOSIS AND TREATMENT OF ENDOMETRIOSIS OF THE RECTOVAGINAL SEPTUM

## ABSTRACT

The rectovaginal fascia or rectovaginal septum is an areolar tissue layer located between rectum and vagina. Endometriosis of the rectovaginal septum refers to isolated and actual sub-peritoneal lesions that share no continuity with lesions from the Douglas pouch. Rectovaginal endometriosis is present in 5-10% of women with endometriosis. Variable symptomatology like dysmenorrhea, acyclic chronic pelvic pain, deep dyspareunia, cyclic bowel movements disturbance, dyschezia are related to this disorder. Imaging diagnostic methods like endo-sonogram (with or without bowel preparation) and MRI are helpful with high sensitivity and specificity. Medical treatment for rectovaginal septum endometriosis is not the choice of approach in symptomatic patients. Surgery is technically challenging; "shaving", nodular resection or colorectal resection are techniques used now and they are not exempt of complications.

**Keywords: endometriosis, rectovaginal septum, shaving, nodular resection, colorectal resection**

## INTRODUCCION

Endometriosis es una enfermedad ginecológica frecuente, de naturaleza benigna y multifactorial, afecta a más del 10% de mujeres en edad reproductiva y en particular aquellas con dolor pélvico e infertilidad (1,2,3). Está caracterizada por la presencia de glándulas endometriales y estroma, fuera de la cavidad uterina (3,4).

La década de 1990, marcó un profundo cambio con relación al estudio, diagnóstico y tratamiento de la enfermedad endometriósica, con la publicación de un artículo que introduce el concepto de profundidad lesional (5) y posteriormente otro donde se sugiere que la endometriosis que compromete el ovario, peritoneo y septum recto vaginal deberán ser consideradas 3 condiciones diferentes (6). A partir de allí se ha puesto una atención particular en cuanto al diagnóstico y tratamiento de la enfermedad cuando compromete cada una de éstas tres localizaciones.

Endometriosis infiltrativa profunda está definida por la presencia de implantes endometriales, fibrosis e hiperplasia muscular y son lesiones que infiltran más de 5 mm en profundidad debajo de la superficie peritoneal (5) y se encuentra principalmente en los ligamentos útero sacros, vagina, recto sigmoides, vejiga, uréter, septum recto vaginal, causando distorsión de la anatomía pélvica. Esta condición afecta aproximadamente al 20% de mujeres con endometriosis (7). La multifocalidad y la multicentricidad, son características de las lesiones endometriosis profundas, sobre todo cuando hay compromiso intestinal (8, 9). La endometriosis recto vaginal ocurre entre 5 a 10% de las mujeres con endometriosis (10).

DEFINICION

La primera descripción de una delgada capa de tejido denso que separaba el recto de la vejiga, vesículas seminales y próstata en el hombre fue hecha en 1839 por Charles-Pierre Denonvilliers, un cirujano y anatomista francés, que la denominó "septum recto vesical". En la mujer esta capa ha sido denominada por algunos como "septum recto vaginal" y por otros como "fascia recto vaginal". Al ser considerada como un análogo del septum recto vesical descrito en el hombre, algunos se refieren a ella, en la mujer, como la fascia de Denonvilliers (11).

La fascia recto vaginal o septum recto vaginal, es la capa de tejido areolar situada entre el recto y la vagina, limita en la parte anterior con la pared posterior de la vagina, en la parte posterior con la cara anterior del recto, el límite superior es la parte inferior del fondo de saco de Douglas y el inferior, el cuerpo perineal.

El septum recto vaginal está localizado en un plano coronal oblicuo junto a la pared vaginal posterior y está formado por una red de fibras colágenas y elásticas, células musculares lisas con fibras nerviosas que emergen del plexo hipogástrico inferior y una variable número de pequeños vasos sanguíneos. El septum recto vaginal se asemeja a un reloj de arena con una porción central aplanada en el plano frontal (12).

## ENDOMETRIOSIS RECTOVAGINAL: UNA CONFUSION ACERCA DE LOS NOMBRES, EL AUXILIO DE LA ANATOMIA TOPOGRAFICA Y LAS IMÁGENES.

Históricamente gran parte de la confusión se debe a las descripciones iniciales de Cuthbert Lockyer de Inglaterra y Thomas S. Cullen de Baltimore. En 1917, Foster S. Kellog, en su publicación "Adenomyoma of the recto-vaginal septum", hace un resumen de la clasificación de Cullen sobre esta condición patológica como sigue:

1. Pequeños adenomiomas que se encuentran relativamente libres en el septum recto vaginal.
2. Adenomiomas adheridos a la superficie posterior del cérvix y al mismo tiempo a la superficie anterior del recto.
3. Adenomiomas adheridos juntos al cérvix y recto y que se extienden en uno o ambos ligamentos anchos.
4. Adenomiomas que comprometen la superficie posterior del cérvix, el recto y ambos ligamentos anchos y forman una densa masa pélvica la cual no puede ser liberada

> Añadiendo además "que un tipo se fusiona imperceptiblemente en el otro y un caso que hoy pertenece al grupo 1, puede en pocos años pertenecer al grupo 2 o 3" (13).

En 1927, Joe V. Meigs, define al adenomioma del septum recto vaginal como "Un tumor de tejido parecido al endometrio que crece detrás del cérvix y que invade el septum entre la vagina y el recto. Pequeño en su inicio, aumenta gradualmente hasta que puede ser sentido como un tumor duro y grande que protruye en la vagina y penetra en el tejido rectal inferior. Que puede menstruar y crecer en cada período" (14).

Con el advenimiento de las diferentes técnicas de diagnóstico por imagen se ha podido precisar con mayor claridad el compromiso recto vaginal de la endometriosis profunda y en particular la que compromete el septum recto vaginal.

No obstante, es necesario precisar los conceptos anatómicos, la mejor referencia la encontramos en la publicación de Martin y Batt, estos autores hacen la diferencia entre endometriosis retrocervical, endometriosis recto vaginal del fondo de saco de Douglas y endometriosis del septum recto vaginal. La endometriosis retrocervical, incluye lesiones en la parte anterior del saco de Douglas, fórnix vaginal posterior y el área retroperitoneal detrás y debajo del cérvix sin compromiso rectal. En la endometriosis recto vaginal, las paredes vaginal y rectal, así como la parte vaginal y rectal del cul-de-sac posterior están comprometidas. La endometriosis del septum recto vaginal se refiere a aisladas y verdaderas lesiones subperitoneales sin continuidad con las lesiones del fondo de saco de Douglas (15).

De acuerdo con estos autores, es difícil determinar el verdadero compromiso del septum recto vaginal, debido a que las lesiones endometriósicas recto vaginales y del septum recto vaginal pueden estar asociadas o en continuidad.

Basados en la anatomía normal, se espera que el septum recto vaginal esté comprometido cuando la enfermedad endometriósica ha infiltrado el tercio medio de la vagina. Sin embargo, debido a la contracción del fondo de saco recto vaginal puede ser el mayor componente de la endometriosis recto vaginal, el septum recto vaginal puede estar elongado y en un sitio más alto detrás de la vagina. De esta manera el septum recto vaginal podría estar comprometido en niveles más altos detrás de la vagina de lo que sugeriría la anatomía normal (15).

La endometriosis retrocervical, es más frecuente que la endometriosis recto vaginal. Los nódulos endometriosis del fórnix vaginal posterior son retro cervicales, pero pueden tener compromiso recto vaginal. La lesión endometriósica aislada del septum recto vaginal es muy rara.

Recientemente, Batt y col, hacen una reconsideración respecto de las descripciones iniciales de Lockyer y Cullen con relación a las lesiones que denominaban "adenomioma del septum recto vaginal", es realmente una lesión del septum retro cervical, por lo tanto, concluyen que el término endometriosis del septum retrocervical identifica a la lesión endometriósica del septum que separa la vagina y el fórnix vaginal posterior del fondo de saco recto vaginal de Douglas. Proponen que el término septum retrocervical, sea añadido al léxico médico (16).

¿Por qué es importante tener la descripción anatómica topográfica de la lesión endometriósica profunda? Es importante, como Abrao y col., también Chapron y col., enfatizan que los detalles anatómicos no solamente son esenciales para la comprensión de la patogénesis de la endometriosis infiltrativa profunda, sino también, para tener el conocimiento de la localización precisa de las lesiones, considerando su multifocalidad, lo que proporcionaría las bases para seleccionar el o los procedimientos quirúrgicos óptimos para la escisión completa de las lesiones profundas (17,18).

## DIAGNOSTICO

Las manifestaciones clínicas de la endometriosis del septum recto vaginal son variadas, las pacientes suelen presentar dismenorrea en grados variables, dolor pélvico acíclico, dispareunia de profundidad, alteraciones intestinales cíclicas, como pujo, tenesmo, diarrea, dolor defecatorio, proctorragia, con la menstruación (19). Ocasionalmente durante la visualización de la vagina con el espéculo, puede observarse en el fórnix posterior y excepcionalmente en el tercio medio de la vagina, implantes típicos azulados o lesiones rojas hipertróficas que retraen el área vaginal comprometida y que al contacto sangran fácilmente. El examen pélvico es extremadamente útil para el diagnóstico, pudiendo revelar fibrosis en grados variables o lesiones nodulares, generalmente cerca de la inserción de los ligamentos útero sacros, siendo superior inclusive al examen rectal, realizado con ese objetivo (19). La confiabilidad del examen pélvico puede incrementarse significativamente examinando a la paciente durante el período menstrual (20). Sin embargo, no existen síntomas ni signos específicos en el diagnóstico de la endometriosis profunda del compartimiento posterior. Facuconier y col, en un intento de correlacionar síntomas específicos con localizaciones anatómicas, encuentra que dispareunia de profundidad correlaciona con compromiso de los ligamentos útero sacros, dolor defecatorio con afectación vaginal, dolor pélvico acíclico con compromiso intestinal, síntomas urinarios bajos con vejiga y síntomas gastrointestinales con intestino y vagina. Dismenorrea severa no correlaciona con ninguna localización de endometriosis profunda, sino con adherencias del fondo de saco de Douglas (21).

Hay publicaciones referenciales, con relación al valor del examen digital vaginal, que muestran una baja sensibilidad y especificidad (22,23), no obstante, es importante enfatizar que es un método diagnóstico, fundamental para iniciar la sospecha diagnóstica inicial de la endometriosis profunda.

En cuanto a los exámenes de laboratorio, la medición del CA-125, se ha mantenido en el tiempo, se realiza durante la menstruación, valores altos por encima de 35 UI/ml, son sugerentes (19).

Cuando es alta la sospecha de endometriosis profunda que compromete el septum recto vaginal, las imágenes son de gran ayuda. El ultrasonido ha sido recientemente considerado como una herramienta útil en el diagnóstico de la endometriosis profunda y varios estudios han proporcionado la suficiente evidencia que la ultrasonografía transvaginal no solamente es útil, sino que deberá considerarse la primera herramienta estratégica en la identificación y localización de las lesiones endometriósicas para realizar un planeamiento quirúrgico adecuado. (22,24). Las lesiones pueden observarse como imágenes hipoecoicas, algunas veces pobremente delimitadas, ligeramente redondeadas, infiltrando la pared del órgano y ocasionalmente pueden contener focos hiperecoicos (25). El compromiso del septum recto vaginal deberá ser sospechado cuando una lesión endometriósica nodular es vista en la ultrasonografía transvaginal en el espacio recto vaginal debajo de la línea que pasa a lo largo del borde inferior del labio posterior del cérvix (debajo del peritoneo) (26). La endometriosis infiltrativa profunda que compromete el septum recto vaginal, como lesión única o aislada, es rara, estas lesiones son usualmente una extensión del compromiso lesional endometriósico de la pared vaginal posterior o la pared rectal anterior o ambas (27). Cuando se detectan lesiones que comprometen el septum recto vaginal, la vagina, el recto o todas estas estructuras, es importantísimo evaluar la afectación de la pared intestinal (serosa, muscularis, submucosa o mucosa), también el compromiso circunferencial de la lesión (28,29), además medir la distancia de borde inferior de la lesión al margen anal, puesto que cuanto más cerca está la lesión del borde anal, el manejo quirúrgico de éstas lesiones incrementan tanto en su complejidad como en un riesgo mayor de complicaciones (30). Se ha sugerido que la preparación intestinal previa al examen ultrasonográfico minimiza la posibilidad de que un segmento intestinal pueda no ser visualizado por el ecografista y que también reduce la posibilidad de artefactos que puedan dificultar la evaluación de las capas de la pared intestinal afectada por la lesión (28). Sin embargo, Hudelist y col. analizando el valor diagnóstico de la ultrasonografía transvaginal como método no invasivo, para la detección de endometriosis intestinal, concluye que la ultrasonografía transvaginal con o sin previa preparación intestinal es una prueba no invasiva precisa para la detección prequirúrgica de las lesiones profundas endometriósicas del recto sigmoides (24).

Dependiendo de la extensión de la lesión, pueden ser necesarios algunos exámenes específicos tales como rectosigmoidoscopia, uro resonancia, etc.

La resonancia magnética tiene indicación como un método complementario al examen ultrasonográfico transvaginal, cuando éste es normal y hay una fuerte sospecha clínica o cuando hay lesiones extensas del septum y se quiere evaluar otros sitios como el piso pélvico, vejiga, uréteres, o planos musculares (19), tiene la ventaja de ser un examen más completo, además, permite evaluar el parámetro, nervios y otras lesiones fuera de la cavidad pélvica, por ejemplo, diafragma. Las imágenes anormales en la resonancia incluyen: a) focos hiperintensos en T1 y/o T1 con supresión de grasa, que corresponden a focos hemorrágicos, b) pequeñas cavidades hiperintensas en T2, c) áreas de tejido que corresponden a fibrosis, con una señal parecida a los músculos de la pelvis en T1 y T2, con o sin focos o cavidades y con o sin incremento del contraste después de la inyección de gadolinio (31). La resonancia magnética es la técnica de imagen referencial para el diagnóstico de la endometriosis profunda, con una alta sensibilidad, especificidad y eficacia, permitiéndonos una visión general de todas las localizaciones potenciales de la enfermedad (31).

## TRATAMIENTO

El tratamiento de la endometriosis que compromete el septum recto vaginal es todo un reto y sujeto a controversias.
La terapia médica, está basada en la supresión de síntomas, no es curativa y frecuentemente está asociada a significativos efectos colaterales y no deberá ser considerada una real alternativa terapéutica al tratamiento quirúrgico para pacientes con endometriosis sintomática del septum recto vaginal (32).

Exacoustos y col, durante la evaluación ultrasonográfica de una serie corta de pacientes con compromiso nodular del ligamento útero sacro, fondo de saco de Douglas, unión recto sigmoidea y septum recto vaginal, que recibieron tratamiento médico con aGnRH, ACOs y LNG-IUD, encuentra que los síntomas fueron aliviados en 73 % de los casos y parcialmente aliviados en el resto, sin embargo no hubo una mayor diferencia en la reducción del tamaño de las lesiones ni del volumen de las mismas, concluye, que los hallazgos ultrasonográficos confirman que la terapia médica no cura la endometriosis profunda solo alivia el dolor e induce una quiescencia temporaria de las lesiones activas (33).

La terapia médica consiste principalmente en la supresión hormonal, en la cual la medicación causa un down-regulation del eje hipotálamo-hipófisis -ovario.

Al presente en el tratamiento médico de la endometriosis recto vaginal se han utilizados múltiples medicamentos (AINES, ACOs, aGnRH, danazol, progestágenos, inhibidores de la aromatasa, LNG-DIU, etc), siendo la finalidad aliviar el dolor causado por la enfermedad. Todos en una u otra forma tienen sus limitaciones, básicamente en función de los efectos colaterales y el tiempo de utilización, a menudo es inefectivo y solamente produce un alivio temporal de los síntomas asociados.

No está totalmente clarificado si el tratamiento médico previene la progresión de la enfermedad, especialmente en los casos más severos, sin embargo, la descontinuación de esta terapia comúnmente conduce a la recurrencia (34).

El tratamiento definitivo es difícil de alcanzar, la cirugía es habitualmente requerida. El riesgo de la cirugía para esta enfermedad benigna deberá ser sopesado contra el beneficio esperado, particularmente en casos resistentes al tratamiento médico cuando el dolor es severo o los síntomas intestinales predominantes. Ningún tratamiento específico es requerido en pacientes asintomáticos cuando la enfermedad ha sido descubierta en una evaluación ginecológica (35).

Teniendo en consideración que la endometriosis con compromiso recto vaginal afecta a mujeres jóvenes en edad reproductiva, la finalidad de la cirugía es mejorar la calidad de vida, aliviar el dolor, prevenir la recurrencia, conservar la función y preservar o mejorar la fertilidad.

La laparoscopía ha cambiado tremendamente en los últimos 30 años en relación con las técnicas quirúrgicas y calidad de imagen. La resección rectal segmentaria laparoscópica y otros tipos de cirugía colorectal, como la "resección discoide" y el "shaving", han incrementado en popularidad, pero el más apropiado enfoque quirúrgico para esta difícil enfermedad permanece aún controversial (36).

En una reciente publicación, Abrao y col (37), consideran una serie de parámetros que son cruciales para determinar el mejor enfoque quirúrgico, estos son:

- Número de lesiones intestinales profundas: multifocalidad y multicentricidad.
- Tamaño de la lesión intestinal profunda: > 3 cm.
- Compromiso lesional circunferencial intestinal: > 40%
- Profundidad de infiltración lesional: serosa, muscular, submucosa, mucosa.
- Distancia de la lesión al margen anal: < 5-8 cm.
- Patrón histológico de la lesión profunda: glandular bien diferenciado, estromal, glandular mixto o glandular indiferenciado.
- Diseminación linfática: correlaciona con el tamaño de la lesión intestinal.

Las tres opciones quirúrgicas en el tratamiento de la endometriosis recto vaginal con compromiso del septum incluyen:

1. La técnica del "shaving" ("afeitado"): Pelado de la serosa y subserosa intestinal comprometida por la lesión endometriósica.
2. La resección del nódulo endometriósico ("resección nodular"): Escisión selectiva del nódulo intestinal endometriósico con o sin apertura del intestino, seguido por cierre de la pared intestinal.
3. La resección segmentaria con anastomosis intestinal: Resección de un segmento intestinal afectado por la enfermedad, seguida de anastomosis (T-T o T-L). (36, 37)

La escisión de la lesión profunda intestinal no está exenta de complicaciones siendo las principales: Fístula (0 – 14%), Hemorragia (1 – 11%), Infeccciones (1 – 3%), Laparoconversión (> 12%), Disfunción vesical (1 – 71%) e intestinal (constipación severa) (1 – 15%) (37).

Siendo la endometriosis recto vaginal con compromiso del septum una condición benigna, el tratamiento agresivo y las potenciales complicaciones, no siempre son aceptadas por la paciente joven. El tratamiento conservador basado en el "shaving" rectal y la escisión total discal (escisión nodular), se presenta como una alternativa razonable, 66% de las pacientes pueden ser manejadas con estas modalidades. La finalidad de la utilización de estas técnicas como tratamiento conservador es la máxima preservación rectal por escisión selectiva de los implantes endometriósicos macroscópicos a fin de evitar resultados desfavorables en relación con la resección rectal (38).

La visión de esta filosofía quirúrgica está basada en la mayor preservación de la función intestinal.

La resección intestinal colorectal no está libre de consecuencias funcionales potencialmente graves como son:

- Denervación rectal debido a la movilización y sección del mesorecto.
- Estenosis de la anastomosis colorectal

- Reducción del volumen y "compliance" del reservorio rectal, que se manifiesta por cambios en la calidad y frecuencia evacuatoria.
- Presiones intracólicas elevadas con impacto en el esfínter anal, debilitándolo a largo plazo, con la consecuente urgencia e incontinencia fecal. (38)

Contrariamente las técnicas menos invasivas ("shaving", resección nodular discal), no requieren movilización del colon ni sección del mesorecto. El "shaving", restablece la función digestiva, preserva la función motora y sensitiva intestinal (39). La escisión nodular discal, ya sea laparoscópica o con la utilización de grapadoras transanales, resulta en suturas rectales semicirculares que son menos probables de producir estenosis rectal. Ademas la longitud y el volumen del reservorio rectal están menos comprometidos con estas técnicas (38).

Las lesiones rectales bajas con nódulos > 3 cm. constituyen un reto quirúrgico no solo del punto de vista técnico sino por la tasa elevada de complicaciones post operatorias cuando se realiza una resección segmentaria. Una técnica alternativa, original, que combina el abordaje laparoscópico ("shaving" profundo) y la vía trans anal (escisión total discal trans anal) ha sido descrita por Roman y col, denominada "Técnica de Rouen", permite el tratamiento quirúrgico de grandes nódulos que infiltran el medio y bajo recto, es considerada una técnica conservadora y una alternativa que podría disminuir los resultados desfavorables de la resección rectal baja (40, 41).

## CONCLUSIONES

La endometriosis con compromiso recto vaginal es relativamente frecuente, en el diagnóstico de esta condición debe primar la visión del enfoque guiado por los síntomas, las imágenes son muy importantes para tipificar la lesión y extensión de la enfermedad endometriósica. El tratamiento médico está orientado básicamente a la supresión de síntomas, no es curativo y tiene sus limitaciones, las cuales están en función de los efectos colaterales y el tiempo de utilización, frecuentemente es inefectivo y solo produce alivio temporal de los síntomas asociados. Cuando el tratamiento médico falla, la cirugía es habitualmente requerida y el riesgo deberá ser sopesado contra el beneficio esperado. Aunque la cirugía no siempre está indicada en todas las mujeres con endometriosis recto vaginal y compromiso del septum, cuando ésta es elegida, deberá realizarse la escisión total de la enfermedad con el objetivo de lograr el mejor resultado para la paciente.

Referencias

1. Eskenazi B, Warner LM. Epidemiology of endometriosis. Obstet Gynecol Clin N Am. 1997; 24: 235-258. DOI: 10.1016/S0889-8554(05)70302-8
2. Bulum SE. Endometriosis. N Engl J Med. 2009; 360: 268-279. DOI: 10.1056/NEJMra0804690
3. Giudice LC, Kao LC. Endometriosis. Lancet. 2004; 364: 1789-1799. DOI: 10.1016/S0140-6736(4)17403-05
4. Olive DL, Schwartz LB. Endometriosis. N Engl J Med. 1993; 328: 1759-1769. DOI: 10.1056/NEJM199306173282407

5. Cornillie FJ, Oosterlynk D, Lauweryns JM, Koninckx PR. Deeply infiltrating pelvic endometriosis: histology and clinical significance. Fertil Steril. 1990; 53: 978-983.
DOI: 10.1016/S0015-0282(16)53570-5
6. Nisolle M, Donnez J. Peritoneal endometriosis, ovarian endometriosis and adenomyotic nodules of the rectovaginal septum are three different entities. Fertil Steril. 1997; 68: 585-596. DOI: 10.1016/S0015-0282(07)00191-X
7. Chapron C, Jacob S, Dubuisson JB, Vieira M, Liaras E, Fauconier A. Laparoscopically assited vaginal management of deep endometriosis infiltranting the rectovaginal septum. Acta Obstet Gynaecol Scand. 2001; 80(4): 349-354. DOI: 10.1034/j.1600-0412.2001. 080004349.x
8. Chapron C, Fauconnier A, Vieira M et al. Anatomical distribution of deeply infiltrating endometriosis: surgical implications and proposition for a classification. Hum Reprod 2003; 18:157-161. DOI: 10.1093/humrep/deg009
9. Kavallaris A, Köhler C, Kühnne-Heid R and Schneider A. Histopathological extent of rectal invasión by rectovaginal endometriosis. Hum Reprod. 2003; 18: 1323-1327. DOI: https://doi.org/10.1093/humrep/deg251
10. Slack A, Child T, Lindsey I, Kennedy S, Cunningham C, Mortensen N, Koninckx P and McVeigh E. Urological and colorectal complications following surgery for rectovaginal endometriosis. BJOG. 2007; 114(10): 1278-1282. DOI: 10.1111/j.1471-0528.200. 01477.x
11. Richardson AC. The rectovaginal septum revisited: Its relationship to rectocele and its importance in rectocele repair. Clin Obstet Gynecol. 1993; 36(4): 976-983.
12. Stecco C, Macchi V, Porzionato A, Tiengo C, Parenti A, Gardi M, Artibani W, De Caro R. Histotopographic study of the rectovaginal septum. Ital J Anat Embryol. 2005; 110(4): 247-254.
13. Kellogg FS. Adenomyoma of the recto-vaginal septum. Boston Med Surg J. 1917; 176: 22-24. DOI: 10.1056/NEJM191701041760107
14. Meigs JV. Adenomyoma of the recto-vaginal septum. A report of three cases treated by three different methods and their results. Boston Med Surg J. 1927; 196: 601-606.
15. Martin DC and Batt RE. Retrocervical, rectovaginal pouch, and rectovaginal septum endometriosis. JMIG. 2001; 8(1): 12-17. DOI: http://dx.doi.org/10.1016/S1074-3804(05)60543-9
16. Butt RE, Martin DC and Odunsi K. Endometriosis of the retrocervical septum is proposed to replace the anatomically incorrect term endometriosis of the

rectovaginal septum. Hum Reprod. 2014; 29(12): 2603-2605. DOI: https://doi.org/10.1093/humrep/deu279

17. Abrao MS, Neme RM, Averbach M, Petta CA, Aldrighi JM. Rectal endoscopic ultrasound with radial probe in the assessement of rectovaginal endometriosis. JMIG. 2004; 11(1): 50-54. DOI: 10.1016/S1074-3804(05)60010-2
18. Chapron C, Chopin N, Borghese B, Foulot H. Deeply infiltratin endometriosis originates the retrocrevical area. JMIG. 2004: 11(3): 440 Author reply. DOI: 10.1016/S1074-3804(05)60066-7
19. Abrao MS, Neme RM, Averbach M. Endometriose do septo retovaginal: doença de diagnóstico e tratamento específico. Arq Gastroenterol. 2003; 40:192-197 DOI: 10.1590/S0004-28032003000300001
20. Kistner RW: Management of endometriosis in the infertile patient. Fertil Steril. 1975; 1151-1166. DOI: 10.1016/S0015-0282(16)41528-1
21. Fauconnier A, Chapron C. Endometriosis, and pelvic pain: epidemiological evidence of the relationship and implications. Hum Reprod Update. 2005; 11(6): 595-606. DOI: 10.1093/humupd/dmi029
22. Abrao MS, Gonçalvez MO, Dias JA Jr, Podgaec S, Chamie LP and Blasbalg R. Comparison betwen clinical examination, transvaginal sonography, and magnetic resonance imaging for the diagnosis of deep endometriosis. Hum Reprod. 2007; 22(12): 3092-3097. DOI: 10.1093/humrep/dem187
23. Chapron C, Dubuisson JB, Pansini V, Vieira M, Fauconnier A, et al. Routine clinical examination is not sufficient for diagnosing and locating deeply infiltrating endometriosis. JMIG. 2002; 9(2): 115-119. DOI: 10.1016/S1074-3804(05)60117-X
24. Hudelist G, Ballard K, English J, Wright J, et al. Transvaginal sonography vs. Clinical examination in the preoperative diagnosis of deep infiltrating endometriosis. Ultrasound in Obstetrics and Gynecology. 2011; 37(4): 480-487. DOI:10.1002/uog.8935
25. Koga K, Osuga Y, Yano T, et al. Characteristic images of deeply infiltrating rectosigmoid endometriosis on transvaginal and transrectal ultrasonography. Hum Reprod. 2003; 18(6): 1328-1333.
26. Bazot M, Thomassin I, Hourani R, Cortez A, Darai E. Diagnostic accuracy of transvaginal sonography for deep pelvic endometriosis. *Ultrasound Obstet Gynecol*
2004; **24**: 180–185. DOI:10.1002/uog.1108

27. Reid S, Lu C, Hardy N, Casikar I, Reid G, Cario G, Chou D, Almashat D, Condous G.
Office gel sonovaginography for the prediction of posterior deep infiltrating endometriosis: a multicenter prospective observational study. *Ultrasound ObstetGynecol* 2014; **44**: 710–718. DOI: 10.1002/uog.13422
28. Gonçalvez MO, Podgaec S, Dias JA Jr, Gozalez M, Abrao MS. Transvaginal ultrasonography with bowel preparation is able to predict the number of lesions and rectosigmoid layers affected in cases of deep endometriosis, defining surgical strategy. Hum Reprod. 2010; 25(3): 665-671.
DOI : https://doi.org/10.1093/humrep/dep433
29. Abrao MS, Podgaec S, Dias JA Jr, Averbach M, et al. Endometriosis lesions that compromiso the rectum deeper than the inner muscularis layer have tanner 40% of the circumference of the rectum affected by the disease. JMIG. 2008; 15(3): 280-285. DOI: 10.1016/j.jmig.2008.01.006
30. Vercellini P, Parazzini F, Pietropaolo G, Cipriani S, Frattaruolo MP, Fedele L. Pregnancy outcome in women with peritoneal, ovarian, and rectovaginal endometriosis: a retrospective cohort study. *BJOG* 2012; **119**: 1538–1543. DOI:10.1111/j.1471-0528.2012. 03466.x
31. Bazot M, Darai E. Sonography and MR imaging for the assessment of Deep pelvic endometriosis. JMIG. 2005; 12(2): 178-185.
DOI: 10.1016/j.jmig.2005.01.014
32. Fedele L, Bianchi S, Zanconato G, Tozzi L, Raffaelli R. Gonadotropin-releasing hormone agonist treatment for rectovaginal endometriosis. J Am Obstet Gynecol. 2000; 183(6): 1462-1467. DOI: 10.1067/mob.2000.108021
33. Exacoustos C, Romanini ME, Amadio A, Amoroso C, Szabolcs B, Zupi E and Arduini D.
OC28: Effects of medical therapy on Deep endometriosis: a sonographic study. Ultrasound Obstet Gynecol. 2007; 30(4): 375-375. DOI: 10. 1002/uog.4134
34. Jatan AK, Salomon MJ, Young J and Pathma-Nathan N. Laparoscopic management of rectal endometriosis. Dis Colon Rectum. 2006; 49: 169-174. DOI:10.1007/s10350-005-0264-9
35. Querleu D. Treatment of rectovaginal endometriosis. Presse Med. 1997; 26(16): 774-777.
36. Meulemann C, Tomassetti C, D'Hoore A, Van Cleynenbreuguel B, Penninckx F, Vergote I and D'Hooge T. Surgical treatment of deeply infiltrating

endometriosis with colorectal involvement. Hum Reprod Update. 2011; 17(3): 311-326.
DOI: 10.1093/humupd/dmq057

37. Abrao MS, Petraglia F, Falcone T, Keckstein J, Osuga Y and Chapron C. Deep endometriosis infiltrating the recto-sigmoid: critical factors to consider before management. Hum Reprod Update. 2015; 21(3): 329-339.
DOI:10.1093/humupd/dmv003
38. Darwish B and Roman H. Surgical treatment of Deep infiltrating rectal endometriosis: in favor of les aggressive surgery. Am J Obstet Gynecol. 2016; 215(2): 195-200. DOI: 10. 1016/j.ajog.2016.01.189. Epub 2016 Feb 3
39. Seracchioli R, Ferrini G, Montanari G, Raimonodo D, Spagnolo E and Di Donato N. Does laparoscopic shaving for deep infiltrating endometriosis alter intestinal function? A prospective study. Aust NZJ Obstet Gynecol. 2015; 55(4): 357-362.
DOI: 10.1111/ajo.12358. Epub 2015 Jul 23
40. Roman H, Abo C, Huet E and Tuech J-J. Deep shaving and transanal disc excision in large endometriosis of mid and lower rectum: the Rouen technique. Surg Endosc. 2015. Video. DOI 10.1007/s00464-015-4528-8
41. Roman H, Abo C, Huet E, Bridoux V, Auber M, Oden S, Marpeu L and Tuech J-J. Full-thickness disc excision in Deep endometriotic nodules of the rectum: a prospective cohort. Dis Colon Rectum. 2015; 58: 957-966.
DOI: 10.1097/DCR.0000000000000447

**DR. JOSÉ EMILIO VÁSQUEZ ALVA**

Se graduó como médico en la Universidad Peruana Cayetano Heredia, Perú en 1980. Completó una residencia de medicina interna por la Universidad Nacional Mayor de San Marcos en el Hospital Rebagliati de Lima de 1981 a 1984, y luego trabajó como internista en el recién fundado Hospital María Auxiliadora en Lima hasta 1989, cuando emigró a los EE. UU. Hizo una residencia de medicina en el Henry Ford Hospital de Detroit, Michigan de 1989 a 1992, luego una especialidad de infectología en la Universidad de Cincinnati, Ohio de 1992 a 1995. Ese año empezó a trabajar como profesor asistente en James H. Quillen College of Medicine y jefe de infectología del Hospital de la Administración de Veteranos en Johnson City, Tennessee hasta 1999 cuando se unió al grupo Bay Area Infectious Diseases en Tampa, Florida, donde ejerce la especialidad de infectología hasta hoy. Obtuvo su certificación inicial en infectología en 1996 a través del American Board of Internal Medicine. Está a cargo del Comité de Control de Infecciones de Brandon Regional Hospital en la bahía de Tampa, donde también participa en el programa de residencia de medicina.

# DE LA FELICIDAD (O SU AUSENCIA) EN LA PRÁCTICA DE LA MEDICINA CONTEMPORÁNEA.

Reflexiones en Tiempos de Pandemia.

**Dr. José Vásquez Alva**

*"La felicidad no reside en hacer lo que quieras, sino desear hacer lo que haces" (Jean Paul Sartre)*

*"No dejes que una dicotomía gobierne tu vida, una dicotomía en la que odias lo que haces para encontrar placer en tu tiempo libre. Trata de encontrar una situación en la que tu trabajo te dé tanto placer como tu tiempo libre"* (Pablo Picasso)

Llegar a ser médico fue algo de lo que nunca tuve dudas durante mis años de infancia en mi país natal, Perú. Uno de mis primeros recuerdos es el de mi bisabuela diciéndome que llegaría a ser el médico que cuidaría de ella. Años más tarde siendo adolescente solía imaginarme a mí mismo como el médico en la serie de televisión estadounidense de la década de 1970 La Casa de la Pradera haciendo consultas a domicilio, incluyendo, por supuesto, a mi querida bisabuela. Estaba decidido a convertirme en médico no sólo por mi convicción de que cuidar de los pacientes era mi vocación, sino también por mi certeza de que hacer eso me haría feliz.

De hecho, me convertí en médico y ahora, cuatro décadas después de graduarme de la escuela de medicina en Perú, más de tres décadas después de migrar a Estados Unidos y después de haber sido testigo de cambios sustanciales en la práctica de la medicina a lo largo del camino, con frecuencia reflexiono sobre el tema de la felicidad en aquellos que trabajamos en esta noble profesión. Debo admitir que éste no ha sido un camino fácil, como el que soñé al ver La Casa de la Pradera. Ha estado lleno de sacrificios, baches, obstáculos y acantilados peligrosos; sin embargo, siento en retrospectiva que el equilibrio ha sido en general bastante positivo y gratificante. A pesar de que numerosas tormentas hicieron de éste un viaje arduo, muchos días soleados iluminaron la florida pradera de mi carrera. Después de todos estos años, y particularmente en el 2020, la pregunta ha seguido asaltando mi mente: ¿Es posible ser feliz trabajando en esta profesión durante estos estresantes tiempos modernos?

En primer lugar, por supuesto, sería apropiado definir el término felicidad. Para ello se podrían discutir muchas perspectivas diferentes, pero con el fin de simplificar la materia, presentaremos aquí sucintamente las perspectivas filosóficas y psicológicas.

Incluso desde la perspectiva filosófica no hay consenso sobre cómo definir la felicidad. Los filósofos griegos clásicos abordaron este tema con bastante elegancia. Sin embargo, debemos tener en cuenta lo que José Gaos, el filósofo español comentaba: *Las lenguas responden a culturas y quizás hasta mentes colectivas distintas. Y estas culturas no tienen los mismos ingredientes materiales y espirituales, estas mentes no perciben ni piensan lo mismo. En unas lenguas faltan términos para denominar, por ejemplo, sentimientos que tienen nombres en otras; o las unas tienen un solo término para denominar los que las otras distinguen con sendos"* (1).

Con esa salvedad en mente, según Platón (en su obra La República) son felices los que son morales y siguen los cuatro valores cardinales o rasgos de carácter: templanza, fortaleza, prudencia y justicia. Del mismo modo, la visión aristotélica tiene una connotación augusta: la verdadera felicidad reside en hacer el bien. "La felicidad existe sólo cuando hay virtud y esfuerzo serio, porque la vida no es un juego". Estas definiciones están en concordancia con los preceptos altruistas intrínsecamente asociados a los principios de la medicina y que se inculcan desde el inicio de la carrera en las escuelas médicas. Aristóteles utilizó el término *"eudaimonia"* como el bien más elevado, el único bien que es per se deseable, como un fin en sí mismo. Para los aristotélicos el bienestar (eudaimonia) consiste en una vida de actividad virtuosa, o más ampliamente visto, la realización de nuestras capacidades humanas. Por otro lado, mientras que los estoicos pensaban que la felicidad podía lograrse frenando nuestras pasiones y deshaciéndonos de las comodidades que obstaculizan la aceptación de una existencia determinada, los epicúreos proclamaban una definición hedonista y egoísta de que la felicidad implicaba la satisfacción de los deseos y placeres.

Entre tanto, la antigua filosofía china también abordaba la felicidad. Lao Tzu promovió el concepto de que la felicidad sólo se podía encontrar teniendo la naturaleza como modelo, mientras que Confucio pensaba que la felicidad venía de la mano de una relación armoniosa con las personas. La visión budista de la felicidad es probablemente más complicada y aquí sólo mencionaremos brevemente que *"Nirvana es un lugar de perfecta paz y felicidad, el estado más alto que alguien puede alcanzar, un estado de iluminación, lo que significa que los deseos y sufrimientos individuales de una persona desaparecen"*. Interesantemente, *Ikigai* es una palabra japonesa para describir el propósito en la vida. En tiempos modernos, para el investigador Michiko Kumano, *ikigai* es un bienestar *eudaimónico,* ya que "implica acciones y devociones a los intereses y actividades que uno disfruta y se asocia con sentimientos de logro y realización". Las actividades que permiten sentir *ikigai* no son forzadas a un individuo; son percibidas como espontáneas y emprendidas voluntariamente. Sri Chinmoy, un líder espiritual indio que enseñó meditación escribió en su libro Sport and Meditation: *"La felicidad perfecta es entusiasmo menos expectativo"*.

Tratar de definir la felicidad desde un punto de vista filosófico no es, en resumen, una tarea fácil. Desde una perspectiva aristotélica, podríamos decir intuitivamente que los médicos tienen todas las cartas ganadoras para lograr la felicidad. La realidad, sin embargo, podría ser bastante diferente.

Por otro lado, desde una perspectiva psicológica la felicidad tiene una connotación más directa, un estado mental a largo plazo, repleto de momentos frecuentes de emociones positivas incluyendo alegría, satisfacción y gratitud.

En su libro *"The How of Happiness"*, la profesora de psicología Sonja Lyubomirsky resume la felicidad como *"la experiencia de la alegría, la satisfacción o el bienestar positivo, combinados con la sensación de que la vida de uno es buena, significativa y que vale la pena".* Esta definición moderna unifica y reconcilia las emociones gratificantes efímeras junto con el sentido *eudaimónico* más profundo y trascendente de significado y propósito en la vida. Esta es la visión de felicidad que trataremos de observar en el resto de este ensayo. Sin embargo, podríamos argüir que la felicidad no es necesariamente un estado binario (ser feliz o no) sino más bien un espectro continuo con diferentes matices, intensidades e incluso oscilaciones temporales.

Teniendo ahora una definición bastante inclusiva, abordaremos la cuestión de la felicidad (o su ausencia) en la práctica de la medicina contemporánea. Como ya postulamos líneas arriba, podría haber una "selección natural" entre los individuos que eligen esta carrera para tener ciertos rasgos psicológicos, al menos en teoría, como el deseo de servir y ayudar desinteresadamente a otros seres humanos, y en consecuencia llevar una vida virtuosa, a pesar de la perspectiva de innumerables noches de insomnio, difíciles y largos fines de semana de guardia y muchos otros sacrificios personales. En mi opinión, desde el punto de vista aristotélico, esos rasgos de por sí, ese "ikigai", posicionan intrínsecamente a los médicos jóvenes al principio de sus carreras en el camino correcto de la felicidad. Sin embargo, una serie de obstáculos y circunstancias a lo largo del trayecto pueden dificultar el logro de esa felicidad para muchos de los que practican la medicina en los tiempos modernos.

Frecuentemente me cuestiono si los médicos hoy en día son tan felices como los médicos eran hace 20 o 30 años. ¿Cuáles son los factores preponderantes que pudieran determinar la respuesta a esta pregunta?

La práctica de la medicina ha cambiado drásticamente en las últimas décadas de muchas maneras diferentes, pero a mi parecer, algunos de estos cambios han tenido un impacto nocivo en la felicidad de los que ejercen esta profesión.

Por ejemplo, el advenimiento de la tecnología moderna, incluyendo no sólo nuevas modalidades diagnósticas y terapéuticas, sino también dispositivos electrónicos personales como los teléfonos móviles inteligentes con su subproducto las redes sociales, han revolucionado nuestra profesión y nuestra vida personal. Hace décadas cuando yo era estudiante de medicina, tenía que estar temprano en la biblioteca de la universidad para, con suerte, encontrar disponible una copia de ese libro que no podía comprar y leer rápidamente el capítulo de la semana, tomar notas o hacer fotocopias. La primera vez que usé un celular fue durante mi entrenamiento para especializarme en infectología en Cincinnati hace casi 30 años, uno tan grande y pesado como un ladrillo. Era el "ladrillo" que llevaba consigo solamente el residente que estaba de guardia y no servía más que para hacer llamadas telefónicas locales para responder el beeper. Hoy en día bibliotecas médicas completas están en nuestros pequeños y livianos teléfonos celulares. También tenemos acceso instantáneo a nuestros correos electrónicos, textos, "chats" grupales y otras formas de comunicación en un solo dispositivo, nuestro diminuto teléfono inteligente. Sin embargo, esta comodidad vino con una factura. Por un lado, los médicos ahora tienen toda la información médica y no médica en la punta de sus dedos literalmente. Por otro lado, hay un impulso constante de mantenerse informado, actualizado y "conectado". La multitarea y el mantenerse "conectado" se han convertido en parte de nuestra rutina minuto a minuto. Aunque es por supuesto extremadamente útil tener acceso inmediato a enormes cantidades de información, también hay un precio a pagar en términos del estrés inducido por esta sensación ansiosa de no estar lo suficientemente informado o la compulsión de estar siempre disponible (por ejemplo, "ya no hay ahora un lugar donde esconderse"). No es necesario ser un psicólogo para darse cuenta de que este estrés y aprehensión pueden convertirse en obstáculos para ser felices si no se manejan adecuadamente, y esto se aplica no sólo a los médicos. Debemos tratar de encontrar un equilibrio saludable entre el tiempo dedicado a nuestros dispositivos electrónicos y el tiempo dedicado para nosotros y nuestras familias, nuestro tiempo para el ejercicio físico y la contemplación.

Otro signo de nuestros tiempos en la medicina moderna en los EE. UU. y otros países ha sido la expansión y florecimiento del cuidado médico administrado (*"mánager care"*) y la toma del control de la atención de la salud por los seguros de salud privados, que han creado una compleja red burocrática en la práctica de la medicina. Además de ellos, las gerencias de beneficios de farmacia ("pharmacy Benefit managers"), al menos en EE. UU., se han convertido en otra capa de la maraña. La prioridad de estas corporaciones no es necesariamente la buena salud de sus clientes asegurados sino generar ganancia monetaria y reducir costos. Muchos médicos han perdido autonomía de manera significativa en sus prácticas en estos días. Con frecuencia tienen que restringirse a "formularios de medicinas" por ejemplo. Muy a menudo ya no tienen libertad de acción para tratar a sus pacientes con los medicamentos o procedimientos que ellos saben tienen la mejor probabilidad de beneficiar al paciente. Como infectó logo, muchas veces necesito llamar a un director médico del seguro de salud solicitando autorización para usar un determinado antibiótico cuyo nombre me pide con frecuencia por teléfono que deletree. Y con frecuencia me preguntan también cómo deletrear el nombre de la infección que tengo la intención de tratar con ese antibiótico. Por otro lado, estas compañías de seguro de salud establecen arbitrariamente, entre otras cosas, el tiempo que el médico puede pasar con cada paciente en el consultorio y fijan pagos que muchas veces no corresponden con la complejidad del caso. Por estas y otras razones, no debe sorprender que muchos médicos con varias décadas en la profesión extrañen los buenos viejos tiempos cuando no existían intermediarios entre ellos y sus pacientes. El sistema de pago por servicio ("fee for service") era la forma en que los médicos y los pacientes arreglaban la compensación de los primeros y el servicio médico o quirúrgico de los segundos. Antes de que asumieran el control del sistema de salud, los seguros médicos tenían como propósito cubrir principalmente cirugías mayores o problemas médicos catastróficos, por ejemplo. En décadas recientes, sin embargo, el creciente poder y control que ejercen estas compañías aseguradoras y "organizaciones del mantenimiento de salud" han crecido de manera desmesurada. Dicho sea de paso, en estos días se están proponiendo diferentes soluciones al problema, como la creación de un sistema de atención universal de la salud controlado por el estado, pero un debate sobre dicho tema está fuera del alcance de este ensayo. El punto es que la creciente burocracia creada por la industria de seguros de atención de la salud, sin duda, le está pasando también la factura al bienestar y la felicidad de los médicos.

A propósito de intermediarios, existe otra industria voraz, la de las empresas de acreditación de médicos (como la American Board of Medical Specialties, una organización privada enorme y poderosa, y sus 24 organizaciones hijas en los Estados Unidos, la más grande de las cuales es la American Board of Internal Medicine) que han monopolizado la certificación ("board certification") de médicos en este país durante largo tiempo. Hace muchos años los médicos se certificaban en sus especialidades después de pasar por un complejo proceso de escrutinio y pruebas rigurosas, y la certificación permanecía válida indefinidamente. Eso cambió hace décadas cuando, en medio de tiempos financieramente turbulentos, las organizaciones de ABMS crearon un concepto lucrativo: "Mantenimiento de Certificación", marca registrada como Maintenance of Certification™ (MOC), el cual es un producto comercial que básicamente obliga a los médicos, previo pago, a someterse periódicamente a tareas insustanciales, a completar extensos módulos, a seguir tomando exámenes y otros cometidos improductivos. Vista de lejos, parece una gran idea ya que motivaría a los médicos a mantenerse al tanto de los avances médicos. Sin embargo, si se analiza más de cerca, MOC no tiene un valor científico probado, y además es ahora evidente que las verdaderas intenciones detrás del MOC no son esos nobles propósitos, sino aumentar los ingresos financieros de esas corporaciones e incrementar los salarios y beneficios de sus ejecutivos. Actualmente se están procesando varias demandas judiciales contra las organizaciones de ABMS, y se están aprobando leyes en algunos estados para proteger a los médicos contra el monopolio que ejercen estas poderosas empresas privadas que han presionado fuertemente a nivel de los gobiernos federales y estatales en un intento por mantener su posición privilegiada, tratando de convencer a las autoridades de que el MOC debe ser un requisito para que los médicos mantengan activas sus licencias médicas. Es concebible que la idea de implementar "certificaciones" y "mantenimiento de certificaciones" pronto florezca también en otros países, y sus médicos deberían estar avisados y preparados. MOC genera grandes cantidades de dinero para estas "organizaciones sin fines de lucro" en teoría, que en realidad amasan fortunas e irónicamente disfrutan de generosas exoneraciones de impuestos. Muchos médicos parecen tener por naturaleza una actitud sumisa frente a imposiciones injustas como ésta. En la jerarquía del internado y la residencia los médicos somos entrenados para obedecer órdenes sin vacilar, para trabajar y estudiar al límite de nuestras capacidades. Una vez graduados y ejerciendo en la práctica, andamos demasiado ocupados para cuestionar las reglas impuestas sobre nosotros. La mayoría simplemente cumplirá con dichas reglas sin chistar. Los gerentes que lideran estas lucrativas organizaciones de los boards lo saben y lo utilizan para su beneficio. Mi posición personal está a favor de la certificación inicial, después de la cual los médicos deberían demostrar periódicamente que se mantienen al día en sus respectivas especialidades tomando un cierto mínimo número de cursos de educación médica continua (Continuous Medical Education o CME credits), por ejemplo, en tópicos que ellos elijan en función de las necesidades de sus pacientes. Y eso es exactamente lo que muchos estados en EE. UU. requieren para renovar las licencias médicas. Indudablemente, el engorroso, costoso y tedioso proceso de Mantenimiento de Certificación (MOC) se ha convertido en una fuente importante de estrés innecesario, de infelicidad y frustración entre los médicos estadounidenses (2).

Siguiente en la lista de problemas son los registros médicos electrónicos (RME) que entraron en el ámbito médico hace unos años. En 2009 se aprobó en Estados Unidos el American Reinvestment and Recovery Act (ARRA), que abarcaba muchas medidas para modernizar la infraestructura de la nación, incluyendo incentivar el concepto de los RME y de alguna manera recompensar financieramente a las prácticas médicas y hospitales que implementaran alguna forma de RME. En principio, los RME son una buena idea. Sin embargo, en la realidad la iniciativa ha demostrado ser mayormente un fiasco desde una perspectiva de atención de la salud, en mi opinión. En primer lugar, muchos sistemas de software diferentes están operando incluso dentro de un mismo condado y estado y los sistemas no se comunican entre sí (no existe inter-operatividad). En segundo lugar, estos sistemas no fueron creados teniendo en cuenta al paciente y al médico, sino que en realidad fueron diseñados para maximizar las cobranzas y los pagos satisfaciendo un complejo sistema de códigos impuestos por la burocracia del gobierno federal. En tercer lugar, los médicos tienen ahora que hacer una gran cantidad de trabajo de oficinista, navegando a través de recargadas pantallas llenas de íconos, clics, barras y códigos para entrar órdenes y notas. Los médicos con frecuencia se quejan de que tienen que pasar a veces más tiempo mirando el monitor en lugar de la cara de su paciente. En consecuencia, la relación visual entre paciente y médico se ha deteriorado. En lugar de mejorar la eficiencia de los médicos, los RME con frecuencia les quitan tiempo que deberían pasar con sus pacientes, agregan horas de trabajo de oficinista y reemplazan su juicio clínico con las métricas que el gobierno demanda para satisfacer criterios de "uso significativo" de la tecnología en la atención de la salud (3). Estos pobremente diseñados RME definitivamente se han convertido en otra fuente de frustración y ansiedad en la práctica de la medicina contemporánea. Por lo tanto, si la decisión está en sus manos, y si usted piensa que los RME no son adecuados para su práctica, entonces no los compre todavía. A largo plazo, el estímulo financiero ofrecido por el gobierno para que usted compre estos productos de software puede no compensar el tiempo que su práctica consume en la implementación de ellos, las horas de entrenamiento requeridas y la calidad del servicio que usted proporciona, por no hablar de su costo.

Continuando con la lista de obstáculos para la felicidad en la práctica de la medicina al menos en Estados Unidos, el tema de los procesos legales relacionados a negligencia profesional ha sido una espada de Damocles sobre los médicos durante muchas décadas. Aunque no necesariamente un signo de tiempos modernos, ésta ha sido otra causa de estrés para aquellos que practican la medicina. Si bien es cierto que abundan ejemplos de demandas frívolas, es también justo reconocer que las manzanas podridas no son tan raras en nuestra profesión.

En 2014, una encuesta nacional encontró que el 54% de los médicos estadounidenses reportaron al menos un síntoma de agotamiento (burnout): abatimiento emocional, despersonalización o una disminución de la sensación de logro personal debido a factores de estrés relacionados con el trabajo. El agotamiento y la satisfacción con el equilibrio entre la vida laboral y personal de los médicos estadounidenses empeoraron de 2011 a 2014. Aquéllos en especialidades de primera línea, incluyendo medicina interna general, medicina familiar, medicina de emergencia y neurología corren el mayor riesgo (4). Por otro lado, podríamos preguntarnos: ¿Están los médicos más jóvenes más predispuestos a la infelicidad y el agotamiento que los más viejos? No lo sabemos con seguridad. Se podría argumentar que los jóvenes mileniales no conocen nada mejor (no pasaron por los años dorados de la medicina en EE. UU., y no se puede extrañar lo que nunca se experimentó). Para aquellos interesados en este tema, Medscape recientemente publicó un ilustrativo reporte sobre el estilo de vida y la felicidad de los médicos y la división generacional (5).

Desde mi punto de vista, todos los problemas discutidos anteriormente son importantes factores causales del agotamiento, estrés y frustración entre los que practican la medicina contemporánea en EE.UU. y probablemente otros países: el uso excesivo de teléfonos celulares y la multitarea, el cuidado médico administrado y las controlistas compañías de seguros de salud, las voraces organizaciones de certificación, los registros médicos electrónicos mal diseñados, y un ambiente de litigio profesional excesivamente agresivo. Y como si todo ello fuera poco, la pandemia de la Covid-19 llegó a principios de 2020 para tomar posesión del escenario, infectando, matando o dejando incapacitados a un número cada vez mayor de personas, y poniendo a prueba la resiliencia y el temple de los médicos en todo el mundo.

Recuerdo claramente a mi primer paciente con la Covid-19 en el hospital en marzo del 2020, un hombre diabético de 72 años que acababa de regresar a la Florida de unas vacaciones en Cancún. Me explicó cómo, en su opinión, él adquirió el virus mientras charlaba con otros turistas europeos en un bar en la playa. El paciente sucumbió a la infección unas tres semanas después de su ingreso al hospital. Nuestro equipo de médicos y enfermeras se enfrentó al reto con temor silencioso, pero con coraje y determinación. Cada vez más y más pacientes comenzaron a llegar a nuestro hospital con el virus recién identificado, la mayoría de ellos con enfermedad leve o moderada y eran dados de alta en pocos días. Otros menos afortunados tomaron un curso cuesta abajo como nuestro paciente de Cancún. Ponerse y quitarse el complejo equipo de protección personal se convirtió en un ritual. Ver las bolsas de cadáveres en las unidades de cuidados intensivos se convirtió en una rutina macabra. Incluso perdimos por la infección a uno de nuestros médicos, un colega muy respetado y querido en la comunidad. La carga física y emocional comenzó a afectar mi salud, que previamente había sido casi perfecta, algo por lo que estaba íntimamente orgulloso y agradecido. Recuerdo haber pasado por largas semanas de insomnio e irritabilidad. Debido al enorme número de pacientes que cuidar en el hospital tuve que abandonar mi pasatiempo favorito y "antidepresivo" de elección, montar bicicleta. Leer cada nueva pieza de información relacionada con la nueva infección se convirtió en un deber sagrado. Mi poco tiempo libre lo dedicaba por completo a aprender tanto como sea posible sobre este nuevo enemigo mortal llamado SARS-CoV-2. Un día de repente, mientras veía pacientes en la unidad de cuidados intensivos comencé a experimentar ataques de pánico, palpitaciones y sudoración fría. Mis pocas horas de sueño se llenaron de preocupaciones en relación con el Covid-19. Mi peso estaba disminuyendo involuntariamente. Mi esposa casi me obligó a hacer algo que no había hecho antes: pedir ayuda a un colega. Este buen amigo mío y destacado internista me ordenó una extensa lista de pruebas. Para mi frustración y alivio simultáneamente, todo llegó dentro de lo normal. En ese momento estaba convencido de que algo andaba mal con mi cuerpo. Ahora, en retrospectiva, puedo decir que mis síntomas probablemente fueron causados por el inusualmente tremendo estrés de tener que cuidar tantos pacientes enfermos durante la primera ola de la pandemia, el deseo compulsivo de aprender tanto como sea posible sobre el nuevo virus y tener que lidiar con mi miedo a adquirir una enfermedad potencialmente mortal y llevarla a mi familia. Ahora creo estar mejor preparado para la segunda ola, desde una perspectiva mental y física. Además, hace unos días recibí la segunda dosis de la vacuna contra la Covid-19, una pieza maestra de bioingeniería, y los primeros haces de esperanza ya brillan en el horizonte.

¿Por qué escribir sobre la felicidad en medio de esta pandemia cataclísmica y feroz, habiendo presenciado tanto sufrimiento y muerte en tan corto tiempo? Tal vez este ensayo debió haber comenzado con esta legítima pregunta. Incluso antes del 2020 las tasas de suicidio y agotamiento eran desproporcionadamente altas entre los médicos. Esta pandemia ha puesto aún más de relieve la urgente necesidad de abordar el bienestar emocional de ellos (6).

Esta crisis mundial ha sometido a dura prueba la resistencia y fortaleza de todos, pero los profesionales de salud de primera línea están pasando por un reto incomparablemente difícil. Por ello, en mi opinión, es sumamente importante que ellos hagan todo lo posible por ser felices especialmente en tiempos como éste, y que la sociedad los apoye en esta tarea. A pesar de que para muchos la luz al final del túnel no llegará nunca, la llama de la felicidad debe permanecer ardiendo incluso, y especialmente, durante los días más oscuros.

Debemos esforzarnos por mantener un espíritu feliz y saludable. La plegaria de la serenidad atribuida a Reinhold Niebuhr empieza invocando la serenidad para aceptar todo aquello que no podemos cambiar, el coraje para cambiar lo que somos capaces de cambiar, y la sabiduría necesaria para entender la diferencia.

Ahora más que nunca debemos tratar de identificar lo que si podemos modificar en nuestra vida personal para lograr la felicidad, empezando con lo más sencillo. Especialmente si usted trabaja en el campo de la salud cuidando de pacientes con Covid-19, debería usted mismo diseñar un plan de emergencia personalizado para para ser lo más feliz posible en estos tiempos de prueba, un plan que incluya tópicos sencillos tales como pasar tiempo libre con su familia y no sentirse culpable por ello; hacer ejercicios físicos idealmente al aire libre y con luz solar; practicar sus pasatiempos favoritos; meditar si es posible; orar si usted es un creyente; leer buenos libros (no necesariamente relacionados con medicina); tratar de reir frecuentemente, viendo por ejemplo películas o series divertidas; pasar algún tiempo lejos de los dispositivos electrónicos; mantener contacto con sus amistades (lo cual paradójicamente puede requerir dispositivos electrónicos y reuniones Zoom en estos días de distanciamiento físico); de repente coordinar con sus amigos para escribir un libro de ensayos; fortalecer los lazos de camaradería con sus compañeros en la oficina, el hospital o sus sociedades médicas; tener chequeos médicos regulares y exámenes médicos apropiados (no subestime su vulnerabilidad); escuchar música alegre de su preferencia y bailar aunque sea solo; practicar buena higiene del sueño y dormir lo suficiente; comer una dieta saludable; tomar suplementos vitamínicos, en especial Vitamina C y D, por mencionar sólo unos puntos. Y no olvidemos que también vale llorar no solamente en tiempos de pandemia.

En el mediano y largo plazo los médicos deben reconocer las amenazas locales, regionales y nacionales contra su felicidad, y deben organizarse para contrarrestarlas. Un buen ejemplo es la manera en que muchos médicos estadounidenses han comenzado a sublevarse de manera unida y solidaria contra la injusta imposición de MOC que se discutió anteriormente. ¡A veces es bueno y necesario cuestionar el statu quo y rebelarse!

Desde una perspectiva académica, no todo fue negativo durante el nefasto 2020. Por ejemplo, las escuelas de medicina en EE. UU. han informado recientemente haber observado el mayor interés de postulantes en más de una década, y muchos oficiales de admisión dan crédito por el aumento del 18% en las solicitudes al buen ejemplo dado por los trabajadores médicos durante la pandemia y figuras prominentes de la salud pública como el Dr. Anthony Fauci, una leyenda viviente en el campo de la infectología en los Estados Unidos. Algunos ya han llamado a este fenómeno el "efecto Fauci". El verdadero desafío será retener a la mayoría de esos futuros médicos en la profesión, mantener viva la pasión de su vocación, promover un ambiente de trabajo donde puedan ser genuinamente felices. La profesión médica se encuentra en una encrucijada y hay que tomar decisiones críticas. No se puede esperar una atención de salud de alta calidad en una nación de médicos frustrados, abrumados, agotados o mal pagados, y este tema debería abordarse en todos los países del mundo con urgencia.

Sir Thomas Browne escribió en 1642: "Soy el hombre vivo más feliz. Tengo en mí eso que convierte la pobreza en riqueza, la adversidad en prosperidad, y soy más invulnerable que Aquiles; la mala fortuna no tiene un solo lugar donde golpearme". Aunque los líderes políticos, empresariales y académicos tienen la responsabilidad de promover condiciones apropiadas que fomenten la felicidad en el ambiente de trabajo de los médicos, cada médico también es responsable de identificar y superar los obstáculos que impiden el logro de su propia felicidad, esa felicidad para la cual estuvo destinado al momento de escoger esta hermosa profesión. No sólo es posible ser feliz practicando la medicina en estos tumultuosos tiempos modernos, sino que también es un deber que tenemos para con nuestros pacientes, nuestra patria, nuestras familias y nosotros mismos.

Referencias

1. Antología Filosófica: La Filosofía Griega. José Gaos. 1940
2. Boarded to Death – Why Maintenance of Certification is Bad for Doctors and Patients. Paul Teirstein. New England Journal of Medicine 2015; 372:106-108
3. Beyond Burnout – Redesigning Care to Restore Meaning and Sanity for Physicians. Alex Wright, Ingrid Katz. New England Journal of Medicine 2018; 378:309-311
4. Changes in Burnout and Satisfaction. Tait Shanafelt et al. Mayo Clinic Proceedings 2015; 90(12), 1600-1613
5. Physician Lifestyle and Happiness Report 2020: The Generational Divide. Keith Martin. Medscape online publication
6. Supporting Clinicians during Covid-19 and beyond. Learning from Past Failures and Envisioning New Strategies. Joe Shapiro, Timothy McDonald. New England Journal of Medicine 2020; 383: e142

**MGTR. LUZ ESTELA VERA SILVA**

Licenciada en Biología por la Universidad Peruana Cayetano Heredia, máster en Teorías y Práctica Educativa por la Universidad de Piura. Con estudios de maestría en Bioquímica en la Universidad Peruana Cayetano Heredia y Biotecnología en la Universidad de Guayaquil. Ha sido profesora del curso Biología y Ciencias Naturales para las facultades de Educación, Comunicación, Ciencias Económicas y Empresariales, y Derecho de la Universidad de Piura. Actualmente es jefa del Laboratorio de Análisis Clínicos del Área de Biomédicas de la Universidad de Piura y Docente del curso de Biología celular y molecular de la facultad de Medicina de la misma universidad. Ha tenido el encargo de la puesta en marcha y la coordinación del programa UDEP Saludable desde sus inicios, el 2014. Preside el Consejo Directivo Regional de Universidades Saludables de Piura, que promueve la Dirección Regional de Salud (Diresa), en Piura.

# FACTORES QUE INFLUYEN EN EL RENDIMIENTO UNIVERSITARIO

**Mg. Luz Estela Vera Silva**
**Biologa**

## INTRODUCCIÓN

La UNESCO en la *"Declaración mundial sobre la educación superior en el siglo XXI: visión y acción"* dice que se observa un fenómeno en educación universitaria a nivel mundial "demanda de educación superior sin precedentes, acompañada de una gran diversificación de esta" Efectivamente si bien se ha visto una tasa de crecimiento a nivel mundial y regional también se ha observado que no existe la misma proporción en el número de egresados. Esto evidencia que existen varios factores asociados con las dificultades que tienen los alumnos en la universidad "que se manifiestan en fenómenos de deserción, tasas de terminación de estudios y un bajo rendimiento" (Baquero, Albarello, Ameztoy, Corrado, Eizaguirre, Goñi, Rimoli y Zulbert, 1996).

Uno de los problemas que preocupan en el ámbito universitario a nivel mundial y regional es si el crecimiento en número de universidades y por tanto de la oferta para que un mayor número de personas accedan a la universidad va a la par de la calidad educativa que éstas deben tener, la institución universitaria se cuestiona sobre su eficacia para brindar al alumno un servicio educativo de calidad. Estas deficiencias se manifiestan en un bajo rendimiento, la repitencia y la deserción. El rendimiento académico se convierte así en un indicador de la calidad y eficacia de la educación universitaria. En este contexto hacemos una reflexión desde nuestro quehacer docente y reconocemos qué hay variables que inciden en el bajo rendimiento del alumno. Siendo conscientes también que éstas son muy diversas y que no sólo dependen del alumno sino también de la institución y del entorno, este análisis se centra en averiguar algunos factores comportamentales y afectivos relacionados con los estudiantes y que puedan incidir en su rendimiento académico.

## DESARROLLO

Cuando se trata de evaluar el rendimiento académico y cómo mejorarlo no es suficiente la simple medición y/o evaluación alcanzados por los alumnos, se deben analizar también los factores o variables que pueden influir en él (Navarro, 2003). Sobre las variables que influyen en el rendimiento académico, muchos autores coinciden que éstas son multicausales y su estudio es por tanto multifocal, con el fin de sistematizar su clasificación algunos autores las clasifican en tres categorías: variables inherentes a los alumnos, a la institución y al profesorado, (Goberna, 1989, Huesca y Castaño 2007, Tejedor y col, 2007). Para Artunduaga (2008) los factores que inciden sobre el rendimiento académico pueden ser contextuales, que engloban a las variables institucionales, socioculturales y pedagógicas y los factores personales que comprenden las variables sociodemográficas, cognoscitivas y actitudinales.

Es por ello y teniendo en cuenta que en este proceso de aprendizaje están involucrados dos sujetos: docente y discente y por tanto existen muchos factores a tomar en cuenta cuando se desean estudiar los elementos que influyen en el fracaso de los alumnos. Estos han sido abordados por autores desde diferentes enfoques, psico-educativo (Baquero y col, 1996), motivacionales (Marín e Infante, 2000), socioeconómicos (Plascencia, 2008) sin duda todos estos aportan datos útiles e importantes para analizar las causas y proponer medidas que mejoren el desempeño académico

Un bajo rendimiento se evidencia cuando el alumno no logra adquirir de manera adecuada y completa los conocimientos impartidos. En nuestra práctica docente se ha notado unas características que están asociadas a este bajo rendimiento, entre las que están la falta de hábitos de lectura que incide en la comprensión del enunciado en los exámenes, organización de su tiempo que se evidencia en que la mayor parte de ellos sólo dedican horas de estudio cuando tienen alguna evaluación; así mismo hemos observado dificultades en los procedimientos que usan para el estudio, además de algunos obstáculos relacionados con su actitud frente al estudio. El entorno y su procedencia escolar son factores que en algunos casos dificultan que el alumno pueda hacer frente a los objetivos y propósitos académicos establecidos en su currículo de estudios.

En el proceso de enseñanza – aprendizaje, el profesor desarrolla contenidos educativos a un alumno que por su parte intenta captarlos y procesarlos, el objetivo es generar en el alumno un aprendizaje significativo y con ello lograr un buen rendimiento académico que se vea reflejado en la finalización de la carrera en el plazo previsto, la titulación y la inserción en el mundo laboral. Un aprendizaje significativo según la teoría constructivista de David Ausubel "ocurre cuando el material se presenta en su forma final y se relaciona con los conocimientos previos del estudiante," para lograrlo además del aspecto cognitivo debe estar asociado el aspecto motivacional y emocional del alumno por ello la importancia de los factores afectivos en este proceso.

En el contexto de la mejora del rendimiento académico, es que este análisis aborda las estrategias que usan los alumnos para estudiar, así como algunas dificultades actitudinales y del entorno, como elementos que inciden en el fracaso o éxito del alumno.

Tratando de identificar algunos de los aspectos que influyen en el rendimiento que están relacionadas con el alumno, nos centraremos en el aspecto de estrategias de aprendizaje que el estudiante universitario debe manejar para llegar a tener un aprendizaje significativo que le permita un rendimiento académico óptimo. Se ponderará especialmente los elementos referidos a los aspectos comportamentales y afectivos que inciden en el rendimiento académico.

En un estudio descriptivo de tipo longitudinal, "Elementos que influyen en el fracaso universitario: un estudio descriptivo" las autoras Alonso Martin, Pilar y Lobato Soriano, Herminia (2005) han descrito algunas variables que influyen en el fracaso universitario. Ellas encuentran que variables comportamentales como hábitos de estudio, hábitos de lectura entre otras, así como las variables afectivas inciden en el rendimiento académico.

En el trabajo de investigación "Causas del bajo rendimiento del estudiante universitario (en opinión de profesores y alumnos). Propuesta de mejoras en el marco de EEES" los autores Tejedor, Francisco Javier y García-Valcárcel Muñoz-Repiso, Ana (2007) hacen un estudio comparativo sobre la valoración que tiene los profesores y alumnos sobre las causas del bajo rendimiento universitario con el fin de ofrecer unas pautas de actuación para mejorar el rendimiento de los alumnos. Este trabajo utiliza un método descriptivo longitudinal y recoge los resultados de tres años, como resultado se evidencia que las causas del bajo rendimiento para los alumnos son: La dificultad intrínseca de algunas materias, la falta de estrategias de motivación por parte del profesor y el excesivo número de asignaturas. Mientras que para el profesor las tres causas más determinantes serian: Falta de autocontrol y responsabilidad de los estudiantes, el insuficiente dominio de las técnicas de estudio y la falta de esfuerzo de los alumnos.

En "Variables académicas que influyen en el rendimiento académico de los estudiantes universitarios" su autor Ocaña Fernández, Yolvi

(2011), a través de un método descriptivo busca dar a conocer cuáles son las variables académicas y la importancia de éstas en el rendimiento académico de los estudiantes universitarios. El autor describe y analiza las variables académicas que influyen en el rendimiento de los estudiantes universitarios, variables que han sido validadas en diferentes investigaciones. Ya que este estudio describe también los procesos de cambios en la educación superior en el último siglo a nivel mundial y nacional consideramos que es un valioso aporte para situarnos en el contexto de la educación universitaria de nuestro país.

En un análisis correlacional realizado con estudiantes de la universidad de La Laguna (España) los autores, Martín Eduardo, García Luis, Torbay Angela y Rodríguez Teresa (2008) en su trabajo "Estrategias de aprendizaje y rendimiento académico en estudiantes universitarios", nos aporta la correlación que hay entre los aspectos motivacionales de los alumnos y el rendimiento académico pues los autores en este trabajo usando tres indicadores: la tasa de intento, tasa de eficiencia y la tasa de éxito encuentran una relación con el uso de estrategias motivacionales, cognitivas y de control y el rendimiento. Con este trabajo comprueban otros hechos anteriormente estudiados, en que un alumno que "es capaz de utilizar estrategias motivacionales y de tipo intrínseco, que muestran una autorregulación de su estudio y revisan su proceso, es el alumno que logrará un aprendizaje significativo y por tanto un buen rendimiento académico".

En la experiencia docente concordamos con los estudios realizados por los diferentes autores y podemos darnos cuenta de que en aquellos alumnos que tienen un rendimiento entre regular y deficiente, se observa que existen unos factores comportamentales identificados como estrategias de aprendizaje que ellos no han logrado desarrollar como es el hábito de lectura. Un gran porcentaje no consulta libros relacionados a sus estudios, ni acceden a revistas que se relacionen con sus carreras. Encontramos también que al no desarrollar hábitos de estudio encuentran dificultad en organizar su tiempo, concentrándose las horas de estudio en la época de examen o los fines de semana y las horas efectivas están por debajo de ese promedio esperado para lograr un buen rendimiento académico.

Entre los componentes afectivos y emocionales relacionados con el esfuerzo y el interés que ponen en sus estudios, los alumnos al ser consultados expresan que es la cantidad de trabajo lo que más les preocupa, los problemas familiares y afectivos también influyen en su rendimiento.

## SUGERENCIAS Y RECOMENDACIONES

Efectivamente vemos que factores asociados al alumno como son las variables comportamentales: hábitos de estudio, hábitos de lectura y factores afectivos: esfuerzo, interés, ansiedad etc., inciden sobre el rendimiento académico en los alumnos universitarios.

La capacidad intelectual de los alumnos no es el problema sino el que no hayan logrado desarrollar destrezas y estrategias para potenciar sus capacidades y lograr un apoyo efectivo. Es importante una reflexión desde nuestra práctica docente, para saber qué es lo que debemos hacer, para lograr que el alumno desarrolle diferentes estrategias, y herramientas útiles y descubrir que les funciona tanto para su aprendizaje como para lograr un mejor desenvolvimiento en su vida laboral.

Tarea no fácil, pero si importante, en ese camino se plantea como un reto la formación pedagógica del profesor universitario que debe ser continua e innovadora, un campo de interés para ser abordado en otro análisis.

**Bibliografía**


- Alonso, P., Lobato, H. (2005). Elementos que influyen en el fracaso universitario: un estudio descriptivo. Revista española de orientación y psicopedagogía.6 (1), 63-79.
- Artunduaga, Martha (2008) Variables que influyen en el rendimiento academico en la universidad. Artículo.
  Accesible en: http://www.slideshare.net/1234509876/variables-del-rendimiento-academico-universidad.
  Consultado el 13 de febrero de 2021.
- Baquero, R. Albarello, L. Ameztoy, A. Corrado, R., Eizaguirre, D., Goñi, J., Rimol, M.C. y Zulbert, G. (1996). El alumno ingresante a la universidad. Un abordaje psico -educativo. Revista Espacios en Blanco. (3)4, 99 -117.

- Goberna, M.A., López, M.A. y Pastor, J.T. (1986). Hacia un análisis comparativo del rendimiento académico en la universidad española. Revista de Educación, (290) pp 357-370.
- Huesca, M. G., y Castaño, M. B. (2007). Causas de deserción de alumnos de primeros semestres de una universidad privada. Revista Mexicana de Orientación Educativa. (5)12, 34-39.
- Marín, M., Infante, E., y Troyano, Y. (2000). El fracaso académico en la universidad: Aspectos motivacionales e interese profesionales. Revista Latinoamericana de Psicología, 32(3), 505-517.
- Martín, E., García, L. A., Torbay, Á., & Rodríguez, T. (2008). Estrategias de aprendizaje y rendimiento académico en estudiantes universitarios. International Journal of Psychology & Psychological Therapy, 8(3).
- Navarro, R. E. (2003). El rendimiento académico: concepto, investigación y desarrollo. REICE-Revista Electrónica Iberoamericana sobre Calidad, Eficacia y Cambio en Educación, 1(2), 1-15.
- Tejedor, F.J., (2003). Poder explicativo de algunos determinantes del rendimiento en los estudios universitarios. Revista española de pedagogía, (LXI) 224, 5 – 32.
- Ocaña, Y. (2012). Variables académicas que influyen en el rendimiento académico de los alumnos universitarios. Revista de investigación educativa, 15(27), 165 -179.

**MANUEL CASTAÑEDA JIMENEZ**

Ingresó a la Universidad Peruana Cayetano Heredia en 1973, cursó Estudios Generales, pasando luego a estudiar Derecho y graduándose de abogado en la Pontificia Universidad Católica del Perú. Con 37 años de ejercicio profesional ha dirigido diversos proyectos de carácter jurídico, así como la oficina encargada de la lucha anticorrupción en el Sector Interior y la dirección y gestión de las áreas legales de diversas empresas privadas. Promocionó el Archivo Digital de la Legislación del Perú que lleva el Congreso de la República y que representa cerca de 8'500,000 descargas anuales de leyes, siendo el servicio del Congreso más requerido por la ciudadanía. Promovió e hizo el trabajo de depuración de casi 15,000 leyes, aprobado por el Pleno del Congreso prácticamente por unanimidad, sin ningún voto en contra. Ha sido miembro del Gabinete de Asesores del Ministerio del Interior y es asesor de la Comandancia General del Cuerpo General de Bomberos Voluntarios del Perú, habiendo sido condecorado con la medalla "Dios Patria Humanidad" de esta noble institución. Autor de diversos libros y artículos de carácter jurídico y conferencista en su materia. Actual director ejecutivo del Patronato Nacional Pro-Bomberos del Perú.

# NUEVAS TECNOLOGÍAS: UN RETO ÉTICO Y MORAL PARA LA HUMANIDAD

**Manuel Castañeda Jiménez**
Abogado

Escribir un ensayo relacionado a temas científicos para un libro hecho por médicos, constituye un tremendo reto para un abogado. Pero me era imposible abstenerme de hacerlo ante el amable gesto e invitación de mis queridos amigos de la Promoción Carlos Flores Bustamante de la Universidad Peruana Cayetano Heredia con quienes compartí los años de Estudios Generales, nuestros años iniciales cuando salimos al mundo a buscar labrarnos un futuro.

No hay mayor amistad que la que se forja en el campo de batalla. Y, realmente, fue una dura batalla la que dimos en aquellos años cuando estudiábamos las derivadas e integrales, o Física con el profesor Luque. La fascinación que nos significaba a todos, creo, los cursos de Biología con los profesores Ishiyama, cuando seccionábamos planarias o verificábamos las mutaciones de la mosca de la fruta, contrastaba con aquellos otros cursos de ciencia a los que no les veíamos mucho sentido. Y tampoco es que a muchos les entusiasmaran los cursos de letras que nos daban, aun cuando las clases del recordado Lucho León o del interesante Paco Miró Quesada, resultasen más tolerables. Pero, en fin, los años transcurrieron, y finalmente cada cual tomó su camino, el que, en mi caso, se enfiló hacia la abogacía, en la que me sentí más completo, sin perjuicio de un, casi innato, interés por el conocimiento en general, y el científico en particular.

De ahí que, con el mayor gusto he aceptado este inmenso honor que me confieren, de compartir páginas en este libro de ensayos, con algunos de tales amigos, excelentes profesionales en sus ramas, y que espero no sea el último que tan destacada promoción haga ver la luz.

* * *

Uno de los libros que nos encaminaron –o procuraron encaminarnos– hacia el mundo científico, fue "La ciencia, su método y su filosofía", de Mario Bunge. En él, el autor empieza diciendo una gran verdad: "Mientras los animales inferiores sólo están en el mundo, el hombre trata de entenderlo; y sobre la base de su inteligencia imperfecta pero perfectible, del mundo, el hombre intenta enseñorearse de él para hacerlo más confortable."

¡Cuánta verdad hay en esta corta frase!: El hombre trata de entender el mundo y dominarlo para hacerlo más confortable. Y así, –continúa– construye un cuerpo de ideas llamadas "ciencia" con la cual transforma el mundo para enriquecerlo.

No voy, se entenderá, a abultar este pequeño ensayo con largas disquisiciones sobre qué es o no ciencia, o a diferenciar entre la aproximación investigativa a la realidad para probar hipótesis (o desaprobarlas) y la aproximación al mundo ideal como lo hace la ciencia matemática, que Bunge destaca y llama de ciencia formal y señala que es deductiva.

Baste señalar que el concepto de ciencia que aquí empleo es el de uso común, esto es, conjunto de conocimientos resultantes del estudio de la naturaleza y que se obtienen por la comprobación. No considero, por tanto, la astrología o cosmobiología como hoy le llaman, ni las disciplinas deductivas como pueden serlo la lógica pura o sus derivaciones tales como la filosofía, teología o metafísica. Por décadas, disciplinas como la sociología, la antropología, la misma economía y hasta la psicología, vienen luchando para hacerse de un lugar en el mundo científico bajo el concepto de ciencias sociales. No obstante, si bien existen grandes avances en esa línea, y hasta formulación de leyes –especialmente en la economía–, considero que todavía falta para que esas disciplinas se asienten como es debido y tomen un lugar similar al de la física, la biología o la astronomía, cuyo desarrollo es cada día más veloz, lo que no sucede con aquellas. Ni siquiera, pienso, pueden equipararse todavía con disciplinas como la historia y la arqueología que llegan a obtener un grado de objetividad bastante más pronunciado.

Creo que el gran despegue de la biología y la astronomía –un poquito más lento en la física, pero que va adquiriendo mayor destaque y posicionamiento incluso social al juntarse con la astronomía y formar el boom de la astrofísica incentivada especialmente por el fallecido Stephen Hawking–, se debe sobre todo a las aplicaciones prácticas de los conocimientos científicos que se agregan en grandes proporciones de manera constante, lo que no sucede con la geología, objeto siempre de sarcasmos de parte del personaje de Sheldon Cooper en la popular serie "*The Big Bang Theory*". Quizás una velocidad intermedia pueda atribuirse a la química, especialmente por su relacionamiento con la biología, lo que nos conduce a la bioquímica.

Si, pues, el espectacular desarrollo de la biología, la astronomía y la física es la resultante de sus aplicaciones prácticas, ello no significa que en el futuro otros desarrollos científicos no los desplacen. Imaginemos, por ejemplo, el gran despegue que puede tener la geología cuando la exploración espacial alcance mayores niveles, y naves que partan de la Tierra lleven a seres humanos a otros mundos. Sea porque se descubra vida fuera de nuestro planeta, o porque se la lleve para terraformar algún otro mundo, la exobiología de ese tiempo requerirá también del auxilio de la geología, la física y la química. Y, así, el conocimiento científico, al menos linealmente, parece que no tendrá fin jamás.

Y digo linealmente porque podemos considerar el avance de la ciencia, también en más de una dimensión y no sólo como una suma de un conocimiento tras otro. Así, la ciencia a la par que va desarrollándose en línea recta, también se va extendiendo en todas direcciones; extensión que no es otra cosa que su aplicación práctica, y que la torna, digamos que tridimensional.

Esa tridimensionalidad de la ciencia, o su aplicación práctica, nos plantea de inmediato la pregunta de si en esa aplicabilidad existen límites, considerando que linealmente parecen no existir.

Y aquí retorno a la importante precisión de Mario Bunge: el entendimiento de la naturaleza se da para hacer el mundo más confortable. Por cierto, es claro que Bunge no se refiere al mundo como el planeta Tierra, sino como el universo material.

El límite, por tanto, de la aplicación práctica del conocimiento científico está entonces en ello: en el mejor entorno que esa aplicación nos proporciona. Personalmente adhiero ese planteamiento. Habrá, lo reconozco, quien piense que la aplicación práctica del conocimiento científico vale por sí misma y no debe ser objeto de valoración. Considero muy equivocada esa posición. Si hay algo que el conocimiento nos muestra, es que es posible dominarlo todo. Inclusive podemos pensar en que en un futuro pueda resultar controlable el deterioro de los telómeros, la proteína que recubre los cromosomas, y tal vez así retardar casi de modo indefinido el envejecimiento, detectar y corregir riesgos genéticos en el feto, reponer órganos enteros o hasta miembros enteros gracias al empleo de las células madre u otro método, clonar seres humanos o hacer realidad al hombre y a la mujer biónicos mediante la aplicación de implantes cada vez más osados o perfectibles. Podemos hasta pensar en técnicas de intervención genética con las que se produzcan monstruos legendarios o plantas maravillosas. Pero lo único que no podremos dominar, es el tiempo. Aunque la ciencia ficción nos regale entretenidas series y películas que juegan con la idea de los viajes en el tiempo, es obvio que, si el hombre en un futuro lo dominase, ya habríamos tenido manifestaciones en nuestra historia previa. Pero ningún "viajero del tiempo" se ha presentado jamás en los cinco o seis mil años de historia humana. Y ello, porque el tiempo no es más que la medición arbitraria que hacemos de la secuencia de expansión de universo. Me explico partiendo de la teoría del *Big bang*, concebida por el sacerdote científico Georges Lemaître a fines de los años 20 del siglo pasado, y de la tesis de Hubble de que el universo vive una continua expansión a la manera de un globo que sigue inflándose indefinidamente.[1] Sin embargo, eso no explica cómo pudo en una fracción de segundo, expandirse el universo a un tamaño espectacular a partir del "átomo primordial", si, conforme a los postulados de Einstein, no hay nada que pueda superar la velocidad de la luz. La única explicación lógica que encuentro es que la expansión del universo no se da solo de forma tridimensional, sino plegándose sobre sí mismo a manera de una hoja de papel con la que se forma una pelotita al doblársela sobre sí. Así, dos puntos cualesquiera del universo están increíblemente más cerca de lo que pensamos pues si el papel estuviese extendido la distancia sería la línea recta entrambos, pero al considerar al papel como una "pelotita" ya la distancia entre los dos puntos no es la línea recta, sino la que media entre los mismos dos puntos, pero en un objeto

[1] La expansión del universo se entiende actualmente que no se desarrolla a velocidad constante, sino de modo acelerado. De ahí ha surgido la hipótesis de la energía oscura y su correlato la materia oscura. No obstante, han surgido teorías que contradicen la expansión del universo.

esférico y compacto. La luz, claro, recorre el papel por la superficie del papel como si no estuviera doblado, así que siempre pensaremos y mediremos la distancia entre dos puntos como la línea recta que las une en el papel extendido. Ello nos lleva a concluir que todo el universo se encuentra –prácticamente– en el mismo sitio, tan solo plegándose sobre sí mismo indefinidamente. Pues bien, si el tiempo, es, en realidad solo la forma en que medimos la secuencia de la expansión del universo, el cual se pliega sobre sí mismo, podemos afirmar, a partir de ahí que, al plegarse el espacio sobre sí, el tiempo –o secuencia de pliegue– también se encuentra, digamos, plegado sobre sí mismo. Y así, al igual que casi todo el espacio está en un mismo lugar (pensemos en la pelotita), el tiempo también lo está. Por lo que, el viaje en el tiempo solo sería factible, si tuviésemos forma de movernos en el espacio, ya no según el recorrido de la luz, sino a través de la pelotita.

Eso parece imposible. E insisto. Si fuera posible algún día, ya se hubiera producido.

De ahí que la conclusión a la que nos conduce la lógica es la de que el viaje en el tiempo no es posible. Quizás ése haya sido el fruto del árbol de la vida del cual nos habla simbólicamente el Génesis, y que Dios, para que el hombre no pudiera acceder a él después de haber comido del árbol de la ciencia del bien y del mal, y así hacerse semejante a Él, lo expulsó del Paraíso. Porque, en realidad, la ciencia, y cada día con más ímpetu, nos muestra que nada puede llegar a ser imposible para el hombre … salvo… dominar el futuro, es decir, controlar el tiempo.

*  *  *

Volvamos, entonces, al punto del cual partimos para esta disquisición: ¿puede la ciencia ponerse un límite para su desarrollo? ¿Se trata de un límite físico, o ético y moral?

Por lo dicho anteriormente sí nos toparíamos con el límite físico o material constituido por la imposibilidad de dominar el tiempo. Pero aparte de ello, al parecer no existiría más límite para la investigación o la exploración y sus aplicaciones prácticas. En teoría, al menos, podríamos tranquilamente pensar que un día podría construirse un ascensor directo hasta la Luna o confeccionarse una nave que pudiera atravesar el Sol, crear un centauro en laboratorio o, si se descubriese su cadáver, hacer un clon de Mozart. Materialmente, al menos, solo el tiempo resultaría imposible de dominar, pues aun cuando pudiésemos tener una computadora capaz de albergar todos los datos existentes en un momento determinado, que nos permitiera recrear con un enorme grado de fidelidad el pasado o, por cálculo de probabilidades, presumir el futuro inmediato o a mediano o largo plazo, igual no sería real, sino recreación o suposición en su caso.

Así pues, si materialmente sólo existe tal límite, faltaría ver si ética o moralmente también lo existe. En este aspecto ya no hablamos entonces de un límite en el sentido material, sino de uno relativo al "deber ser", que es lo que nos plantean la ética y la moral. En cuanto a ello, cabe aclarar que cuando nos referimos a ética nos estamos refiriendo a un conjunto de reglas de comportamiento que un grupo humano asume como necesarias para desempeñarse en orden y armonía que les permita desarrollarse sin perjudicarse unos a otros; es decir, que cuando hablamos de ética, hablamos de conveniencia e inconveniencia, de aceptable o inaceptable grupalmente. Cuando hablamos de moral, hablamos de bien y de mal, hablamos de religión, hablamos de virtud y de pecado.

Por cierto, que la ética parte, igual que la moral, de la consideración de determinados valores que son comunes al grupo. Pero la ética admite cosmovisiones distintas. Y así, un pacto ético puede ser suscrito o aceptado por personas de diferente religión, lo que no sucede con un pacto moral, en que la aceptación común solo es factible si los involucrados comparten sobre el contenido del acuerdo una misma consideración sobre la virtud y el pecado en él subsumido. Un pacto ético puede hasta ser suscrito por cristianos, musulmanes y budistas. Pero difícilmente un cristiano y un musulmán podrían suscribir un acuerdo en que se convenga que matar a un ser humano es inmoral en cualquier circunstancia, salvo la defensa propia, claro está, pues sus visiones sobre el pecado son diferentes. La ética, por tanto, puede existir entre delincuentes, lo que no sucede con la moral.

Tales consideraciones, aplicadas ya a nuestro tema de las nuevas tecnologías, y hacia dónde conducen o son capaces, plantea un tremendo reto ético, así como un tremendo reto moral a la comunidad científica, de la cual forman parte hombres de ciencia de diferente extracción y visión del universo.

*   *   *

Tres son los planos en que es necesario abordar el tema, sea desde el punto de vista ético o moral, y en cuanto a la investigación o aplicación del conocimiento científico:

a) El del fuero personal
b) El de la investigación, exploración o aplicación tecnológica en sí misma
c) El del fuero personal del destinatario de la tecnología o aplicación del conocimiento científico

Me explico.

Primeramente, el investigador, científico u hombre de ciencia se enfrenta a su propia conciencia, de si tal investigación o aplicación es correcta realizarla según los valores propios. Tal sería la situación de un cristiano frente a un reto de investigar la reacción de un niño por nacer con respecto a determinadas sustancias ¿podría un cristiano experimentar con una criatura que no puede siquiera defenderse? ¿o, podría un cristiano sin cometer un pecado atroz, practicar un aborto porque así lo decidió la "madre", a pesar de conocer todas las técnicas habidas y por haber?

El segundo plano es el de la investigación o aplicación en sí misma. ¿Es lícito aplicar la eutanasia aun cuando el sujeto la pida a gritos?

Y el tercer plano es el del sujeto "destinatario" de la tecnología o aplicación del conocimiento científico. ¿Es lícito efectuar una trasfusión de sangre a un testigo de Jehová cuya religión se lo prohíbe? En este caso, la objeción de conciencia es la del "beneficiario". ¿Cabría hacer de una persona un "robocop" sin su consentimiento?

Ciertamente el objeto de este breve ensayo no es el de entrar en la casuística, sino solamente el de plantear el problema y delinear derroteros.

Cabe señalar que frente a esta clase de retos con los que, no solamente en tiempos recientes, sino desde que la humanidad existe se han enfrentado los hombres de ciencia, muchos tienden a abstraer toda consideración moral y derivar solamente hacia consideraciones éticas, con lo cual la noción de bien y de mal, de pecado o de virtud involucrada en estos temas se acaba dejando de lado y, acostumbrado el hombre de ciencia a evitar la consideración religiosa que la moral involucra, termina muchas veces adoptando posiciones agnósticas o cercanas a ello.

Es verdad que la dimensión ética resulta indispensable, sobre todo porque, como hemos referido, al estar constituida por reglas de comportamiento según lo conveniente o inconveniente, permite dar cabida a cosmovisiones diferentes, pero que pueden compartir un planteamiento común. Así, la tesis de Mario Bunge de que el objeto de la ciencia es hacer un mundo más confortable, puede aterrizar en reglas éticas destinadas a ello. Y, por cierto, esto constituye un gran paso, y una necesidad de que la comunidad científica se guíe por reglas éticas comunes. Sólo así evitaremos como conglomerado humano que vuelvan a repetirse los espantosos experimentos que efectuaron los nazis con seres humanos y que hieren la conciencia humana.

Hasta hace unas décadas la Genética se encontraba constreñida a la mera investigación, resultando asombroso haber podido llegar a contar con el modelo de Watson y Crick. Nunca se imaginó el Reverendo Padre Mendel que sus experimentos con arvejas nos llevarían al desarrollo actual en que el genoma humano se encuentra ampliamente investigado, habiéndose llegado a obtener la secuencia de cerca de 28,000 genes a través del Proyecto Genoma Humano.

En la actualidad, solamente en materia de genética, la posible aplicación práctica del conocimiento científico plantea retos éticos y morales muy grandes. ¿Es lícito al ser humano manipular el ADN de manera a evitar determinadas enfermedades hereditarias como la hemofilia, por ejemplo? ¿Es lícito manipular el ADN de manera a evitar un posible riesgo cardíaco del futuro sujeto? ¿Es lícito manipular el ADN de manera a reforzar el sistema inmunológico del individuo? Todas esas preguntas parecen tener una respuesta positiva. Sin embargo, a ellas se enfrentan otras como ¿Es lícito manipular el ADN para decidir el color de ojos de los niños, o su mayor disposición para determinado deporte? ¿O bien manipularlo para que el sujeto sea capaz de respirar libremente en una atmósfera de menor concentración de oxígeno, o de alta concentración de nitrógeno, como en Marte? Es decir, podríamos estar enfilándonos hacia una modificación genética tal que quizás seríamos capaces de crear una raza distinta de seres inteligentes. ¿Es eso lícito ética o moralmente?

Los científicos del Proyecto Manhattan se enfrentaron en un determinado momento, más allá de la propia investigación del átomo y de la fuerza nuclear, no solo con la realización de experimentos con las bombas atómicas y a la destrucción o efectos nocivos que los mismos experimentos acarreaban, sino con la posible –y concretada– aplicación práctica de sus investigaciones.

Con la reciente pandemia del coronavirus, se llegó a difundir que el malhadado virus habría sido el resultado de investigaciones realizadas en un laboratorio en Wuhan. Cierto o no, el problema, al menos desde el punto de vista teórico, queda igualmente planteado. ¿Es lícito ética o moralmente realizar experimentaciones tales que pueden significar un riesgo letal para la humanidad, al punto de arriesgar la propia continuidad de la especie humana?

Ciertamente, como dijimos, la comunidad científica tiene ante sí retos enormes. A la vista de la posible devastación nuclear, los países, en general, han ido suscribiendo pactos destinados al control de las armas de ese tipo, a pesar de haber aun algunos reticentes a sumarse a ello. Pensamos que lo mismo debería ir sucediendo cada vez más con relación a los temas relacionados a la experimentación genética y sus posibles aplicaciones prácticas.

Es muy poco lo que en ese sentido se ha avanzado. A raíz del uso del gas mostaza en la Primera Guerra Mundial (1914-1918), se suscribió en Ginebra el "Protocolo sobre la prohibición del uso en la guerra, de gases asfixiantes, tóxicos o similares y de medios bacteriológicos" el 17 de junio de 1925, el cual empieza diciendo "Los plenipotenciarios, (…): Considerando que el empleo en la guerra de gases asfixiantes, tóxicos o similares, así como de todos los líquidos, materias o procedimientos análogos, ha sido a justo título condenado por la opinión general del mundo civilizado,(…)". Ya en 1907 se había prohibido mediante otro instrumento internacional el empleo de armas envenenadas, pero tuvieron que pasar casi 50 años, para que en 1972 para afinar las prohibiciones y suscribirse la "Convención de 1972 sobre la prohibición de armas bacteriológicas y sobre su destrucción", por la cual se prohíbe no solamente el uso, sino la producción, almacenamiento, adquisición, retención y transferencia de armas bacteriológicas y exigir su destrucción. Y así, cada Estado parte se obliga a no desarrollar, producir, almacenar o de otra forma adquirir o retener, nunca ni en ninguna circunstancia:

- Agentes microbianos u otros agentes biológicos, o toxinas, sea cual fuere su origen o modo de producción, de tipos y en cantidades que no estén justificados para fines profilácticos, de protección u otros fines pacíficos;
- Armas, equipos o vectores destinados a utilizar esos agentes o toxinas con fines hostiles o en conflictos armados.
-

No obstante, tales convenios internacionales representan solamente la solución de una parte de los problemas o retos que plantean las nuevas tecnologías. Cedemos por ello la voz a san Juan Pablo II, quien en su Encíclica “Evangelium Vitae”, si bien dirigida a los católicos, describe la situación del mundo actual de una manera cruda pero veraz:

"Con las nuevas perspectivas abiertas por el progreso científico y tecnológico surgen nuevas formas de agresión contra la dignidad del ser humano, a la vez que se va delineando y consolidando una nueva situación cultural, que confiere a los atentados contra la vida un aspecto inédito y --podría decirse-- aún más inicuo ocasionando ulteriores y graves preocupaciones: amplios sectores de la opinión pública justifican algunos atentados contra la vida en nombre de los derechos de la libertad individual, y sobre este presupuesto pretenden no sólo la impunidad, sino incluso la autorización por parte del Estado, con el fin de practicarlos con absoluta libertad y además con la intervención gratuita de las estructuras sanitarias".

Juan Pablo II comenta a continuación que estamos frente a una “cultura de la muerte” y buena parte de la sociedad procura esforzarse en justificarla alegando una supuesta libertad individual. Tales presiones han logrado que muchos países legalicen formas inicuas de destrucción de seres humanos: basta ver lo sucedido en Argentina recientemente, en que el Senado de dicho país legalizó el aborto de manera que, en caso de violación, por ejemplo, la “madre” (no cabría en realidad llamarla así) puede optar por abortar sea cual fuere el tiempo de preñez.

Recientemente en España se ha legalizado la eutanasia bajo la forma eufemística de "suicidio asistido". Pareciera que existe un esfuerzo mundial por encontrar formas de alentar la destrucción de la especie humana diferentes, y hasta más efectivas, que las guerras, sin tanta secuela "económica" como acarrea una conflagración.

Curiosamente cierta parte de la comunidad médica y científica en general participa o alienta tales prácticas. Y nos preguntamos ¿acaso esa clase de prácticas tiene por objeto hacer la vida más confortable como señalaba Bunge que es el objeto de la ciencia? Definitivamente la respuesta es negativa pues no se hace más confortable la vida eliminándola.

Inclusive resulta contradictorio que haya hombres de ciencia preocupados por el rescate ecológico del planeta y la preservación de las especies animales pero que, cuando se trata de la especia humana, no tengan empacho en sostener la necesidad de leyes que favorezcan el aborto o la eutanasia. No cabe pues, duda, que cada vez más existe una insensibilización frente al comienzo y fin de la vida. E, inclusive, toda vez que el ser humano sería el culpable de la contaminación planetaria y el calentamiento global, es preferible controlar el crecimiento demográfico. Algunas veces, cuando una persona u otra me menciona la enorme cantidad de ciudadanos chinos que hay, le respondo medio en broma, medio en serio que, en lugar de que se gaste tanto dinero en armamento o se dilapide por corrupción u otras causas, ese dinero debiera invertirse en la investigación espacial para poder poblar otros mundos con chinos y así aliviar un poco el planeta. Ciertamente ese comentario no tiene nada de racista; China desarrolló una cultura admirable en muchos aspectos y es un país que, en nuestro concepto, merece un mejor destino y trato del que por ahora tienen sus pobladores. Pero valga el punto para significar que sí existen medios y fórmulas que pueden permitir a la humanidad crecer mucho más todavía y generar los recursos necesarios para alimentar a la población mundial. Baste considerar los cultivos verticales que se practican hoy en día y que fácilmente convierten unos pocos metros cuadrados de área en el equivalente a media hectárea. Si a ello se suma el avance tecnológico en materia de cultivos o tratamiento de especies animales que nos sirven de alimento, no tienen base alguna las tesis maltusianas que pronostican un futuro negro para la humanidad y que tratan de justificar las prácticas de destrucción humana.

En general pues, ante sí, tiene la comunidad científica un reto inmenso en la investigación y apertura para la aplicación de nuevas tecnologías. Los dilemas éticos y morales que ello plantea son enormes y especialmente delicados. Requieren abordarse sostenidamente y producir, al menos, pactos éticos, sino de toda, de parte de la comunidad científica de cada país que oriente y señale derroteros y límites de aplicación práctica o de experimentación si es preciso, hasta llegar a pactos globales. La rapidez del avance científico y tecnológico exige que se avance también con cierta premura. Quizás al inicio se cometan errores, se produzcan vacíos o hasta inconsistencias. Pero por algo se empieza. Lo que vemos, es que, si no se producen acuerdos que constituyan una guía para la acción, que provengan de entes o grupos serios y confiables, el tiempo, ese fenómeno extraño que parece curvarse con la gravedad y andar más acelerado últimamente, nos ganará, y con ello será más difícil posteriormente llegar a un instrumento concordado.

También, por cierto, se enfrenta la comunidad científica con un reto comunicacional, como se ha visto en la pandemia que aún hoy aflige al mundo. Si en materia de investigación científica pueden estar claros todos los avances relacionados con el coronavirus, su comportamiento, capacidades, letalidad y demás aspectos, para el poblador en general, nada está claro. La pérdida de credibilidad de la OMS ha sido lamentable, y con ello se ha producido una orfandad de voz autorizada para el caso. No entraremos a discernir los porqués y cómos que han provocado ello. Baste señalar que, si la comunidad científica no recupera pronto credibilidad a través del o los organismos que fueren, será mucho más difícil más adelante hacerlo, y el planteamiento de cualquier acuerdo, convención o pacto de orientación para la investigación y eventuales límites para la experimentación y aplicación del conocimiento científico adquirido, acabará teniendo tanta efectividad como los acuerdos de Münich entre Neville Chamberlain, Daladier, Mussolini y Adolf Hitler.

Una última atingencia nos viene a la mente al llegar aquí. Y es que en octubre de 1987 y como para remarcar que se puede ser buen investigador científico y mantener un perfil moral intachable, Juan Pablo II canonizó al médico italiano Giuseppe Moscati

San José Moscati le diríamos castellanizando su nombre, era un convencido de que nada hay de contradictorio entre ciencia y religión; y su dedicación a los enfermos partía de la premisa de procurar el mayor bien para ellos (hacerles la vida más confortable, diría Mario Bunge). Sus investigaciones en materia de bioquímica sentaron las bases para el descubrimiento de la insulina y por sus veintisiete publicaciones de artículo científicos, siendo muy joven aún, lo designaron en 1917 para la Dirección de las investigaciones científicas en el Instituto de Química Fisiológica de Nápoles.

Como él, muchos hombres de ciencia a lo largo de la historia han dado ejemplo de mantener parámetros no solo éticos sino morales. Esperemos que ellos sean la inspiración que se requiere ante los desafíos científicos del presente y del futuro.

**DRA. MARIA DEL CARMEN CALLE DAVILA**

Médica pediatra y salubrista egresada de la Universidad Peruana Cayetano Heredia. Magíster en Gobierno y Gerencia en Salud, con doctorado en Salud Pública, Especialista en Salud y Desarrollo del Adolescente. Post grados en UPCH, Centro de Altos Estudios Nacionales CAEN, Universidad de Harvard, Pontificia Universidad Católica de Chile PUCP, UPC, OPS OMS, BID, entre otros. Viceministra de Salud Pública del Ministerio de Salud del Perú, en 2018. Asesora Regional de Salud del Adolescente de la OPS WDC, en 2015. Actualmente secretaria ejecutiva del Organismo Andino de Salud Convenio Hipólito Unanue ORAS CONHU. Cargos asumidos en Sociedad Peruana de Adolescencia y Juventud (presidenta). Confederación de Adolescencia y Juventud de Iberoamérica, Italia y el Caribe CODAJIIC, (presidenta y vicepresidenta). International Association for Adolescent Health, IAAH, (vicepresidenta para Latinoamérica) y Asociación Latinoamericana de Pediatría ALAPE (Representante del Perú en el Comité de Pediatría Social) Reconocimientos en el ámbito académico, laboral y científico a nivel nacional e internacional. Miembro del Staff de Pediatría de la Clínica Javier Prado de 1985-2020. Autora de varias publicaciones. Conferencista nacional e internacional,

# DE LOS PRIMEROS MIL DÍAS A LAS PRIMERAS MIL SEMANAS: PRIORIZANDO LA SALUD DE ADOLESCENTES

**Dra. María del Carmen Calle Dávila**

Mi primer encuentro con la salud del adolescente fue cuando asistí a un parto en la Maternidad de Lima en los 70s (Instituto Nacional Materno Perinatal ahora). Era una mujer de 19 años que había tenido siete embarazos, tres nacidos vivos, tres abortos y él bebe que acababa de nacer. No pude dejar de compararme y pensar: Esta adolescente debió tener las mismas oportunidades que yo para desarrollarse. Luego la vida me llevó al Puericultorio Pérez Araníbar en los 80s donde me relacioné con adolescentes, hombres y mujeres, que tenían las menores oportunidades de lograr sus sueños por la situación de vulnerabilidad en la cual se encontraban: padres en la cárcel, padres con enfermedad mental, madres que eran trabajadoras sexuales, familias en situación de extrema pobreza, entre otras. Al hacer el diplomado de Salud del Adolescente en la UPCH e inaugurar el servicio diferenciado de salud del adolescente del C.S. Faucett y el Centro de Desarrollo Juvenil en Sarita Colonia fue donde realmente se afianzó mi interés por la salud de este grupo etario en los 90s. En el 2005 sacamos los Lineamientos de Política de Salud de los/las adolescentes cuando era responsable nacional del Programa de Adolescentes del MINSA. Asumí cargos a nivel nacional (Sociedad Peruana de Adolescencia y Juventud SPAJ), regional

(Confederación de Adolescencia y Juventud de Iberoamérica y el Caribe CODAJIC) y mundial (International Association for Adolescent Health IAAH) en los siguientes años. Este año celebramos el 12 Congreso Mundial de Salud del Adolescente en Lima, Perú renovando nuestro compromiso con adolescentes de Perú, Latinoamérica y el mundo. Hemos avanzado, pero aún hay mucho por hacer para que toda y todo adolescente cuente con los conocimientos, habilidades y oportunidades para tener una vida saludable, productiva y sobre todo feliz ejerciendo sus derechos plenamente.

## I. INTRODUCCIÓN

Los adolescentes (entre 10 y 19 años) constituyen una sexta parte de la población mundial y son extremadamente diversos, pero comparten experiencias clave de desarrollo, como el crecimiento físico rápido, los cambios hormonales, el desarrollo sexual, las emociones nuevas y complejas, un aumento en capacidades intelectuales, uso de redes sociales y la pandemia COVID-19. Los datos de Naciones Unidades establecen que la población adolescente mundial en 2015 era de 1,206 millones 046 mil habitantes, en América Latina en 2015 era de 110 millones 619 mil habitantes y en el Perú la población adolescente era de 5 millones 606 mil habitantes.

Existen fuertes razones demográficas, de salud pública, económicas y de derechos humanos para invertir en la salud y el desarrollo de los adolescentes. Por ejemplo, invertir en la salud de los adolescentes beneficiará a los adolescentes ahora, a sus vidas futuras, y también a la próxima generación. Además, está demostrado que el 70% de hábitos que llevarán a enfermedades crónicas no transmisibles se establecen en esta etapa y que la mitad de los trastornos mentales se inician en la adolescencia.

### I.1 Desarrollo positivo, cobertura universal en salud y calidad de la atención

La salud de los adolescentes se ve afectada por un desarrollo físico (desarrollo puberal, tener un sueño adecuado, estar libre de lesiones, tener una dieta nutritiva, estar en forma, y no tener embarazos no deseados, VIH u otras infecciones de transmisión sexual), neurológico (facilitado por formas constructivas de asumir riesgos, aprendizaje y experiencias para estimular conexiones cerebrales, oportunidades para tomar decisiones y desarrollar valores, cultivo de habilidades sociales y la preocupación por la justicia a través de actividades grupales) y psicosocial (un sentido de identidad y autoestima, relaciones sólidas entre familiares y compañeros, una habilidad para aprender y ser productivo y una capacidad para utilizar los recursos culturales para maximizar el desarrollo.

Así como se ve afectada por un conjunto diverso de cargas posibles que incluye: lesiones no intencionales, violencia interpersonal, salud sexual y reproductiva, enfermedades transmisibles, enfermedades no transmisibles y problemas de salud mental. Además, numerosos factores de riesgo importantes para los problemas de salud que comienzan o se consolidan durante la adolescencia y pueden continuar durante el curso de vida: el consumo de tabaco, la nutrición inadecuada, la inactividad física, el consumo de drogas incluyendo el alcohol, la falta de control de emociones, la falta de uso de medidas de seguridad, el uso no adecuado de redes sociales y el impacto de la pandemia COVID-19.

La cobertura universal en salud se refiere a que todos los adolescentes deben recibir los servicios de salud de calidad que necesitan y no deben sufrir estigma o dificultades financieras en el proceso (OMS 2013). Sin embargo, durante el 2020 han sido una de las poblaciones menos atendidas.

Para lograr este objetivo, varios factores deben estar en su lugar, incluyendo: asequibilidad, acceso a medicamentos y tecnologías esenciales, apoyo social y comunitario para la salud de los adolescentes, suficiente capacidad de trabajadores de salud bien capacitados y motivados, un sistema de salud fuerte, eficiente, cohesivo y accesible que satisfaga las necesidades prioritarias de salud de los adolescentes a través de la prevención, detección temprana, tratamiento y rehabilitación. Y al hablar de la calidad de la atención todos los servicios deben ser equitativos (todos los adolescentes, y no sólo ciertos grupos, pueden obtener los servicios de salud que necesitan), accesibles (os adolescentes son capaces de obtener los servicios que se proporcionan), aceptables (los servicios de salud se proporcionan de manera que cumplan con las expectativas de los clientes adolescentes), apropiados (los servicios de salud adecuados que necesitan los adolescentes se brindan de manera que se tengan en cuenta cuestiones como la privacidad, la confidencialidad, la no estigmatización y la sensibilidad al género) y efectivos (los servicios de salud adecuados se proporcionan de la manera correcta y contribuyen positivamente a la salud de los adolescentes). (OMS, 2006, OMS, 2012).

## II. MORTALIDAD Y CARGA DE ENFERMEDAD EN ADOLESCENTES

### II.1 Mortalidad y carga de enfermedad en adolescentes en el mundo

Hay grandes disparidades en la salud de los adolescentes en todo el mundo. En 2012 más de dos tercios de las muertes de adolescentes ocurrieron en los países africanos de ingresos bajos y medios LMIC (43%) y en los LMIC del sudeste asiático (27%), dos áreas con grandes poblaciones de adolescentes y altas tasas de mortalidad de adolescentes.

En cuanto a la carga de enfermedad algunas condiciones son las principales cargas de los adolescentes en la mayoría de las regiones incluyendo lesiones en la carretera, daño autoinmune, infecciones de las vías respiratorias inferiores, ahogamiento y depresión unipolar. Algunas son cargas importantes para ambos sexos y grupos de edad (10 – 14 y 15-19 años), incluyendo lesiones en la carretera, VIH/Sida y depresión unipolar.

En relación con la mortalidad en adolescentes de 10 a 14 años, el VIH Sida ocupa el primer lugar seguido por la enfermedad diarreica, accidentes de tránsito, infección respiratoria aguda y ahogamiento. En adolescentes de 15 a 19 años los accidentes de tránsito ocupan el primer lugar seguidos de suicidio, violencia interpersonal, VIH Sida e infección respiratoria aguda. Si consideramos a toda la etapa de vida adolescente (10 a 19 años) la primera causa de mortalidad son los accidentes de tránsito, seguidos por VIH Sida, suicidio, infección respiratoria aguda y violencia interpersonal.

II.2 Mortalidad y carga de enfermedad en adolescentes en las Américas

En la actualidad tenemos la cohorte más grande de jóvenes en la historia de la Región: Américas, un estimado de 237 millones. En 2015, las personas de 10 a 24 años constituyeron el 24% de la población total las Américas y el 26% en América Latina y el Caribe. Cerca de 150 000 personas mueren en la región, de los cuales aproximadamente el 80% son hombres, lo que indica el riesgo mucho mayor de los hombres jóvenes de morir en forma prematura. Muchos otros no gozan de buena salud debido a problemas de salud mental y lesiones no mortales entre otras causas. Los embarazos en adolescentes, los abortos no seguros, las infecciones por VIH y otras ITS siguen siendo una amenaza para la salud y bienestar de los jóvenes.

Las principales causas de muerte en adolescentes varones incluyen homicidio, accidentes de tránsito, suicidio, ahogamiento y tumores malignos. En mujeres accidentes de tránsito, homicidio, suicidio, tumores malignos y debido a situaciones generadas por el embarazo, parto y puerperio. En cuanto a causas de años de vida ajustados en función de la discapacidad AVAD perdidos en América Latina y el Caribe, entre 10 y 14 años se encuentran la anemia ferropénica, enfermedades cutáneas, asma, trastorno disocial y accidentes de tránsito. En la etapa de 15 a 19 años son violencia interpersonal, accidentes de tránsito, enfermedades cutáneas, trastornos depresivos y trastornos de ansiedad.

Los factores de riesgo de AVAD en ALC en varones de 10 a 14 años incluyen la malnutrición, consumo de drogas entre ellas el alcohol, falta de agua y saneamiento, filtración glomerular baja y relaciones sexuales sin protección. En mujeres en ese mismo periodo, malnutrición, filtración glomerular baja, falta de agua y saneamiento, relaciones sexuales sin protección y glicemia alta en ayunas. En adolescentes varones de 15 a 19 años consumo de drogas entre ellas el alcohol, riesgo ocupacional, malnutrición, filtración glomerular baja y glicemia alta en ayunas. En mujeres en ese mismo periodo, malnutrición, riesgo ocupacional, consumo de drogas entre ellas el alcohol, abuso sexual y violencia, glicemia alta en ayunas.

La región de América Latina y el Caribe tiene la segunda tasa de fecundidad en adolescentes más alta del mundo, se calcula que entre el 2010 y el 2015 se produjeron 66.5 nacimientos por cada 1000 adolescentes de 15 a 19 años, en. En el Perú se considera comparación con 46 nacimientos en el resto del mundo.

### II.3 Mortalidad en el Perú

En el Perú se consideran adolescentes a hombres y mujeres que están entre los 12 y 17 años y jóvenes entre los 18 y 29 años. De acuerdo con el Censo Nacional de Población del 2017, el Perú tiene 31 millones 237 mil 385 habitantes de los cuales 3 millones 18 mil 836 son adolescentes. La mayor proporción de la población adolescente se encuentra en Lima (25.8%), Piura (6.7%), La Libertad (6.1%), Cajamarca (5.0%) y Junín (4.7%). Las tasas de mortalidad de adolescentes y jóvenes es la más baja entre los diferentes grupos de edad. Hay que destacar que las causas externas son la principal causa de muerte en los adolescentes. En 2015, entre los varones representaron el 36.9% del total, siendo las principales los accidentes de tránsito (7% del total de muertes), la obstrucción no especificada de la respiración (5.7%), la agresión por medios no especificados (4.8%) y el ahogamiento y la sumersión no especificada (3.9%). Entre las mujeres adolescentes las causas externas dan cuente del 33% de defunciones. En 2015, entre los varones jóvenes las causas externas dieron cuenta del 41.3% de las defunciones, y la tuberculosis fue la sexta causa de mortalidad con un 3.6% de todas las defunciones, la infección por VIH el octavo (2.6%). En las mujeres, las causas externas dieron cuenta d3el 24.5% de todas las defunciones, la tuberculosis del 4.1%, y el VIH del 1.5%. En el estudio Análisis de las causas de mortalidad en el Perú 1986- 2015 de visibiliza que los accidentes de tránsito son la primera causa de mortalidad en adolescentes, jóvenes y adultos.

III.

## IV. INTERVENCIONES EFICACES

Algunas de las intervenciones más eficaces para reducir las principales cargas de salud de los adolescentes son universales para las poblaciones en general y funcionan a nivel estructural y ambiental. Ejemplos son: políticas de transporte y la legislación para reducir las lesiones en la carretera; sistemas de agua y saneamiento para prevenir las enfermedades diarreicas y las políticas de calidad del aire para reducir las infecciones respiratorias bajas.

Algunas intervenciones de salud específicas para adolescentes son universales para todos los adolescentes. Estos suelen funcionar a nivel organizacional, comunitario, interpersonal e individual. Algunos ejemplos son la educación en la pubertad basada en la escuela para promover el desarrollo positivo, servicios de salud amigables con los adolescentes para prevenir embarazos tempranos y no deseados, programas de crianza de los hijos para apoyar a los adolescentes con trastornos emocionales, conductuales o de desarrollo e iniciativas comunitarias para reducir la disponibilidad de alcohol y crear entornos sin alcohol.

Otras intervenciones eficaces para la salud de los adolescentes se centran en las subpoblaciones adolescentes en riesgo. Algunos ejemplos son la prueba del VIH, el asesoramiento y la vinculación con los servicios para las poblaciones clave de adolescentes; suplementos de hierro para adolescentes en periodo de menstruación donde la anemia ferropénica es muy prevalente;

iniciativas comunitarias para poner fin a la mutilación genital femenina y la gestión clínica y el apoyo psicosocial a los sobrevivientes de la violencia sexual en ambientes vulnerables.

## V. POLÍTICAS A FAVOR DE LA SALUD DE ADOLESCENTES

Los Objetivos de Desarrollo Sostenible y la Estrategia Mundial para la salud de la mujer, el niño y el adolescente ponen de relieve a los adolescentes como un grupo crítico y reiteran el triple rendimiento generado por la inversión en los jóvenes: una población joven sana hoy, adultos sanos mañana y generaciones sanas en el futuro. El potencial para cosechar los beneficios del dividendo demográfico y lograr los ODS sin dejar a ninguna persona joven atrás exigirá tomar medidas integrales, intersectoriales y en favor de la equidad encaminadas a la potenciación de la población joven, mediante el abordaje de los determinantes sociales de su salud y el aumento al máximo de los beneficios positivos de la familia, la escuela, la comunidad, las redes sociales y otras plataformas sociales para crear un entorno en el cual todos los jóvenes pueden prosperar.

### IV.1 Panorama mundial:

a) Objetivos de Desarrollo Sostenible

Los Objetivos de Desarrollo Sostenible fueron oficializados en septiembre 2015 en la Asamblea de las Naciones Unidas siendo 17 con 169 metas. Los adolescentes han sido considerados el centro de los objetivos pudiéndose considerarse en todos los objetivos. Los objetivos 3 y 4 son los relacionados a la salud y la educación:

Objetivo 3. Garantizar una vida sana y promover el bienestar para todos en todas las edades.

Objetivo 4. Garantizar una educación de calidad inclusiva y equitativa, y promover las oportunidades.

Las metas que incluyen específicamente a los adolescentes son las siguientes:

- Reducir al menos a la mitad la proporción de niños de todas las edades que viven en la pobreza en todas sus dimensiones con arreglo a las definiciones nacionales (meta 1.2).
- Abordar las necesidades de nutrición de las adolescentes (meta 2.2).
- Hay que asegurar que todos los niños terminen la enseñanza primaria y secundaria, que ha de ser gratuita, equitativa y de calidad y producir resultados de aprendizaje pertinentes y efectivos (meta 4.1).
- Aumentar considerablemente el número de jóvenes que tienen las competencias necesarias, en particular técnicas y profesionales, para acceder al empleo, el trabajo decente y el emprendimiento (meta 4.4).
- Eliminar las disparidades de género en la educación y asegurar el acceso igualitario a todos los niveles de la

enseñanza y la formación profesional para los niños en situaciones de vulnerabilidad (meta 4.5).

- Hay que asegurar que todos los jóvenes estén alfabetizados y tengan nociones elementales de aritmética (meta 4.6).
- Construir y adecuar instalaciones educativas que tengan en cuenta las necesidades de los niños y que ofrezcan entornos de aprendizaje seguros, no violentos, inclusivos y eficaces para todos (meta 4.a).
- Poner fin a todas las formas de discriminación contra todas las niñas en todo el mundo (meta 5.1).
- Eliminar todas las formas de violencia contra todas las niñas en los ámbitos público y privado, incluidos la trata, la explotación sexual y otros tipos de explotación (meta 5.2).
- Eliminar todas las prácticas nocivas, como el matrimonio infantil, precoz y forzado y la mutilación genital femenina (meta 5.3).
- Aprobar y fortalecer políticas acertadas y leyes aplicables para promover la igualdad de género y el empoderamiento de todas las niñas a todos los niveles (meta 5.c).
- Lograr el acceso a servicios de saneamiento e higiene adecuados y equitativos para todos y poner fin a la defecación al aire libre, prestando especial atención a las necesidades de las niñas (meta 6.2).
- Lograr el empleo pleno y productivo y el trabajo decente para todos los jóvenes, así como la igualdad de remuneración por trabajo de igual valor (meta 8.5).

- De aquí a 2020, reducir considerablemente la proporción de jóvenes que no están empleados y no cursan estudios ni reciben capacitación (meta 8.6).
- Adoptar medidas inmediatas y eficaces para erradicar el trabajo forzoso, poner fin a las formas contemporáneas de esclavitud y la trata de personas y asegurar la prohibición y eliminación de las peores formas de trabajo infantil, incluidos el reclutamiento y la utilización de niños soldados, y, de aquí a 2025, poner fin al trabajo infantil en todas sus formas (meta 8.7).
- De aquí a 2020, desarrollar y poner en marcha una estrategia mundial para el empleo de los jóvenes y aplicar el Pacto Mundial para el Empleo de la Organización Internacional del Trabajo (meta 8.b).
- Proporcionar acceso a sistemas de transporte seguros, asequibles, accesibles y sostenibles para todos y mejorar la seguridad vial, en particular mediante la ampliación del transporte público, prestando especial atención a las necesidades de los niños (meta 11.2).
- Proporcionar acceso universal a zonas verdes y espacios públicos seguros, inclusivos y accesibles, en particular para los niños (meta 11.7).
- Promover mecanismos para aumentar la capacidad para la planificación y gestión eficaces en relación con el cambio climático en los países menos adelantados y los pequeños Estados insulares en desarrollo, haciendo particular hincapié en los jóvenes (meta 13.b).

- Poner fin al maltrato, la explotación, la trata y todas las formas de violencia y tortura contra los niños (meta 16.2).

b) Estrategia Mundial para la Salud de la Mujer, el Niño y el Adolescente (2016-2030)

La Estrategia tiene como visión, de aquí al año 2030, forjar "un mundo en el que el conjunto de las mujeres, los niños y los adolescentes, en todos los entornos, realicen sus derechos a la salud y el bienestar físico y mental, tengan oportunidades sociales y económicas, y puedan participar plenamente en la configuración de sociedades prósperas y sostenibles".

- Objetivos:

O1: Sobrevivir: poner fin a la mortalidad prevenible.
O2: Prosperar: garantizar la salud y el bienestar
O3: Transformar: ampliar los entornos propicios.

c) Aceleración Mundial de las Medidas para Promover la Salud de los Adolescentes (¡GuíaAA-HA!): Orientación para la aplicación en los países. OMS 2016

La Guía busca facilitar "la aplicación de la estrategia mundial porque aporta la información exhaustiva que necesitan los países para decidir qué medidas adoptar en pos de la salud de los adolescentes y cómo ponerlas en marcha."

Resultados intermedios (objetivos del programa) relacionados:

RI1: Desarrollo positivo de los adolescentes en el plano físico, cognoscitivo, social, emocional y sexual.
RI2: Cambios positivos en la prevalencia de los comportamientos y los factores de riesgo de los adolescentes.
RI3: Cambio positivo en los resultados conductuales de la comunidad.
RI4: Cobertura universal de salud con intervenciones claves.
RI5: Mejor calidad de la atención y los servicios para los adolescentes en sectores claves.
RI6: Mejor satisfacción de los adolescentes.
RI7: Mejor protección ante los riesgos financieros.

d) Observación General N 15 del Comité de los Derechos del Niño
   El Comité de los Derechos del Niño en su Observación General N 15 (2013) sobre el derecho del niño al disfrute del más alto nivel posible de salud (artículo 24) se encarga de los tres aspectos:

-Destaca las semejanzas subyacentes entre la base científica de un enfoque basado en la salud pública para (hacer frente a la mala salud) la salud de los adolescentes y de un enfoque basado en los derechos de salud durante la adolescencia.

-Define el contenido normativo del derecho del adolescente al más alto nivel posible de salud y su derecho a ser acogido en los establecimientos de salud de los servicios de salud para el tratamiento de las enfermedades y la rehabilitación.

-Establece la obligación jurídicamente vinculante de los estados que forman parte del CDN en relación con asegurar el disfrute pleno del derecho del adolescente a la salud, proporcionando un marco conceptual y recomendaciones sobre medidas concretas y acciones necesarias por parte de los Estados Miembros y agentes no estatales, para cumplir esa obligación y para elaborar los informes periódicos que preparan para el Comité.

e) Competencias Básicas en materia de salud y desarrollo de los adolescentes para los proveedores de salud OMS

Ámbito 1 Conceptos básicos en materia de salud y desarrollo de los adolescentes, y comunicación eficaz.

Ámbito 2 Conceptos básicos en materia de salud y desarrollo de los adolescentes, y comunicación eficaz.

Ámbito 3 Atención clínica de los adolescentes con afecciones específicas.

f) Observación General N 20 del Comité de los Derechos del Niño

En su Observación General N 20 (2016) sobre la aplicación de los derechos del niño durante la adolescencia (153), el CDN formula orientación para los Estados sobre las medidas necesarias para garantizar la realización de los derechos del niño durante la adolescencia. Los temas destacados en este documento son:

La importancia de valorar la adolescencia y las características que le son propias como una etapa positiva del desarrollo de la niñez y necesidad de promover entornos que ayuden a prosperar; explorar la identidad emergente, creencias, sexualidad y oportunidades; alcanzar un equilibrio entre el riesgo y la seguridad; aumentar la capacidad para tomar decisiones y hacer elecciones de vida positivas, informadas y libres y realizar con éxito la transición a la edad adulta.
La dirección y la orientación de los padres deber proporcionarse de forma que sea compatible con la evolución de las facultades del niño y buscando un equilibrio adecuado entre el respeto de la evolución de las facultades de los adolescentes y un grado de protección suficiente.

Garantizar que se conceda el mismo respeto y protección a todos los derechos de cada niño y niña adolescente y que se introduzcan las correspondientes medidas integrales de acción afirmativa para reducir o eliminar las situaciones que llevan a la discriminación directa o indirecta de cualquier grupo de adolescentes de cualquier ámbito.

Adoptar medidas que garanticen el acceso de todos los adolescentes, sin discriminación, a los diferentes medios de difusión y que respalden y promuevan el acceso igualitario a una ciudadanía digital, sin olvidar la promoción de formatos accesibles para adolescentes con discapacidad.

Promover la seguridad en el entorno digital mediante estrategias holísticas, incluida la alfabetización digital en relación con los riesgos derivados de la conexión a internet y las estrategias para sea segura. Reforzar la legislación y los mecanismos de aplicación de la ley para combatir el abuso en internet y luchar contra la impunidad.

Las medidas tomadas respecto a la legislación, las políticas y los programas centrados en los adolescentes deben tener en cuenta las violaciones transversales de los derechos y la multiplicación de los efectos negativos sobre los adolescentes afectados, en particular lo que se refiere a estereotipos de género que afectan a las niñas y niños, los adolescentes con discapacidad, adolescentes lesbianas, gais, bisexuales, transgénero e intersexuales, así como adolescentes indígenas y demás minorías.

g) Informe de la Comisión de The Lancet sobre la salud y el bienestar de los adolescentes

Un informe publicado en el 2016 por una comisión especial de The Lancet presentó una serie de artículos sobre la salud de adolescentes. Este trabajo reunió los datos científicos y los datos más actuales de una red de expertos mundiales, en las áreas de salud pública y medicamentos, ciencias del comportamiento, neurociencias, educación, derecho, economía y ciencias políticas y sociales.

Mensajes clave:

-Invertir en la salud y el bienestar de los adolescentes aporta beneficios durante la adolescencia, a lo largo de la vida y a la siguiente generación.

-Los adolescentes están preparados desde el punto de vista biológico, emocional y de desarrollo para participar más allá de sus familias Debemos crear oportunidades para la participación significativa con ellos en todos los aspectos de su vida.

-Las desigualdades relacionadas con la pobreza y el género, entre otras, modelan todos los aspectos de la salud y el bienestar de los adolescentes. Se necesitan acciones multisectoriales eficaces para aumentar los recursos asignados a la salud y el bienestar y ofrecer una segunda oportunidad a los más desfavorecidos.

-Los adolescentes y los adultos jóvenes se enfrentan a cambios sociales, económicos y culturales sin precedentes, Debemos transformar nuestra salud, educación, apoyo familiar y

-Establecer sistemas para la capacitación, la tutoría y la participación de los defensores de la causa en materia de salud juvenil tiene el potencial de transformar los modelos tradicionales de prestación de servicios de salud y crear sistemas de salud con capacidad de respuesta para los adolescentes.

## IV.2 Panorama Regional

a) La Salud de los Adolescentes y Jóvenes en la Región de las Américas La Aplicación de la Estrategia y el Plan de Acción Regionales sobre la Salud de los Adolescentes y Jóvenes (2010-2018).

Enseñanzas extraídas y recomendaciones:

- Hay que asegurar que los programas de salud de los adolescentes y los jóvenes reciban adecuada financiación, sean multisectoriales y aborden los determinantes sociales de la salud.
- Fomentar un sistema de salud con capacidad de respuesta para los adolescentes y aplicar intervenciones basadas en la escuela, la familia y la comunidad para proteger y promover la salud de los niños y adolescentes desde una perspectiva de curso de vida.
- Hay que asegurar que los enfoques están basados en datos, enfocados en los grupos en situaciones de vulnerabilidad desde una perspectiva de equidad, y se llevan a escala.

Implementar un riguroso seguimiento y evaluación para informar la planificación estratégica y adaptaciones oportunas para mejorar la eficiencia y efectividad de los programas y servicios.

Desarrollar nuevas modalidades para aumentar la capacidad que producirán resultados disponibles.

Empoderamiento y participación de los adolescentes y los jóvenes como agentes de cambio.

### IV.3 Panorama Nacional

a) Lineamientos de Política de Salud de los/las Adolescentes (RM Nº 107-2005-MINSA)

Lineamiento 1.-Acceso universal de los/las adolescentes a una atención integral y diferenciada en los servicios públicos y privados de salud; con especial énfasis en salud mental, salud sexual y reproductiva, prevención y atención de violencia basada en género, familiar, sexual, social y la relacionada con las secuelas de violencia política.

Lineamiento 2.- Promoción de entornos saludables para adolescentes con énfasis en redes de oportunidades y de protección social de la vida y la salud de los / las adolescentes.

Lineamiento 3.- Alianza con los diferentes sectores para la promoción de estilos de vida saludable, prevención y cuidado de la salud de los / las adolescentes.

Lineamiento 4.-Desarrollo de capacidades para el empoderamiento de los / las adolescentes que garanticen el ejercicio pleno de sus derechos.

b) Plan Nacional de Acción por la infancia y la Adolescencia – PNAIA 2012–2021 (DS Nº 001-2012-MIMP)

El Plan Nacional tiene como visión el que niñas, niños y adolescentes del país tengan igualdad de oportunidades, que accedan a servicios de calidad y que participen en el ejercicio, promoción y defensa de sus derechos, en conjunto con las instituciones del Estado y la comunidad, desarrollándose plenamente en el seno de una familia, en un ambiente sano y libre de violencia.

Los objetivos estratégicos relacionados son:

OE3: Consolidar el crecimiento y desarrollo integral de las y los adolescentes de 12 a 17 años.
OE4: Garantizar la protección de las niñas, niños y adolescentes de 0 a 17 años.

c) Plan Multisectorial para la Prevención del Embarazo en Adolescentes 2013–2021 (DS Nº 012-2013-SA)

El Plan tiene como finalidad "orientar el accionar del sector público, de la sociedad civil y de los organismos de cooperación técnica internacional en la prevención del embarazo en adolescentes, considerando especialmente aquellos grupos en situación de mayor vulnerabilidad y pobreza, en el marco de los derechos humanos y con enfoque de género, interculturalidad e inclusión social."

Los objetivos específicos relacionados son:

OE1: Postergar el inicio de las relaciones sexuales en la adolescencia.
OE2: Incrementar el porcentaje de adolescentes que concluyen la educación secundaria.
OE4: Incrementar la prevalencia de uso actual de MAC modernos en las y los adolescentes sexualmente activos/as y en madres adolescentes.
OE5: Disminuir los diferentes tipos de violencia en las y los adolescentes poniéndose énfasis en la violencia sexual.

d) Política Nacional de Desarrollo e Inclusión Social (ENDIS) "Incluir para crecer" (DS Nº 008-2013-MIDIS) y el "Sistema Nacional de Desarrollo e Inclusión Social (SINADIS) (DS Nº 008-2016-MIDIS)

La Política tiene como finalidad asegurar "el cumplimiento de las políticas públicas que orientan la intervención del Estado destinada a reducir la pobreza, las desigualdades, las vulnerabilidades y los riesgos sociales."

e) Plan Nacional contra la Violencia de Género 2016–2021 (DS Nº 008-2016-MIMP)

El Plan nacional tiene la visión de lograr que el Perú sea una sociedad donde se han eliminado los patrones socioculturales discriminatorios y se han establecido relaciones de igualdad en el ejercicio de derechos y relaciones libres de violencia por razones de género, raza, etnia, clase social, edad y orientación sexual, garantizando los derechos humanos de todas las personas y, en especial, de las que están en situación de vulnerabilidad.

f) Política Sectorial de Salud Intercultural (DS Nº 016-2016-SA)

La Política tiene como objetivo "regular las acciones de salud intercultural en el ámbito nacional, a fin de lograr la atención de salud como un derecho humano, que favorezca la inclusión, igualdad de oportunidades entre hombres y mujeres, garantizando el ejercicio del derecho a la salud de los pueblos indígenas u originarios, andinos y amazónicos, y de la población afroperuana."

g) Plan Nacional de Reducción y Control de la Anemia Maternoinfantil y la Desnutrición Crónica Infantil 2017 -2021.

Objetivo General

Reducir el nivel de anemia y desnutrición infantil en especial en familias con niños menores de tres años y gestantes.

h) Lineamientos de Política de Promoción de la Salud en el Perú (RM Nº 366-2017-MINSA)

Los Lineamientos de Política tienen como finalidad "contribuir a la mejora de la salud pública del país, mediante el fortalecimiento de la

Promoción de la Salud como función esencial de la salud pública en todas las políticas de las instituciones públicas y privadas en el país".

i) Reglamento de la Ley N 30021, Ley de Promoción de la Alimentación Saludable para niños, niñas y adolescentes

De los parámetros técnicos sobre los alimentos procesados referentes al contenido de azúcar, sodio, grasa saturada, grasa trans. Puesto en vigencia en la oficialización del manual de advertencias publicitarias.

De la promoción de la alimentación saludable y la actividad física: de la alimentación saludable y de la educación nutricional; componente intercultural en la educación nutricional; asistencia técnica para la promoción de la alimentación saludable; de las campañas de promoción de la alimentación saludable; de la promoción de quioscos, comedores y cafeterías escolares saludables y de la promoción del deporte y la actividad física.

Del Observatorio de nutrición y estudio del sobrepeso y la obesidad. De la publicidad de alimentos y bebidas no alcohólicas dirigida a niños, niñas y adolescentes y su vigilancia: ámbito de aplicación de las disposiciones sobre publicidad; interpretación de los anuncios publicitarios y de las advertencias publicitarias.

De la fiscalización y sanción.

j) Lineamientos de Política Sectorial en Salud Mental (RM 935-2018/MINSA)

Establece los lineamientos de política sectorial para el cuidado integral de la salud mental de la persona, familia y comunidad.

<u>Lineamientos relacionados:</u>

L1: Salud mental prioridad sanitaria nacional.
L2: Desarrollo de servicios de salud mental comunitaria en el sistema de salud.
L3: Cuidado integral de la salud mental de la población, con énfasis en grupos en condiciones de mayor vulnerabilidad.
L4: Desarrollo de recursos humanos para el cuidado integral de la salud mental.
L5: Articulación institucional, sectorial e interinstitucional para el cuidado integral de la salud mental en la comunidad.

k) Lineamientos de Política de Salud para Adolescentes (Documento técnico, en vías de oficialización)

L 1: Cobertura y acceso universal a la atención integral de los adolescentes en servicios de salud amigables y de calidad de acuerdo con las características, intereses y derechos propios de su ciclo de vida.

Líneas de acción:

Consolidación del proceso de cobertura universal para adolescentes. Fortalecimiento de servicios de salud de calidad para adolescentes reconociendo las particularidades de su contexto sociocultural.

Fortalecimiento continuo de las capacidades de los proveedores de salud para adolescentes basada en la investigación y construcción permanente de conocimientos.

Ampliación de la disponibilidad de servicios para la prevención y cuidado de los factores que influyen en la salud integral (psicosocial, física nutricional y sexual y reproductiva) de la población adolescente, reconociendo su diversidad, interculturalidad y género.

Institucionalización de las estrategias de orientación y consejería en los servicios de salud para adolescentes.

L2: Fortalecimiento de entornos de cuidado y protección saludables con énfasis en las relaciones intergeneracionales, los entornos digitales y las redes de oportunidades locales.

Líneas de acción:

Fortalecimiento de las relaciones y mecanismos protectores de las familias y comunidades para estimular el desarrollo positivo, la prevención y respuesta oportuna a las necesidades de salud, con énfasis en la salud psicosocial de los adolescentes.

Ampliación y activación de las redes de oportunidades y fortalecimiento de la articulación en favor de la salud integral de los adolescentes.

Incorporación de la tecnología y entornos digitales en la implementación de estrategias innovadoras de prevención y desarrollo de la salud integral de los adolescentes.

L 3: Promoción de estilos de vida saludables a través de alianzas estratégicas intergubernamentales e intersectoriales, con la sociedad civil, la cooperación internacional y la participación de los adolescentes.

Líneas de acción:

-Articulación y complementariedad intergubernamental en favor de la salud integral del adolescente (psicosocial, física nutricional y sexual y reproductiva) desde una perspectiva positiva de la adolescencia.
-Fortalecimiento de las alianzas estratégicas con instituciones públicas y privadas que comparten una responsabilidad social por la salud integral de los adolescentes.
-Generación y fortalecimiento de espacios de articulación intersectoriales, sociedad civil y cooperación internacional para

priorizar programas y planes orientados a promover los estilos de vida saludable de la población adolescente.

L4: Fortalecimiento de la participación sistemática y significativa de los adolescentes a través del desarrollo de competencias orientadas a la toma de decisiones saludables y a su involucramiento cívico en sus comunidades, en diversos espacios educativo-comunicacionales y a través del uso de nuevas tecnologías.

**Líneas de acción:**

-Desarrollo de competencias y habilidades socioemocionales de los adolescentes para la toma de decisiones saludables, por medio de estrategias educativo-comunicacionales y el uso de las redes sociales.
-Promoción y fortalecimiento de espacios de consulta y participación adolescente en la construcción, implementación y vigilancia de las políticas de salud para adolescentes.

## VI. PERCEPCIÓN DE UNA ADOLESCENTE PERUANA

"Aproximadamente el 27% de la población peruana es joven (entre 15 y 29 años) y, cada día, muchos tienen que enfrentar los difíciles desafíos que surgen de vivir en un país en desarrollo de América Latina. Desafortunadamente, el Perú se ve afectado por la informalidad, la violencia, la corrupción, la discriminación y el acceso muy restringido a una salud y educación adecuadas. Para los jóvenes, la falta de seguridad pública, el embarazo temprano y las oportunidades laborales restringidas también son preocupaciones principales.

A pesar de un vasto marco legal que en teoría está orientado a mejorar la calidad de vida de los peruanos (por ejemplo, políticas públicas para castigar la discriminación y promover la inserción social de sectores tradicionalmente excluidos) y esfuerzos relevantes para aumentar la infraestructura (para salud, educación y otras áreas), ninguna de estas acciones ha sido suficiente. El principal problema en Perú es la falta endémica de cumplimiento de las normas legales y, en consecuencia, la débil implementación de nuevas políticas debido a los limitados recursos disponibles para las autoridades o la continuación de prácticas corruptas.
En este contexto, el reclamo principal de los jóvenes peruanos es: "Concédannos las mismas oportunidades para lograr nuestro desarrollo personal en un entorno seguro, predecible e igualitario". No queremos privilegios para evitar disposiciones obligatorias o recibir tratamientos especiales; exigimos condiciones similares para nuestro crecimiento individual de acuerdo con nuestras expectativas, a fin de poder estar empoderado y con confianza en nosotros mismos para construir nuestro futuro. Para lograr este propósito, requerimos la colaboración de autoridades, instituciones civiles organizadas, empresas privadas y, obviamente, nuestro esfuerzo personal para asumir y cumplir con nuestra responsabilidad".

Declaración realizada por María, adolescente peruana de 18 años en el Manual de Investigación de Salud Adolescente y su impacto en la política global. UNICEF. Universidad de Oxford. 2018.

## VII. RECOMENDACIONES

1.Iniciar una campaña mundial para pasar de los mil días a las mil semanas a fin de priorizar la salud y bienestar del adolescente.
2. Desarrollar campañas de sensibilización para romper el estigma que rodea a la etapa de vida adolescente.
3. Difundir el marco normativo y legal mundial, regional y nacional a nivel de las y los profesionales que atienden adolescentes.
4. Fortalecer el seguimiento del cumplimiento de los Objetivos de Desarrollo Sostenible 2030 y las recomendaciones del Comité de los Derechos del Niño.
5.Promover la oficialización e implementación de los Lineamientos de Política de Salud de los Adolescentes desde la Sociedad Peruana de Pediatría y la Sociedad Peruana de Adolescencia y Juventud.
6.Participar activamente en los espacios donde se promueve el cumplimiento de las normas legales a favor de adolescentes.
7.Establecer el impacto de la pandemia COVID-19 en adolescentes y fortalecer intervenciones de apoyo.

Bibliografía


1. Objetivos de Desarrollo Sostenible PNUD
   http://www.undp.org/content/undp/es/home/sustainable-development-goals.html
2. Estrategia Mundial para la Salud de la Mujer, el Niño y el Adolescente (2016-2030)
   https://www.who.int/maternal_child_adolescent/documents/women-deliver-global-strategy/es/
3. Una guía para implementar la Estrategia Mundial para la Salud de la Mujer, el Niño y el Adolescente en América Latina y el Caribe
   http://iris.paho.org/xmlui/handle/123456789/49551
4. OMS Aceleración mundial de las medidas para promover la salud de los adolescentes (Guía AA-HA) Orientación para la aplicación de los países.
   http://iris.paho.org/xmlui/handle/123456789/49181
5. Observación general N°15 sobre el derecho del niño al disfrute del más alto nivel posible de salud (artículo 24) Comité de los Derechos del Niño.
   http://www.codajic.org/node/650
6. Competencias básicas en materia de salud y desarrollo de los adolescentes para proveedores de atención primaria.
   https://www.who.int/maternal_child_adolescent/publications/core_competencies_adolescents/es/
7. Observación General N° 20 del Comité de los Derechos del Niño sobre la efectividad de los derechos del niño durante la adolescencia.
   http://www.bienestaryproteccioninfantil.es/fuentes1.asp?sec=1&subs=477&cod=3112&page=
8. Nuestro futuro: una comisión de The Lancet sobre la salud y el bienestar adolescente.
   https://drive.google.com/file/d/0B2tl8fdJPpXyaDNGY0tjelhCNzA/view
9. Handbook of Adolescence Development Research and its place on Global Policy. Oxford University Press 2018.
10. La salud de los Adolescentes y Jóvenes en la Región de las Américas: La aplicación de la estrategia y el plan de acción regionales sobre la salud de los adolescentes y jóvenes (2010-2018).
    http://iris.paho.org/xmlui/handle/123456789/49545

11. MINSA Lineamientos de Política de Salud de los/las Adolescentes. 2005
http://www.google.com.pe/url?sa=t&rct=j&q=&esrc=s&source=web&cd=1&ved=2ahUKEwilkrzLi6rfAhWouFkKHRQbAEIQFjAAegQIChAC&url=ftp%3A%2F%2Fftp2.minsa.gob.pe%2Fnormaslegales%2F2009%2FNorma%2520Adolescente.pdf&usg=AOvVaw14qb2O4Z_ywAC5XoJiS9Ms

12. MINSA Lineamientos de Política de Promoción de la Salud 2005
http://www.google.com.pe/url?sa=t&rct=j&q=&esrc=s&source=web&cd=1&ved=2ahUKEwjWqIihjKrfAhUFwVkKHeNEA-kQFjAAegQIBBAC&url=ftp%3A%2F%2Fftp2.minsa.gob.pe%2Fdescargas%2Fdgps%2Fcompendio%2Fpdf%2F064.pdf&usg=AOvVaw0ckLv8vbP_l8Cp2tlCH7FD

13. Reglamento de la Ley N 30021, Ley de Promoción de la Alimentación Saludable para niños, niñas y adolescentes
https://www.google.com.pe/url?sa=t&rct=j&q=&esrc=s&source=web&cd=1&ved=2ahUKEwjo3snijKrfAhUL0FkKHesACUIQFjAAegQICRAB&url=https%3A%2F%2Fbusquedas.elperuano.pe%2Fnormaslegales%2Fdecreto-supremo-que-aprueba-el-reglamento-de-la-ley-n-30021-decreto-supremo-n-017-2017-sa-1534348-4%2F&usg=AOvVaw1inHFnrdlWPBVfaLCnVCqA

14. Plan Nacional de Acción por la Infancia y por la Adolescencia 2012 2021
https://www.mimp.gob.pe/webs/mimp/pnaia/pnaia.php

15. Plan Multisectorial para la Prevención del embarazo adolescente 2013 2021
http://www.google.com.pe/url?sa=t&rct=j&q=&esrc=s&source=web&cd=1&ved=2ahUKEwiipsjsjarfAhXHqFkKHXR_C70QFjAAegQIChAC&url=http%3A%2F%2Fwww.unfpa.org.pe%2FLegislacion%2FPDF%2F20131106-MINSA-Plan-Prevencion-Embarazo-Adolescente.pdf&usg=AOvVaw3XoeQ7BrWdJgHn8Qsua_dG

o

## DRA. MARTHA OCTAVIA OLIVEROS BUSTAMENTE

Médica Cirujana egresada de la Universidad Peruana Cayetano Heredia, y Especialista en Obstetricia y Ginecología, entrenada en el Hospital Arzobispo Loayza, Sede del Residentado Médico de la Universidad Peruana Cayetano Heredia.Estudios de Postgrado en Ultrasonido en Valencia y formación en Endocrinología Reproductiva en la Universidad de Alcalá, España.Entrenamiento en Laparoscopia y Fertilización Asistida.Miembro de la Sociedad Peruana de Obstetricia y Ginecología.Ha sido Asesora Médica en el área de Ginecología y Obstetricia para el Laboratorio Schering Peruana y Laboratorios Bayer hasta el 2014.Médico speaker de Laboratorios Grünenthal Peruana S.A. hasta la actualidad Realiza práctica privada como Médico especialista de planta en Obstetricia y Ginecología de la Clínica Montesur desde 1997 hasta la fecha.

# MI EXPERIENCIA COMO "MADRE A DISTANCIA": CUANDO LOS HIJOS MIGRAN

**Dra. Martha Oliveros Bustamante**
Especialista en Obstetricia y Ginecología
Egresada de la Universidad Peruana Cayetano Heredia

*"Tus hijos no son tus hijos,*
*son hijos e hijas de la vida,*
*deseosa de sí misma.*
*No vienen de ti,*
*sino a través de ti,*
*y aunque estén contigo,*
*no te pertenecen."*

*Extracto del Poema a Los Hijos, "El Profeta" de Khalil Gibran, poeta, filósofo y artista libanés*

A propósito del poema que antecede, experimenté la separación de mis hijos cuando ellos eran muy jóvenes porque emigraron al extranjero para estudiar. En esta narración, expondré mi experiencia personal cuando ellos decidieron emprender la aventura de continuar sus estudios en el exterior, tomando esta decisión a los 15 años, en los años 2003 y 2006, respectivamente.

La emigración es un proceso que se ha desarrollado de manera importante desde hace muchos años atrás y afecta la sociedad y la economía de los países. Desde 1990 al 2017 se estima que 37.7 millones de latinoamericanos han realizado migraciones internacionales.
En el año 2010 el porcentaje de jóvenes representó el 28% del total de la población peruana, es decir, 8 millones 117 mil personas entre las edades de 15 a 29 años. Mis hijos fueron parte de esa estadística en uno de sus extremos, el de más corta edad.

Los lugares de destino están distribuidos principalmente en seis países: Argentina con 20,5%, seguido de España 18,2%, Estados Unidos de América 18,1%, Italia 12,8%, Chile 10,0%, Venezuela 4,1%. Mis hijos primero viajaron a Estados Unidos y luego a Alemania donde se encuentran actualmente.

Esta historia empezó en 1986 cuando me casé, decisión que vista ahora en retrospectiva podría catalogarse como una locura por la situación en la que vivíamos. Era la mitad del primer gobierno de Alan García. Éramos una pareja de médicos jóvenes, recién graduados de la especialidad, sin trabajo y con muy pocas perspectivas de conseguirlo por la situación política de la época, con la ilusión de formar una familia así que seguimos adelante tomando la decisión de ejercer en un consultorio privado y de alguna manera, lograr nuestros sueños. Al año siguiente obtuvimos una beca para ir a Valencia, en España, era para desarrollar una capacitación en Ultrasonido, aprovechamos también para explorar temas de

Fertilidad además viajamos a distintas ciudades europeas con un equipaje ligero y casi a pan y agua. Regresé embarazada de mi primer hijo. Como un recordatorio de la época les presento algunas fotos de archivo para situarnos en el ambiente donde cosas tan sencillas como los pañales descartables eran artículos de lujo.

(Foto: Archivo Histórico El Comercio)

"Colas" interminables para atención médica y para conseguir alimentos durante el primer gobierno de Alan Garcia (1985-1990)

(Foto: Archivo Histórico El Comercio)

El dólar MUC no era otra cosa que el dólar común, pero a un precio más accesible.

"Primero, el Estado compraba dólares al tipo de cambio de mercado abierto, después **asumía una parte** de este costo de compra (subsidio) y lo vendía a un **precio menor** a los empresarios nacionales. Estos, a su vez, lo debían usar exclusivamente para invertir en sus industrias y así fortalecer la producción nacional. Este circuló también en la época de **Alan García**, por los años 80, cuando la inflación en el país llegó a ser mayor a 1.000%, según reportan los medios de prensa de aquellos años. En una situación de crisis, era necesario compensar a la industria por los **sobrecostos que generaba la inflación, la escasez y el control de precios** que imponía el Estado.

Al servicio del país desde 1839

# El Comercio

Independencia y Veracidad

## Dictan toque de queda y emergencia en Lima

Fuerzas Armadas asumen control del orden interno por los últimos atentados terroristas

Toque de queda regirá a partir del lunes

Aumentan sueldos y disminuyen las tasas de interés

Sin embargo, el déficit fiscal que tenía la economía peruana junto a una crisis que se agudizaba, hizo imposible seguir manteniendo el subsidio, que, según los libros de historia económica peruana, al principio no era superior al 10%. Este subsidio llegó a ser **insostenible** en 1987, cuando el Banco Central de Reserva del Perú, fracasó en su intento de **frenar el alza del dólar.**"

A pesar de todo, el nacimiento de mi hijo fue una alegría indescriptible, me dediqué a su crianza tratando de alguna manera de equilibrar mi trabajo y su cuidado. Tuve la ayuda incondicional de la familia cercana y algunas veces me acompañaba al consultorio. Íbamos con temor pues los atentados terroristas eran frecuentes. Esto significó grandemente una limitación de mis funciones como médico, lo cual asumí sin ningún problema. Desde que me recibí como Ginecoobstetra, me dediqué a la práctica privada, por la situación política de ese momento, pero esa circunstancia me dió la libertad de hacer mis propios horarios y gracias a ello pude dedicar más tiempo a la crianza de mi hijo. Antes de que cumpla 3 años, nació mi segunda hija. Mi felicidad estaba completa. Ya tenía la parejita. Cuando me embaracé de mi hija, casi no pude ejercer por complicaciones en el embarazo y cuando nació y durante su primer año solo me ausenté de su lado para algunas cirugías. No pude hacer consultas por cerca de un año pues había que atender a los dos pequeños. Ambos crecieron muy unidos y cuando eran más grandes, decían que eran gemelos nacidos en diferente año.

La situación fuera de la casa era de angustia y zozobra completa pero dentro de ella reinaba la felicidad por la presencia de mis dos hijos. Ella nació en el año 1990, justo en la toma de mando de Alberto Fujimori como presidente, a los pocos días del discurso de su ministro de apellido Hurtado Miller, el cual terminó con la frase: "y que Dios nos ayude" …

(Foto: Archivo Histórico El Comercio)

El gobierno de Alberto Fujimori en 1990 decretó el ajuste de precios ante una descontrolada inflación que dejó el primer mandato Alan García. Fue una época dolorosa para mucha gente

El Comercio

Drástico plan contra la hiperinflación anunció ministro Hurtado Miller

Irak anunció que anexó a Kuwait

(Foto: Archivo Histórico El Comercio)

(Foto: Archivo Histórico El Comercio)

Recordar esos momentos parecen arrancados de una película de terror. La vida se vivía como a escondidas, fuera de la casa estaba todo el miedo y dentro se trataba de estar lo más tranquilo que se podía. En ese ambiente, los niños recibieron la mejor educación posible de acuerdo con la situación, tratando de ofrecerles la oportunidad de aprender de todo lo que estaba a nuestro alcance, si existía la posibilidad de aprender a cocinar, bailar, nadar o competir en Judo, ambos lo hacían. Era importante para mí, llenar esos momentos en que nosotros como profesionales en actividad, no podíamos estar presentes, para que ellos aprendieran cosas que nosotros no les podíamos enseñar y luego compartir sus experiencias en el momento de estar juntos.

Esos primeros años vivieron la peor época del terrorismo, con atentados explosivos en lugares tan cercanos a nuestro hogar, asesinatos y otras noticias aterradoras en todo momento. Muchas veces salíamos a trabajar sin tener la certeza de poder regresar a casa, sanos y salvos. Fue una época realmente espantosa y sin embargo la vivimos y gracias a Dios la sobrevivimos. Comparto algunas fotos de la situación en la que estábamos y la que hacía tan difícil conservar el ambiente de calma en casa.

Al servicio del país desde 1839

# El Comercio

Independencia y Veracidad

## Execrable atentado contra Canal 2 causó 3 muertes

- Periodista Alejandro Pérez es una de las víctimas.
- Camión-bomba con 600 kilos de explosivos destrozó fachada de televisora en Jesús María

(Foto: Archivo Histórico El Comercio) 05 de junio 1992

El Comercio

Independencia y Veracidad

entado
es
uertes
estallar
mita
heridos,
vedad

OTRAS EXPLOSIONES

Perot

16 jul 92.- Atentado de Tarata, Miraflores, Lima
(Foto: Archivo Histórico El Comercio)

Esta situación, que nos parecía que seguía empeorando, nos hizo pensar en la posibilidad de salir del país. Ya teníamos dos hijos y necesitábamos planearlo. Iniciamos un plan de estudios y de ahorro, pero el destino hizo que, en setiembre de 1992, Abimael Guzmán fuera capturado y reapareció la esperanza de mejorar la situación del país lo cual produjo un cambio de planes y decidimos quedarnos.

Al servicio del país desde 1839

El Comercio

DIRECTORES: AURELIO MIRO QUESADA S. ALEJANDRO MIRO QUESADA G.

# Abimael cayó con cúpula de Sendero

Escribía en una residencia de Surquillo. Con él detuvieron a Laura Zambrano, Elvia Iparraguirre y 5 cabecillas más

(Foto: Archivo Histórico El Comercio)

Confirmado y denunciado por cargos de terrorismo, **Guzmán** fue **capturado** el 12 de septiembre de 1992 en Lima, en una residencia del distrito de Surquillo, gracias a un operativo ejecutado por el Grupo Especial de Inteligencia (GEIN) de la Dirección Nacional contra el Terrorismo (DIRCOTE)

Ya habiendo aceptado el cambio de planes decidimos continuar con nuestro desarrollo profesional capacitándonos con cursos y entrenamientos quirúrgicos que por ser ambos de la misma profesión, muchas veces compartíamos conversaciones en casa así que no era extraño que desde pequeños nuestros hijos escucharan términos como "cesárea", "quiste, "ovarios", "espermatozoides", "óvulos", "fetos", "infertilidad", etc. Esto les creó un espíritu curioso que de acuerdo con la edad que tenían, se les trataba de responder a cuanta duda se les presentaba. Una anécdota muy graciosa sucedió con mi hijo a los cinco años, que estando en un paseo con otros niños de su edad, visitaron un lago donde se veía pequeños pececitos nadando en el agua y no tuvo mayor ocurrencia que decir: "mira mami, como los espermatozoides..." lo que me valió una mirada inquisidora de parte de las otras madres presentes. Y los juegos que mi hija tenía, practicando cesáreas imaginarias a sus muñecas y a sus peluches.

Todo esto nos ayudó a desarrollar y practicar la resiliencia, es decir, la capacidad para adaptarse levemente con resultados positivos frente a situaciones adversas y seguimos avanzando con nuestra vida familiar.

Los años fueron transcurriendo y a pesar de tener que trabajar como profesional, tuve la libertad de disponer de mi tiempo para dedicárselos a ellos. La situación económica fue mejorando poco a poco y llegó el momento de la búsqueda de colegio, que fue una tarea titánica, ya que los centros educativos tenían diferentes ofertas de preparación, pero no satisfacían nuestras expectativas. Un colegio solicitaba inscripciones desde el año, otro colegio exigía la presencia de los padres en las reuniones de coordinación y si no podían asistir repercutiría en la nota de los niños, otro centro ofrecía muchas oportunidades, pero quedaba demasiado lejos. Debo reconocer que mi hijo sirvió de experimento dando exámenes hasta en 5 centros educativos hasta que con 4 y medio años, muy serio y poniendo sus manos en la cintura me dijo: "mamá, este es el último colegio donde doy examen". Para su hermana el proceso fue más sencillo, ya que uno de los requisitos que habíamos considerado era que el colegio fuera mixto.

En el colegio elegido les enseñaron alemán e inglés, además de todas las materias escolares. Siempre pensé que el conocimiento de idiomas les sería muy útil en el futuro y a mi parecer, el idioma alemán era el más difícil de aprender así que la oferta de enseñanza de alemán e inglés fue lo que jugó a favor en la elección del colegio.

En la época en la que mis hijos eran pequeños, traté en lo posible de no ausentarme y su papá viajó solo a algunas capacitaciones en el extranjero y a su regreso, como trabajábamos juntos, yo tenía la capacitación práctica en el trabajo. Los pequeños tuvieron la oportunidad de tener contacto con el extranjero a través de visitas de familiares y amigos. Sus tíos vivían en Estados Unidos y en sus visitas les hacían conocer un poquito de sus costumbres. La economía estaba mejor pero no se podía invertir en viajes familiares frecuentes. Ellos solo viajaron una vez a Estados Unidos en el año 1996.

Los años escolares de mis hijos fueron muy agradables para mí y a pesar de tener que laborar a menudo en mi profesión, pude tener la oportunidad de estar muy cerca de sus profesores y por ende cerca de sus logros escolares. Por otra parte, gracias a que podía disponer de mis horarios, pude participar como delegada de clase, pudiendo conocer cercanamente su desarrollo escolar y así transcurrió su educación primaria e inició la secundaria.

En el colegio tenían habitualmente un intercambio estudiantil cuando terminaban el tercero de secundaria. Viajaban a Alemania durante dos meses. A nosotros, sus padres, nos pareció una oportunidad valiosa para mi hijo, para que pueda conocer otra cultura, poder estar en un colegio extranjero y con una familia alemana. Nosotros no habíamos podido hacerlo y estábamos en posibilidades de ofrecérselo.
Sin embargo, esta experiencia fue muy dura para mi pues siempre me comporté como "mamá gallina". Era yo la que los llevaba y recogía del colegio, de sus actividades extracurriculares, de sus fiestas, etc., es decir que, en lo posible, estaba siempre al lado de ellos. Iba a ser la primera vez que me separaba de él, sin embargo, era una gran oportunidad de poner a prueba todo lo que había aprendido desde pequeño y creo que fue muy enriquecedora para su desarrollo. Viajó siendo un niño de papá y mamá, engreído, acostumbrado a que le hagan todo y regresó como un jovencito maduro y responsable, capaz de hacer sus propias cosas, tomar decisiones serias y defender sus puntos de vista, enfrentarse a situaciones de peligro, como cuando perdió su vuelo estando en Francia, logrando manejar esta dificultad por su cuenta.

En Alemania, tuvo la oportunidad de asistir a un colegio y conocer como llevaban las materias, conocer los laboratorios de prácticas y todos los recursos con los que contaban para estudiar. Es muy posible que las conversaciones sobre los avances científicos de otras latitudes que fueron comentadas muchas veces en casa hayan influido en la decisión que mi hijo nos manifestó a su regreso.

Esa decisión era terminar sus estudios en Estados Unidos donde estaban sus tíos. Al principio lo traté de disuadir, pero su decisión era firme. No hubo manera de convencerlo de quedarse y, por otro lado, toda la educación y preparación que había recibido tenía como objetivo que pudiera tomar sus decisiones así que no pude oponerme ante su insistencia.

Él llegó en marzo al Perú para cursar su cuarto año de secundaria y en julio estaba entrevistándose telefónicamente con el director de un colegio norteamericano, la entrevista fue en inglés y fue la primera vez que lo escuche hablar con tanta soltura. Fue aceptado para iniciar sus estudios a fines de agosto. Viajó con su papá a los Estados Unidos, rindió sus exámenes y fue recategorizado en el último año de secundaria. A la semana de arribar ya estaba recibiendo clases y haciendo tareas en un idioma distinto. Fue un momento tan duro de sentir que se alejaba de mí, el pequeño que unos meses atrás no era capaz de ir a comprar a la esquina él solo, y ahora se iba a otro país.

La decisión de dejarlo ir estuvo rodeada de muchas preocupaciones pues se trataba de un adolescente que se iba a someter a un ambiente totalmente distinto, con los riesgos de exposición a drogas, libertad personal y sexual. Es cierto que se alojaría en casa de familiares, pero igualmente la mentalidad en cuanto a crianza era diferente. Cambiaría de un ambiente en el que sus padres lo acompañaban a todo lugar y estaban cerca para orientarlo en cualquier decisión a estar en un ambiente en el que tendría que movilizarse solo, resistirse a tentaciones y tomar sus propias decisiones. Teníamos que confiar en que todo lo que se le inculcó de pequeño, serviría para que no caiga en tentaciones como las drogas y el alcohol.

Para mí fue muy duro separarme de mi hijo, pero debí tener fe y confianza que toda la preparación que había tenido era para formar a un joven capaz de tomar decisiones y no iba a ser yo la que lo limitara. Ese año fue muy difícil acostumbrarme a no verlo en directo y escucharlo solo semanalmente. Fue un año de aprendizaje para comunicarnos a través de correo, estar de alguna manera presente en su vida, preguntar por sus estudios, apoyarlo en sus trabajos, darle autorización para trabajar en medio tiempo sin descuidar los estudios, etc. Para él, también fue un cambio radical de iniciar clases en otro idioma y enfrentarse a un ambiente totalmente distinto al que había estado acostumbrado. No me cuesta decir que admiro su voluntad y todo su esfuerzo.

Recién a los siete meses de su partida pude ir a visitarlo y estuve presente cuando dio sus exámenes para postular a una universidad casi en el tiempo límite ya que por no conocer cómo eran los procedimientos, incluso casi pierde esa oportunidad. A pesar de que estaba en casa de sus tíos, era importante la presencia materna para insistir en la continuación de sus estudios.

Cuando regresé al Perú, las dificultades en mi relación se hicieron patentes y dieron como resultado la terminación de mi matrimonio. Ahora el apoyo a mi hijo estaba dividido entre dos frentes y sin la certeza de poder tener el respaldo económico debido a la fractura familiar. Ese periodo fue muy crítico, pero gracias a Dios se pudo superar y continuar con ello.

Transcurrió un año difícil para todos, pero la comunicación con mi hijo continuó, no tan fluidamente pues ya en la universidad, era otro círculo de amigos, otra agenda social, además de los estudios, pero la llamada semanal continuó. Esto me permitió estar de alguna manera presente en su vida y en su educación, como un pilar en cuanto a los valores inculcados en casa. Con los sacrificios correspondientes, también tuvo la oportunidad de regresar a su país por lo menos una vez al año lo cual le permitió conservar sus raíces. Fue muy duro para mí el cambio de ser la mamá protectora de un niño a ser la mamá de un joven universitario que ya no me consultaba, sino que me comunicaba sus decisiones.

Llegó el turno para su hermana. A mi hija le correspondía hacer su intercambio a Alemania. Para ella, la situación emocional fue más dura pues fue testigo de la transición hacia la vida separada. Estoy consciente de que esto le causó emocionalmente muchas heridas, pero confío que el tiempo transcurrido haya podido de alguna manera curarlas. La situación fue económicamente difícil, pero en lo posible se trató de que llevara las cosas lo más normal posible y en buenos términos para que no se sintiera tan afectada. Al igual que sucedió con su hermano, tuvo la oportunidad de ver otros horizontes para su desarrollo, pero a pesar de que la comunicación con ella siempre se mantuvo fluida, no había manifestado su intención de hacer lo mismo.

Ella viajó a Alemania también por dos meses. A su regreso debía iniciar sus estudios en el cuarto año de secundaria y al poco tiempo, tomó la misma decisión que su hermano y quiso ir a terminar sus estudios en el extranjero. Ese momento fue también muy difícil, pues era mi pequeña, mi compañera, pero no quise privarla de esa oportunidad. De la misma manera se hicieron las gestiones pertinentes y esta vez yo viaje con ella para dejarla instalada y matriculada.

Estando mis hijos en otro país, tuve que adaptarme a mi nueva vida en soledad. Mi matrimonio había terminado y mis hijos ya no estaban conmigo. Sin embargo, tenía que seguir apoyando y la comunicación con mi hija durante el primer año fue diaria. Todas las noches a través de Skype estuvimos conectadas, a veces solo para verla haciendo sus tareas y para que ella se sienta acompañada. Hasta ese momento no sabía usar los avances tecnológicos que ofrecían aplicaciones como Skype, WhatsApp, Telegram, etc. y tuve que aprender a hacerlo y gracias a ello me sentí más cerca de mis hijos.

Mi hija se desarrolló muy bien en el colegio y obtuvo una beca para la universidad, a la que ingresó al año siguiente. Igualmente admiro la fuerza de voluntad, la entereza de su espíritu en la continuación de sus estudios y su gran organización.

Pasé de ser madre de dos niños a los que acompañaba a todo sitio a ser madre de dos universitarios que estudiaban en el extranjero. La experiencia de no tenerlos a mi lado fue muy dolorosa, ya no podía despertarlos con un beso, ni abrazarlos ni escuchar sus risas y sus bromas, ni sus pequeñas peleas. Pasé de ser mamá de tiempo completo a ser una imagen en una pantalla y a oír sus voces por el hilo telefónico. Tuve que adaptarme a no sentirme indispensable porque ellos ya no estaban conmigo, y todo esto lidiando también con lo que significó el seguirme adaptando a hacerlo sola.

Ambos, una vez que ingresaron a la universidad, procuraron tener trabajos eventuales para sus gastos ya que nosotros sus padres solo podíamos cubrir los costos de la pensión universitaria, ya que es alta en Estados Unidos.

Esta narración es desde mi punto de vista, y no toma en cuenta todos los retos y sacrificios que mis hijos tuvieron que afrontar como enfrentarse a ser los "nuevos" en el último año de colegio, el tener que trasladarse solos en muchas oportunidades, la responsabilidad de cumplir con sus tareas, el aprender a compartir horarios de trabajos parciales, etc. De verdad que, poniéndome en el lugar de ellos, yo no sé si hubiese tenido toda la entereza de hacerlo y ellos lo hicieron, lo que me hace sentir tanto orgullo de los dos.

A lo largo de este tiempo me he preguntado si el hecho de ser hijos de padres especialistas en ginecoobstetricia hizo de alguna manera que ellos quisieran cortar rápidamente el cordón umbilical emocional que los unía. No lo sé.

Al consentir que mis hijos emigraran a tan temprana edad tuve que someterme a las críticas de gente cercana que me decían que seguro no quería tanto a mis hijos y que por eso me desprendía de ellos tan fácilmente, otras personas me criticaban por "obligar" a mis hijos a que se fueran. No quiero sonar rencorosa, pero debo decir que esas críticas me dolieron. El estar alejada de mis hijos, hizo que tratara de llenar el tiempo incentivando mis círculos de amistades lo cual fue bueno pues pude reconectarme con mis compañeros de colegio, el grupo de madres del colegio de mis hijos y mis compañeros de la universidad. Una de las experiencias más agradables que he tenido fue la oportunidad de realizar las coordinaciones, al lado de otros colegas, de las diferentes reuniones por aniversario de la Promoción de Egresados de Cayetano Heredia.

Han pasado diecisiete años desde que mis hijos emigraron. Lo hicieron en una edad muy joven y gracias a Dios pudieron concluir sus estudios y tengo el orgullo de que han logrado ser profesionales, ser ciudadanos del mundo y sobre todo y lo más importante, ser personas de bien.

El cómo ser padre o madre no se puede enseñar, luego de contar estos hechos quiero comentar lo que me parece importante en cuanto a lo que nosotros como padres podemos hacer para apoyar a nuestros hijos:

Primero y sobre todo rodearlos de mucho amor y no solo el de papá y mamá sino el de toda la familia. También iniciar su educación desde muy temprana edad, estar presentes en su día a día, inculcarles valores, enseñar con el ejemplo, responder a sus dudas por más simples que sean. La dedicación directa de los padres en los primeros años de vida es muy importante para crear la seguridad en los niños. En el caso de mis hijos, desde pequeñitos pudieron contar con mamá, desde chiquitos aprendieron a cumplir ciertas responsabilidades y a tomar ciertas decisiones tan simples como qué ropa ponerse. Otro aspecto que creo que es muy importante es aclarar que es bueno y que es malo en el momento que surja la oportunidad y no dejarlo pasar con la excusa de que "son pequeños y no saben lo que hacen" o "cuando sean más grandes aprenderán", y también ser capaz de responder sus interrogantes de manera apropiada a su edad, pero darles una respuesta, no dejar la duda, ni cansarse de responder a sus interminables ¿Por qué?

También enseñarles a cumplir determinadas metas, apoyarlos en sus desafíos como cuando participaban en alguna competencia, enseñarles que no siempre se puede ganar pero que al intentar algo, uno tiene que hacer su mejor esfuerzo. Darles confianza para que tomen sus decisiones por pequeñas que sean y hacerles ver los pros y los contras de determinada situación para que puedan tomar una decisión conociendo las posibles consecuencias. Tratando de explicarles lo que podrían sentir cuando fueran un poco más grandes y estuvieran expuestos a los cambios hormonales, asegurándoles que la adolescencia podría ser difícil pero que a pesar de lo que sintieran, siempre contarían con sus padres.

Me parece que todos los valores y enseñanzas se pueden inculcar desde pequeños y durante la adolescencia podemos afirmarlos. Traté de ofrecerles esto a mis hijos hasta que cumplieron catorce años. Confiando en esta formación que busqué darles, es lo que permitió que diera mi consentimiento cuando mis hijos tomaron la decisión de irse a estudiar al extranjero, a pesar del dolor que me causaba la separación. Los apoyé en sus decisiones de migrar, ya que consideré que ellos eran capaces de enfrentarse al reto de estar lejos.

Siempre procuré alimentar su autoestima y rodearlos de amor, a pesar de la separación de sus padres. También fue importante el asegurar el apoyo económico para que cumplan con la meta de terminar sus respectivas carreras.

Se que a ellos les costó mucho trabajo el desarrollarse fuera de casa, tuvieron que enfrentar muchos retos, superar el estar lejos cuando necesitaban un abrazo y el cariño cercano de sus padres y demás familiares, pero tengo la certeza de haber tenido hijos muy buenos y fuertes, que a pesar de las dificultades han seguido su desarrollo y que lo seguirán haciendo, estén donde estén.

Definitivamente sé que con el transcurso de los años y con la madurez que fueron adquiriendo esa necesidad de contar con mamá ya no era tan frecuente pero mi necesidad de saber de ellos no disminuyó ni un ápice y continúa hasta hoy. Tengo la costumbre de enviarles un mensaje diario, tenga o no tenga respuesta. Es la manera que tengo de sentirme conectada a sus vidas.

Aunque mis hijos al leer este relato no consideraron necesario mencionar sus logros, permítanme presumir un poco: el mayor es Biólogo Molecular y médico graduado en la Universidad Friedrich Schiller de Jena, Alemania y se desempeña como anestesiólogo en Asclepios Klinikum Harburg en Hamburgo y mi hija tiene estudios sobre Asuntos Internacionales y es Abogada graduada en la Universidad Yeshivá de la ciudad de Nueva York, donde se desempeñó como abogada de inmigración durante 4 años y actualmente cursa una Maestría (Europea Legal Practice LL.M Joint Degree) en Leibniz Universitat Hannover en la ciudad de Hannover en Alemania.

Esta fue mi experiencia siendo madre de dos adolescentes que se alejaron de mí siendo muy jóvenes. Sé que probablemente cometí muchos errores, pero creo que acerté en muchos aspectos importantes de su crianza. Tengo la esperanza que lo que viví y decidí puede ser de utilidad para quienes se encuentren en una situación parecida, o pueda ofrecer aliento a aquellos que han vivido una experiencia similar. Sé perfectamente que los logros de mis hijos no son míos, son totalmente de ellos sin embargo creo que contribuí en su formación cuando eran pequeños y luego con el esfuerzo y talento de ellos, lograron y seguirán logrando sus objetivos. Quiero finalizar con una parábola que cobró mucha importancia en mi experiencia como "mamá a distancia":

*"He aquí, el sembrador salió a sembrar. Y mientras sembraba, parte de la semilla cayó junto al camino; y vinieron las aves y la comieron. Parte cayó en pedregales, donde no había mucha tierra; y brotó pronto, porque no tenía profundidad de tierra; pero salido el sol, se quemó; y porque no tenía raíz, se secó. Y parte cayó entre espinos; y los espinos crecieron, y la ahogaron. Pero parte cayó en buena tierra, y dio fruto, cuál a ciento, cuál a sesenta, y cuál a treinta por uno. El que tiene oídos para oír, oiga."* *Parábola del sembrador Marcos 4:1-9*

---

**Fuentes de consulta:**

1.- Los jóvenes y la migración Internacional en el Perú
http://www2.congreso.gob.pe/sicr/cendocbib/con4_uibd.nsf/10E0E3549EB869AA05257CD30073C5D2/$FILE/1_pdfsam_Peru_Los_jovenes_y_la_migracion_internacional.pdf
2.- Encuesta Juventud Empleo y migración
https://www.inei.gob.pe/media/MenuRecursivo/publicaciones_digitales/Est/Lib0858/Libro.pd
3.- Migración externa peruana

http://intranet.comunidadandina.org/Documentos/Reuniones/DTrabajo/SG_REG_EMIG_IV_dt%207.pdf
4.-
https://www.inei.gob.pe/media/MenuRecursivo/publicaciones_digitales/Est/Lib1549/libro.pdf
5.- Fotografías y recortes periodísticos del Archivo Histórico de Empresa Editora El Comercio
Jr. Santa Rosa · 300 Lima

**DR. PERCY TERAN MORAL – Médico Pediatra**

Pregrado (1980), Postgrado (1985) y Maestría (1988) en la UPCH. Médico Pediatra del MINSA de 1985 al 2010.Diplomado en Gerencia en Servicios de Salud en ESAN 2005.En mis 40 años de vida profesional, he podido trabajar en diversos lugares del país, cada uno con características propias. Hice el Secigra en Morococha (4,500 msnm), laboré en zonas populosas de Lima como las que corresponden al Hospital Cayetano Heredia y al Hospital María Auxiliadora. También 9 años en el Departamento de Huánuco, llegando a ser de 1994 a 1996 director Subregional de Salud, lo que me permitió conocer los ámbitos urbanos y rurales del país. El presente artículo busca conocer la realidad de nuestro país e intentar algunas sugerencias que pudieran mejorar el estado de salud de nuestra niñez.

# EDUCACIÓN EN SALUD PARA MEJORAR EL FUTURO DEL PAÍS.

**Dr. Percy Terán Moral**

**I INTRODUCCION:** Acá haremos un repaso de cifras estadísticas de interés.

El 73% de la población mundial se encuentra en los países en vías de desarrollo. Son países pobres por muchas causas: políticas y económicas ineficaces, pero sobre todo porque tienen un desarrollo humano muy bajo, con indicadores de salud muy pobres e inadecuados niveles de educación.

**Características del Perú**: País con 32.5 millones de habitantes de los cuales 10 millones (32%) son población pediátrica (menores de 18 años) y de ellos 8 millones (25%) tienen 13 años o menos. El 58% de la población del país se encuentra en la costa, el 28% en la sierra y el 14% en la selva. Tenemos 24 departamentos y una provincia constitucional, 196 provincias y 1,874 distritos. La migración de la sierra a la capital ha sido muy grande. La pobreza es mayor en la sierra, luego en la selva y menor en la costa. La Pobreza extrema es de 3 a 12 veces mayor en el ámbito rural que en el urbano.

Entre los departamentos más pobres en el Perú están los de la sierra sur: Puno, Cuzco, Apurímac, Huancavelica y Ayacucho. Luego los de la sierra centro y norte como Pasco, Junín, Huánuco y Cajamarca. Por último, los de la selva amazónica Loreto, Ucayali y Amazonas.

Caen en este grupo de pobreza Piura y La Libertad por tener costa y una sierra extensa. Según el Censo 2017 el 80% de la población es urbano sobretodo en la costa y el 20% es rural sobre todo en los departamentos más pobres. Según el INEI 2020 en el Perú el 10 % no tiene agua potable (3.2 millones) y el 23% no tiene alcantarillado (7.4 millones).

**Indicadores de salud en el Perú:** Según el INEI, cada año nacen 560 mil niños (Tasa de Natalidad de 18.3/1000 Hab) y fallecen 180 mil personas (T. Mortalidad 5.7/1000 Hab).

Uno de los principales problemas en el Perú es el embarazo adolescente 12% a nivel nacional. En el año 2018, nacieron más de 5 mil RN de niñas madres de 11 a 14 años, y del grupo de 15 a 19 años nacieron 120,000 niños, la mayoría en Lima y en la Selva. 1 de cada 5 mujeres atendidas en los hospitales por algún causal del embarazo tuvo entre 10 y 19 años, siendo el aborto el más común con 50 mil casos por año. El parto institucional es del 91% a nivel nacional (Urbano 97% y rural 75%). (1)

En cuanto a la anemia, para el 2016 se evidencia 43.6 % de anemia en niños menores de 3 años, sobre todo en zonas de la selva y en los departamentos de la sierra de altura. También, la anemia es mayor a mayor pobreza y menor educación materna. Las tasas promedio de anemia en la MEF es de 20.7% y en el caso de las gestantes es de 27.9%. Si la madre tiene bajas las reservas de hierro va a ser un factor en contra para el RN durante los primeros meses de vida. Al 90% de las gestantes que acuden al MINSA se les indica suplemento de hierro, pero solo el 52% lo consume. Asimismo, de los niños que se les indica hierro o micronutrientes solo el 30% lo recibe. (Rango 22 a 45%). (2)

La mortalidad infantil en el menor de 1 año es 15 por mil nacidos vivos. (Rango 12 en Lima y 43 en Puno). La desnutrición crónica en menores de 5 años para 2016 es de 13.1%, con un rango 34.7 en Puno a 4.1 en Lima. Asimismo, la población en riesgo de hacer desnutrición crónica es del 37.7 %. Para el 2019 el INEI reporta desnutrición crónica del 12.2%. Por otro lado, la obesidad en el año 2014, los niños menores de 5 años tuvieron un 6,8% de sobrepeso y un 2,4 % de obesidad. En el año 2017 en los adolescentes hubo 32% de sobrepeso y 23% de obesidad. (1)

**Las inmunizaciones** en el año 2016 alcanzaron coberturas entre 88 a 90% para las vacunas que se ponen antes del año. Para las vacunas que se ponen después año (refuerzos) bordean el 70% de cobertura. La tasa de niños que reciben evaluación de CRED en 2017 fue de 66%. (1)

**La Morbilidad ambulatoria** observada varía según la edad: En los menores de un año después de las infecciones respiratorias está la anemia ferropénica. En los menores de 1 a 4 años después de las infecciones respiratorias están el retardo de crecimiento, la anemia y las caries. En los menores de 5 a 9 años y de 10 a 14 años están la caries el retardo del desarrollo y la anemia como las patologías más importantes. Empieza a aparecer el sobrepeso y las parasitosis. Por último, en los jóvenes de 15 a 17 años además de las caries empiezan a aparecer las Infecciones urinarias, el sobrepeso y trastornos en relación con el embarazo. (1)

**La morbilidad hospitalaria:** En menores de 10 años predomina las afecciones respiratorias y digestivas, pero desde los 10 años a los 14 años encabeza la apendicitis aguda y los diagnósticos en relación con el embarazo. En mujeres en edad fértil que ingresaron al hospital por algún asunto en relación con el embarazo, incluyendo el aborto, el 20% son del grupo de 10 a 19 años. Asimismo, en el 2018 hubo 5000 partos en menores de 15 años. Los partos prematuros son el 20% de partos. Por último, el bajo peso al nacer (peso menor a 2,500 gr) para 2019 es de 6.5% a nivel nacional, con valores similares en la costa, la sierra y la selva. (1)

**En cuanto a la mortalidad en los niños:** En los menores de un año más de la mitad de las muertes son por enfermedades respiratorias y perinatales. En los niños de 1 a 4 años tiene como primera causa los traumatismos seguido de las infecciones respiratorias. En los niños de 5 a 9 años, de 10 a 14 años y de 15 a 17 años encabezan los accidentes con 25% (traumas, ahogamientos, electrocuciones, envenenamientos), seguida de las neoplasias infantiles y las neumonías. (1)

**En cuanto a establecimientos de salud**: En el *Primer nivel de atención* hay 6,311 postas, de ellas solo el 30% tiene médico, casi siempre serumista, los cuales están subordinados a otros profesionales no médicos que no facilitan la ejecución de las normas emitidas por el

MINSA. También hay 1,513 Centros de Salud con médicos y otros profesionales de la salud de los cuales solo 316 tienen camas de internamiento. Entre postas y centros de salud suman el 97.6% de los lugares de atención del MINSA. *El segundo nivel* está conformado por 140 hospitales de apoyo (1.8%) y por último *el 3er nivel* constituido por 36 Hospitales Nacionales y 8 Institutos (0.6%). A la fecha el 83% de los niños está cubierto por algún tipo de seguro principalmente el SIS. (3)

El MINSA tiene 24 mil médicos a nivel nacional, de ellos 7,645 son especialistas y solo 1,526 son pediatras. De los pediatras, el 61% está entre Lima (56.8%) y el Callao (4.5%), otro 14% está en 3 departamentos Ica, Arequipa y La Libertad. (3)

**EDUCACIÓN EN EL PERU** El ***Informe sobre el desarrollo mundial 2018*** refiere que, sin aprendizaje, la educación no podrá ser el factor determinante para poner fin a la pobreza extrema, generar oportunidades y promover la prosperidad compartida. Es indispensable tratar de mantener un paralelismo entre la dinámica demográfica y epidemiológica de este grupo de edad, sus necesidades de salud y la oferta de servicios de salud pública, con lo cual se puede contribuir a mejorar el estado de salud en los niños y mejorar sus probabilidades de crecer, desarrollarse y aprender, para que puedan convertirse en adultos sanos y productivos.

Si bien los niveles de asistencia escolar fluctúan entre 85 a 99%, en lo que corresponde a la Prueba Pisa que evalúa si se alcanzaron objetivos deseados en comprensión de lectura, razonamiento matemático y ciencias, se encontró que en los niños de 2do de primaria se obtuvo un 46.4% de comprensión de lectura y un 34.1% de desarrollo matemático. En los de 2do de secundaria hubo 14.3% de comprensión de lectura y 11.5% en desarrollo matemático. (8) (9).

En el origen del subdesarrollo intervienen en primer lugar la política económica del país donde residen, en segundo lugar, el clima y geografía del país donde viven. En 3er lugar la educación, la disponibilidad de dinero y el nivel cultural. En 4to lugar el acceso a buena alimentación, a servicios de salud, a tener agua y desagüe y a recibir educación en salud.

El ingreso al sistema escolar hace que el niño descubra que hay un mundo más amplio, atrayente y competitivo. Va a tener nuevos evaluadores externos que son los docentes, va a haber expectativas de la familia a su adaptación a las normas sociales y a cómo le irá a ir en lo que corresponde a su capacidad cognitiva. Los compañeros empiezan a convertirse en referentes significativos. En la medida que el niño va enfrentando con éxito estos desafíos, irá logrando mayor seguridad en sí mismo, lo que a su vez repercutirá en un mejor desempeño global, cerrando de esta manera un círculo virtuoso. En oposición, es fácil imaginar el círculo vicioso que surge frente al fracaso en cualquier ámbito. (8)

**II REVISION DE LOS TEMAS:** En esta segunda parte, revisaremos las patologías más frecuentes que pueden afectar en algún grado el desarrollo físico e intelectual de los niños, al impedirles que puedan estudiar de manera exitosa.

**1 LA ANEMIA** en el Perú y en el mundo constituye un problema grave de salud pública. Afecta a la cuarta parte de la población del mundo. La causa principal en los niños es la deficiencia de hierro. En el año 2016 la incidencia de anemia en niños de 6 a 18 meses fue de casi 60%, asimismo en los menores de 3 años fue del 43.6%. En los niños de 6 a 11 años fue del 32% y en los adolescentes de 15 a 19 años del 35%. Pero no solo afecta a los niños, también afecta al 20.7% de las MEF (de 15 a 49 años) y al 27.9 del grupo del total de gestantes. Cuando se trata de gestantes de 15 a 19 años la tasa de anemia aumenta al 38.9%. (2)

La anemia infantil cuando se presenta dentro de los 3 primeros años de la vida provoca en los niños severas deficiencias en las habilidades psicomotrices, cognitivas y de socialización. Asimismo, genera perdida de la capacidad de atención que es vital para aprender. Igualmente va a producir tener menor memoria, inteligencia y retención. Hay estudios que demuestran que niños que tuvieron anemia en los primeros 12 a 18 meses de vida, cuando se les comparó a los 10 años en pruebas de inteligencia con niños que no tuvieron anemia obtuvieron de 2 a 6 puntos menos. Hay autores que mencionan que el daño es irreversible para la capacidad de adquirir conceptos nuevos, lo que lleva los lleva a ser malos escolares y a tener más chance de ser repitente. La anemia es mayor en los colegios públicos que en los privados y mayor en zonas rurales que en las urbanas. (5)

En el caso de los adultos, la anemia está asociada a la disminución de la capacidad para realizar actividad física intensa, por lo tanto, tendrá una menor productividad y remuneración.

Desde el punto de vista económico se refiere que la anemia al tener un efecto significativo en el retraso en la escolaridad, en los niños repitentes y en producir 20% de partos prematuros, va a generar gastos de 632 millones al estado peruano, sobre todo en el manejo del niño prematuro.

Se ha estimado que lo que cuesta la *prevención* de la anemia en los menores de 36 meses y en las gestantes, son 18 millones de soles que es el 2.8% de lo que cuesta tratar las complicaciones que genera la anemia. Este programa de prevención de anemia es altamente costo efectivo. (5)

La anemia en muchos de los niños peruanos se inicia en la gestación, primero porque el 28% de las gestantes es anémica. Segundo porque los niños nacen prematuros y se sabe que en los últimos 2 meses el feto recién capta las reservas de hierro. Tercero porque en el parto hay un clampaje rápido que impide pase un flujo adicional de sangre al RN. Cuarto porque en los dos primeros años de vida, época de muchos requerimientos por la mayor velocidad de crecimiento y desarrollo de las células cerebrales, el 90% de los niños no alcanza a consumir los niveles recomendados de hierro. (2)

**2 PARASITOSIS:** De la evaluación de unos 20 trabajos sobre parasitosis realizados en preescolares y escolares de distritos populosos de la ciudad de Lima, así como de distritos periféricos de departamentos de la costa, sierra y selva del país, se encuentra de manera global que hay entre 30% a 90% de parasitosis en los niños. La incidencia de parasitosis es mayor en las zonas rurales que en las urbanas y es mayor mientras más pobre es el estrato.

Las parasitosis son más frecuentes en los niños de edad preescolar y escolar respecto al resto de la población. Pueden tener 1, 2 o 3 parásitos en simultaneo. El parasito predominante va a depender de si es en la costa, en la sierra o en la selva. En la costa fueron más frecuentes el E. Vermicularis y la Giardia Lamblia con hasta 35 a 40% cada uno. En los distritos fuera de Lima además de los anteriores surge Himenolepis Nana y Ascaris lumbricoides en menor proporción.

En la sierra en general predomina la Giardia lamblia, pero hay departamentos de la sierra que tienen ceja de selva y allí predominan los nematodos. En la selva predominan de lejos los nematelmintos Ascaris lumbricoides, Trichuris trichurans, Ancylostoma Duodenal y Necator americano, estos 2 últimos dañan la mucosa intestinal con pérdidas de sangre y de hierro. En los valles ganaderos de la sierra además de los conocidos hay presencia de 5 a 19% de Fasciola Hepatica (Jauja). Asimismo, en Arequipa, en algunos distritos de Chiclayo, en la sierra de lima y en poblados alrededor del lagoTiticaca hay un 5% de Entamoeba histolitica.

La prevalencia e intensidad de la infección está asociada con mayor riesgo de morbilidad en la población escolar y explicaría la aparición de síntomas como dolor abdominal, diarreas, hiporexia, descensos en niñas, etc. Las características sociodemográficas de estas poblaciones demuestran las precarias condiciones de vida, pobres hábitos higiénicos y hacinamiento humano en que viven. El carecer de agua segura y de alcantarillado eleva el riesgo de parasitosis, la cual altera la absorción de nutrientes sobretodo de hierro por el organismo. Esto explicaría la alta endemicidad de parasitosis intestinal. (8)

**3 LA DESNUTRICION**: Originada en un inicio por carencia de nutrientes, se puede clasificar en aguda y en crónica. La desnutrición aguda actualmente es menos frecuente y se presenta en niños que comen una cantidad de alimentos insuficiente para sus necesidades y se caracteriza por tener menos peso del que les corresponde para su estatura. En los casos severos con más de 30% de déficit de peso tienen 9 veces más riesgo de morir que un niño bien nutrido. En el mundo 50 millones de niños sufren desnutrición aguda.

En este texto nos vamos a referir más a la Desnutrición crónica infantil (DCI), la cual está definida como tener baja estatura para la edad en niños menores de 5 años que tienen deficit nutricional persistente. La DCI está presente en 156 millones de niños a nivel mundial y no solo afecta la talla del niño, sino que produce consecuencias graves de 2 tipos: las de corto plazo que son la mayor posibilidad de morir por infecciones al tener un sistema inmunológico débil y las de largo plazo dadas por el deterioro permanente de su desarrollo cognitivo que le va a restar oportunidades para aprender a leer y realizar cálculos matemáticos para competir en la sociedad. Pero la DCI también se relaciona con aumento de la mortalidad en la adultez, pues se asocia a obesidad, DBTM2 y enfermedad cardiovascular. (2)

A pesar de ello, todavía uno de cada cuatro niños en el sector rural y en el quintil poblacional con menores ingresos padecen de desnutrición crónica. La DCI puede empezar en el embarazo. Si la gestante es desnutrida va a tener un bebe de bajo peso, el cual desde que nace sufrirá un retraso de crecimiento durante toda su infancia, debemos prevenirla desde la gestación y evitar se perpetúe el ciclo de la desnutrición crónica. (2)

**4 LA OBESIDAD**: Es otro tipo de problema nutricional que cada vez nos es más familiar en las escuelas, calles, trabajo y en el hogar. Es un problema mundial. En el mundo el sobrepeso afecta a más de mil millones de personas de las cuales el 20% son niños, mientras que la obesidad ya alcanza casi 500 millones de personas. (6)

En el Perú el año 2014, los niños menores de 5 años tuvieron un 6,8% de sobrepeso y un 2,4 % de obesidad. Los niños de 5 a 9 presentaron 14.8% de sobrepeso. En el año 2017 en los adolescentes se apreció 32% de sobrepeso y 23% de obesidad. Donde la epidemia ya es catastrófica es en los adultos mayores de 40 años, donde un 66% de mujeres y 55% de hombres padecen de sobrepeso y obesidad. El incremento va en función del tiempo.

Este peso en exceso se asocia a enfermedades crónicas como hipertensión arterial, diabetes mellitus, hiperlipidemias, enfermedad cardiovascular, hígado graso y patología biliar, apnea del sueño y osteoartritis, etc. Todos los cuales van a representar un enorme gasto familiar en tratar de curarlas. El MINSA el año 2011 calculo que el 20% de la morbilidad en el Perú es consecuencia de sobrepeso y obesidad. Se ha reportado que los gastos en atenciones médicas en adultos obesos fueron de 36 a 77% más alto que en las personas no obesas. (6)

La primera causa del sobrepeso es el excesivo consumo de alimentos hipercalóricos procesados industrialmente que contienen mucha azúcar, sal, grasas saturadas, grasas trans que tienen poco valor nutritivo y son malas para la salud. Se les llama alimentos ultra procesados o chatarra. Contienen poca fibra dietaría. El motivo de su éxito comercial es que por tener mucha sal y azúcar se vuelven adictivos y tienen mucha publicidad en horario infantil.

La segunda causa es la poca actividad física es decir el sedentarismo que se vive actualmente en las personas que se pasan el tiempo viendo televisión, en la computadora, en los video juegos, con el celular, etc. En los colegios casi no se hace ejercicio o educación física, ni tampoco hay muchos espacios públicos para practicar deporte. (6)

**5 SALUD BUCAL. -** En el Perú aproximadamente el 90% de la población padece de caries dental, además de otras enfermedades bucales como la enfermedad periodontal (80%) y las maloclusiones (85%). Asimismo, el 10% de la población escolar ha perdido una o dos piezas dentales. La caries dental es la enfermedad más común en los niños, afectando al 60 % de los preescolares y al 90% de los escolares y adolescentes. Entonces la salud bucal en el Perú está representada por una alta prevalencia de lesiones orales, sobretodo la caries dental, que constituye la segunda causa de morbilidad en las diferentes etapas de la vida, razón por la cual es considerada como un problema de salud pública. (8) (9).

Hay evidencia que una intervención odontológica temprana, proveería educación para prevenirlas. Se recomienda que los preescolares cepillen sus dientes con supervisión de un adulto, dos veces al día, después de las comidas, con pasta dental fluorada para niños. Se recomienda aplicar barniz de flúor, al menos 2 veces al año a los preescolares de alto riesgo cariogénico. La oclusión en desarrollo debiera evaluarse a los 2-3 años, especialmente para niños con hábito de succión no nutritiva prolongada. La caries y la enfermedad periodontal son factores de riesgo para complicar a que las gestantes puedan tener un parto prematuro o bajo peso al nacer. Debe garantizarse que las personas de menos recursos tengan acceso a tener una buena salud dental.

**6 SALUD AUDITIVA** No hablaremos de la sordera que es el grado máximo de disminución de la audición sino de la hipoacusia que también es uno de los problemas que va a impedir que el niño pueda aprender, pues al no escuchar no puede repetir. Es importante conocer los antecedentes y factores de riesgo para empezar el despistaje incluso desde la etapa neonatal, pero otros antecedentes se pueden presentar con el transcurso de los años. (8).

Los factores de riesgo para tener hipoacusia infantil pueden dividirse en los neonatales y en los posts neonatales. Los primeros son haber tenido antecedentes de historia familiar de sordera, haber tenido sepsis y/o meningitis neonatal, S. de TORCH, antecedentes de haber recibido ototóxicos, de tener estancia en UCIN mayor de 5 días, de haber recibido ventilación asistida, de haber tenido hiperbilirrubinemia con exsanguineo transfusión, hipotiroidismo, etc.

De otro lado los antecedentes después del periodo neonatal son el haber tenido TEC grave, tener historial de otitis serosa persistente, de otitis supurativa a repetición, de exposición a ruidos excesivos (auriculares), antecedente de haber tenido paperas, meningitis, etc.

Los defectos auditivos que aquejan a los niños pueden retrasar el desarrollo del lenguaje y las aptitudes cognoscitivas, lo que a su vez entorpece el aprovechamiento escolar. La magnitud del retraso depende de la intensidad de la pérdida de audición. Los defectos de la audición es un estigma que sufren los niños sumados al aislamiento social del que son objeto. Si se logra el diagnostico entre los 6 meses o máximo antes de los 3 años, se consigue mejores

resultados, en su capacidad de lenguaje y comunicación: vocabulario, articulación e inteligibilidad del habla, ajuste social y comportamiento, pues ayuda a adquirir el lenguaje de forma natural y automática en el momento evolutivo que le corresponde, compartiendo con sus padres interacciones comunicativas normalizadas y espontáneas, sin restricciones.
En niños mayores se pueden hacer pruebas como escuchar un cronometro con los ojos cerrados y a cierta distancia. Ante la duda es mejor referirlo al Otorrinolaringólogo. (8)

**7 LA SALUD OCULAR** permite desarrollar mejores condiciones para el aprendizaje en el niño; asimismo permite mejor productividad y calidad de vida en los adultos. Existe una relación entre problemas oculares y fracaso escolar. Uno de cada cuatro niños en edad escolar tiene problemas visuales y tener una buena visión es fundamental porque el 90% de lo que se aprende se realiza mediante la visión (lectura, uso de la computadora, vista hacia la pizarra). La disminución de la visión es una discapacidad de fácil diagnóstico y corrección. El examen inicial lo hace de rutina el pediatra a partir de los 3 años y medio. Si sale comprometido va a el Oftalmólogo quien le suministrara lentes y se habla con los padres para que el niño los use de manera permanente y no los vaya a romper. (10)

El estrabismo y las ametropías no tratadas (miopía, hipermetropía y astigmatismo), pueden desencadenar ambliopía u ojo perezoso, la que ocurre cuando al fusionarse la visión de los 2 ojos en el cerebro, se ve doble o borroso por un defecto en uno de ellos, ante lo cual el cerebro "desconecta" al ojo defectuoso para ver mejor. Cuando transcurre mucho tiempo sin uso, el ojo afecto sin funcionar va disminuyendo la visión, hasta incluso perderla del todo. "se olvida de ver". Esto va a ser un factor de bajo rendimiento escolar, pero además al perder la visión binocular se pierde la visión de profundidad que es mirar las cosas en tercera dimensión y es necesaria para agarrar las cosas, para conducir, encestar una pelota de básquet, etc. (10)

Esta ambliopía ocurre en el 3% de la población y puede corregirse hasta los 6 o 7 años, edad en que los ojos terminan su aprendizaje visual. Mientras más temprano el tratamiento mejor el resultado. A nivel mundial la ametropía está presente en el 25 al 35% de los menores de 20 años. En un estudio en Lima el año 2009 (Carrión et al) hecho en 12,634 escolares de colegios de Lima Sur, encontraron una alta prevalencia de 46.3% de ametropía. De ellos casi la mitad fueron moderados y severos. De los amétropes severos el 39% ya presentaba ambliopía. (10)

En la miopía no se puede ver de lejos, en la hipermetropía el ojo ve borrosas las cosas cercanas y el astigmatismo que es por una irregularidad de la forma de la córnea, en grados altos produce disminución de la visión de cerca y de lejos. El niño al esforzar la vista puede tener cefalea y cansancio visual para hacer las actividades escolares. El componente hereditario es importante.

**8 SALUD MENTAL**. En los niños pequeños debe buscarse evidencias de retraso del desarrollo psicomotor, de trastornos del lenguaje, trastornos del aprendizaje, trastornos del espectro autista, déficit de atención, Trastorno de conducta, etc. Pero en los mayores se busca trastornos de alimentación, problemas emocionales, drogadicción y pandillaje, etc.

-Se ha demostrado que la capacidad de adaptación que el escolar logra en los primeros años de escuela tiene relación con su futuro éxito o fracaso escolar y social. Se sabe que hay un 24% de niños que presentan problemas de salud mental que no los dejan adaptarse al entorno, pudiéndolos llevar al consumo de alcohol y drogas, a la violencia, a trastornos emocionales, a bajo contacto social, bajos logros cognitivos e inmadurez emocional y a embarazo no deseado.

El 38% de estudiantes de secundaria refieren haber sido agredidos físicamente en su casa o en el colegio en el último año. El 20% de ellos consideró la posibilidad de **suicidarse.** (8) (9)

-Un estudio de DEVIDA sobre prevención y consumo de drogas en estudiantes de secundaria el 2017 encontró que el 33% había consumido drogas legales (alcohol y/o tabaco) y el 11.4% habían consumido drogas ilegales (marihuana, cocaína, pasta básica, éxtasis). La edad promedio de inicio es 13 años, algunos antes. El escolar debe tener conciencia de los riesgos y daños que acompañan al consumo de tabaco, drogas y alcohol, para lo cual la familia y la escuela deben conducirlo a evitar tener problemas de difícil tratamiento posterior. (7)

**-Prevención de accidentes**: Conforme se aumenta en edad los accidentes, traumas, actos violentos e intoxicaciones son la primera o segunda causa de muerte en el país. El escolar debe adquirir conciencia respecto a donde están los riesgos de accidentes, la importancia de su prevención y las conductas personales más seguras frente a estos riesgos.

**-Educación Sexual**. El niño debe estar informado sobre los cambios físicos y las características de la pubertad. Debe ser educado sobre los temas de la sexualidad para evitar el embarazo adolescente, las ETS y los 50 mil abortos que se presentan cada año. Debe haber espacios de comunicación para que los temas de la sexualidad y afectividad se planteen sin dificultad.

**-El Acoso escolar** también llamado Acoso escolar es un maltrato persistente entre escolares que puede ser físico, psicológico o verbal. Es más común desde los 12 años en adelante y puede ser tipo golpe, romperle sus cosas, insultarle, amenazarle, aislarle socialmente y hasta hacerle acoso sexual. Pueden usar las redes para difundirlo más. La victima tendrá un bajo rendimiento escolar, estrés, depresión y baja autoestima. Simula enfermedades para no ir al colegio.

**9) ALERGIA RESPIRATORIAS:** El asma, la rinitis y las adenoiditis, provocan que los niños duerman mal con menos oxigenación de la necesaria, teniendo algunas veces que recurrir a la emergencia. Algunos tienen ronquidos y hasta apnea del sueño. Muchos niños no mejoran con la medicación y son recurrentes, debido a que los padres ignoran cuales son los factores desencadenantes y no los corrigen.

**10) MISCELANEA**:

-**El estreñimiento** afecta al 20% de los niños. Está en relación con la poca ingesta de líquidos, frutas, verduras y a ingesta de alimentos que no tienen fibra. Tiende a hacerse crónico y produce síntomas como dolor al defecar, sangrado e incluso suboclusiones. El dolor de las fisuras anales no permite al niño concentrarse en el estudio.

-**Piel y Faneras** El escolar presenta frecuentemente infecciones de piel y cuero cabelludo. Los niños pueden hacer acarosis y por el rascado infectarse con una piodermitis estreptocócica y esta terminar en un síndrome nefrítico. También son frecuentes las Pediculosis, las micosis en los pies por el uso de zapatillas y pobre higiene. El ver el estado de higiene de un niño hace sospechar que puede estar en condiciones de abandono.

-**Los Problemas Ortopédicos** más comunes en el preescolar y escolar son los pies planos y los problemas de la columna. El 70 % de los adolescentes ha sufrido algún tipo de dolor de espalda por llevar la mochila demasiado cargada y por los malos hábitos posturales. El dolor puede distraer el rendimiento académico del niño, pero peor aún, hay el riesgo de sufrir las molestias en la adultez. La cantidad que el niño debe soportar en su espalda no debe superar el 15% de su peso. Asimismo, se debe evaluar la marcha y si presenta pies planos.

**-Problemas Urinarios**: El 5% de las niñas preescolares y escolares tienen Infección urinaria en algún momento a esa edad. Lo importante es ver si tienen historia de infecciones urinarias a repetición, pues se puede producir daño renal irreversible a largo plazo. También se debe evaluar si hay enuresis nocturna.

**-El cáncer infantil** es la segunda causa de muerte en la población escolar después de los accidentes. El más frecuente es la leucemia aguda seguido de los tumores del SNC. Un hemograma anual puede detectar precozmente esta patología. Debe invertirse en prevención.

-**El Síndrome de ovario poliquísticos** SOP se debe sospechar en las niñas adolescentes si tienen obesidad, hirsutismo, acné y trastornos menstruales. Puede derivar en infertilidad y DM2. El pediatra debe hacer detección precoz pues además de problemas físicos, causa problemas psicológicos. Se deben enviar al endocrinólogo pediatra y orientarles en hábitos de vida, ejercicio y alimentación saludables.

-**La pubertad precoz** (PP) en la infancia es cuando los cambios puberales se presentan antes de los 8 años en las niñas y antes de los 9 años en los niños. La consecuencia principal es que como en estos niños la pubertad se inicia antes y también termina antes, los niños van a tener talla baja, debido al cierre precoz de los cartílagos de crecimiento. Proteger a la niña de daño psicológico por sus cambios físicos y avisar a los padres de protegerla de un embarazo precoz.

- Finalmente en varones se debe averiguar mediante la anamnesis, la posibilidad de que el niño tenga criptorquidia que puede desencadenar esterilidad o cáncer testicular. Asimismo, preguntar por tumoraciones o hernias inguinales en ambos sexos.

Revisar bien estos problemas de salud, pues sus efectos pueden durar todo el ciclo de la vida y sus consecuencias son el disminuir los logros educativos y el desarrollo del capital humano, en productividad y calidad de vida de los peruanos del futuro, lo que va a tener una enorme repercusión negativa en el progreso del país.

**III CONCLUSIONES:** En esta tercera parte, en mi condición de Ex Director Subregional de Salud de Huánuco de 1994 a 1996, así como de ex Director de la UTES Paucarbamba en Huánuco de 1991 a 1993, así como el tener 25 años después, en este 2020 a un hijo haciendo el Serum en la Posta Tres de Mayo de Pagshag, la cual no tiene agua, quisiera poder emitir algunas sugerencias que permitan complementar las recomendaciones técnicas que emite el MINSA para disminuir los problemas de salud que afectan a la población escolar, la cual es cercana a los 10 millones de niños, es decir el 30% del total de la población peruana. De ellos el 75% estudian en colegios públicos es decir los de menores recursos.

La preocupación está en que el logro de la evaluación del aprendizaje en las Pruebas PISA fue muy BAJO, en cambio los indicadores negativos para la salud en la población escolar son muy ALTOS, dígase anemia, desnutrición crónica, parasitosis, caries, problemas visuales, etc. Debemos disminuir los problemas de salud que afectan a la población infantil y nos impiden salir del subdesarrollo, recordando que los niños representan nuestro futuro como país.

El Ministerio de Salud desde hace más de 20 años tienen identificados los problemas sanitarios que nos afectan y en la última década se han incrementado los esfuerzos emitiendo todas las Normas técnicas necesarias para mejorar dichos problemas, dándoles un enfoque en las etapas del ciclo de la vida. Así, se han emitido Normas y Directivas de salud, sobre diversos temas como la niñez, anemia, nutrición, salud dental, salud visual, salud del escolar, etc., pero pese al esfuerzo hecho, solo se logra mejorar parcialmente el objetivo trazado.

**1-PRIMERO** Sería deseable **subclasificar a la población pediátrica en 4 grupos**, donde cada grupo etario tiene sus propias morbilidades y debería tener su propio plan de trabajo así:

-**Niños menores de 2 años**: Sus morbilidades incluyen la anemia, la DCI, las infecciones respiratorias y digestivas, la parasitosis. Este es el grupo en el que al nacer aun no tienen los problemas de salud y el trabajo es **prevenir** que se presenten. Para ello hay que actuar primero sobre la gestante, hacerle los controles mensuales, suplementarla con hierro. En el parto, hacer corte tardío del cordón umbilical (Mayor transferencia de hierro al RN). Los primeros 6 meses de vida: Lactancia materna exclusiva. Ponerle las vacunas que le corresponden. Hacerle controles CRED como una buena oportunidad de empatizar y dar consejería para evitar las infecciones predominantes todo el primer año de vida.

En el segundo semestre va a aparecer la anemia ferropénica. Reforzar reservas de hierro con suplemento y alimentación complementaria con alimentos ricos en hierro de origen animal.

Demostrar preparación de alimentos. Hasta acá todo bien, pero según una evaluación de la Contraloría, en los controles CRED por el tiempo reducido que dura la consulta, debiera ser 45 minutos, no se llega a convencer a la madre, del por qué debe usar el hierro y los micronutrientes, rechazándolos sobre todo por el sabor. Hay cifras que refieren que de los niños que reciben el hierro para su casa en las postas del sector, solo en el 30% de ellos la madre se los da. A partir del año se debe continuar con el suplemento de hierro 11 mg/día hasta los 3 años.

-**Preescolares de 2 a 5 años**, son niños que empiezan a controlar esfínteres y se puede uno comunicar mejor con ellos, igualmente hay que evaluar la anemia, la antropometría por la DCI y la parasitosis, pero adicionalmente evaluar la salud bucal y desde los 3 años y medio evaluación visual y despistaje auditivo. A esta edad ya podrían tener los problemas que van a producir menor desarrollo cognitivo y es la última oportunidad para corregir dichos factores, porque establecido el daño es muy difícil de revertir. En este grupo toma importancia como causa de muerte los accidentes, traumatismos y ahogamientos.

-**Escolares de Primaria** son niños de 6 a 11 o 12 años. Son el grupo ideal para incidir en ellos sobre el cuidado de la salud, porque creen en los maestros a veces más que en los padres, es el momento para explicarles sobre los valores, los hábitos alimenticios, sobre las enfermedades de su edad: la visión, audición, salud oral, etc. A esta edad la anemia afecta al 25% de escolares, empieza el sobrepeso, los déficits visuales, los problemas ortopédicos, las caries, además de las consabidas parasitosis etc. Buscar onicofagia, enuresis nocturna. Buscar déficit de atención. Hay que explicarles sobre los cambios puberales y el sexo a su nivel. A esta edad si les dicen que tomar alcohol o drogarse es malo, es posible que se va a retardar el inicio de estos problemas. Si les dices que la comida chatarra hace daño seguramente lo van a difundir en casa. Como morbilidad hospitalaria aumenta la incidencia de apendicitis aguda y desde los 10 años, empiezan a aparecer diagnósticos en relación con el embarazo y parto. Como causas de mortalidad a esta edad encabezan los traumatismos, pero empiezan a aparecer las neoplasias infantiles sobre todo las leucemias agudas y tumores del SNC.

-**Escolares de secundaria** en ellos además de los problemas de salud anteriores, ya tienen los primeros riesgos de sexo y embarazos no deseados, contacto con drogas legales e ilegales, contacto con violencia, delitos, acoso escolar y aumentan las probabilidades de trastornos emocionales, alimentarios, etc. Es posible que a esta edad escuchen un poco menos las propuestas preventivas por el carácter desafiante del adolescente, al que le gusta asumir riesgos. Si tuvieron anemia de pequeños posiblemente ya haya menor capacidad de aprendizaje, igualmente si ya los afecto la DCI es poco probable se reviertan los efectos cerebrales y en la talla. Por último, en los jóvenes de 15 a 17 años además de los anteriores empiezan a aparecer con más frecuencia las ETS, las Infecciones urinarias, el sobrepeso y trastornos en relación con el embarazo. En una evaluación de morbilidad hospitalaria en general, del total de gestantes, 20% fueron del grupo de 10 a 19 años. Asimismo, en el 2018 hubo 5 mil partos en menores de 15 años principalmente en la selva y en Lima.

**-SEGUNDO**: **Censar e identificar el número de familias** que corresponden a cada localidad a cargo de las autoridades municipales, pudiéndose apoyar con el sector salud y educación. Las familias serán identificadas por el jefe de hogar y familiares que cohabitan. Este censo debiera ser conocido por las autoridades de salud y de educación, para planificar acciones sean de tipo intramural o extramural, haciendo incluso visita domiciliar para quienes no se pueden movilizar. Esto sirve para en caso de requerir la relación de familias que les corresponde Bono de solidaridad, no se quede nadie sin recibirlo. Asimismo, para la organización de las ollas comunales y el reparto de alimentos. Se deberá mediante una ficha familiar conocer a cada integrante de la familia y su estado de salud aproximado. Debe hacerse por localidad e integrarse por distritos. Esto será muy útil en las zonas urbanas de extrema pobreza, así como en la zona rural de la selva y la sierra brindando la información al colegio local y al puesto de salud.

**-TERCERO** Es importante entender que el Perú es un país irregular en geografía, microclimas, etc. Esto debe ser tomado como un reto, en el que hay que solucionar los problemas en las 196 provincias y en los 1874 distritos. Se conoce que la sierra y la selva rurales tienen los peores indicadores de anemia, parasitosis, DCI, etc. por ser sitios lejanos, de mayor pobreza, con menor cobertura de salud, sin agua ni saneamiento básico, educación, etc. Sin embargo, Lima metropolitana a pesar de tener menor porcentaje de anemia, DCI, parasitosis, etc. termina teniendo por la densidad poblacional igual o más cantidad de niños afectos que en las zonas rurales. Por dar un ejemplo Lima tiene 32% de niños menores de 3 años con anemia lo que representa 130 mil niños, cifra mayor en números absolutos a la sumatoria de los 3 departamentos que tienen los porcentajes más altos de anemia en el país.

Entonces además de la inversión prioritaria que se tiene que hacer en las zonas rurales de la sierra y selva, debe hacerse en el bolsón de gente de lima metropolitana que vive en condiciones paupérrimas, según hemos visto en la televisión a raíz de la pandemia gente que vive en los cerros sin agua ni desagüe, en casas de triplay, esteras, plástico, etc. Posiblemente esos millones de personas salieron de las zonas rurales de la sierra y la selva huyendo de la pobreza, pensando que acá podrían mejorar, encontrándose con una cruel realidad sobre todo en estos tiempos pandémicos. Este grupo de personas tiene madres con educación primaria incompleta y el 60% son ambulantes. Hay mucha desigualdad en el Perú.

**-CUARTO** Desde los 2 años de edad en que empieza la edad preescolar hasta los 17 años tenemos el Plan de Salud Escolar 2020-2021 PSE que se basa en que los niños según la edad además de las enfermedades clásicas, van presentando nuevas morbilidades: El PSE tiene como objetivo principal detectar y atender de manera oportuna las entidades que pueden ocasionar riesgos y/o daños relacionados con el proceso de aprendizaje, mediante un tamizaje regular y periódico en las instituciones educativas, tras lo cual se debería brindar tratamiento precoz en los establecimientos de salud. (8)

El personal de salud incidirá en la evaluación del estado nutricional, de la salud oral, salud ocular, despistaje de anemia, despistaje de parasitosis, completar las inmunizaciones y según la edad evaluar la salud mental, hacer educación sexual y el despistaje auditivo por hipoacusias tardías. De encontrar daños se referirá los pacientes a un nivel superior especializado. Asimismo, el PSE 2013-2016 busca desarrollar una cultura de salud en los escolares para el autocuidado de la salud, mediante la promoción de los estilos de vida y entornos saludables dentro y alrededor de las instituciones educativas. (8)

Para ello, debería haber facilitadores a nivel nacional, regional y local, que realicen capacitaciones a los profesionales de la salud y a los docentes de los niveles operativos, de preferencia de manera presencial en micro redes y establecimientos de salud, para que además del soporte técnico, puedan hacer visitas, monitoreo, asesoría y supervisión.

Se debe aprovisionar de los recursos necesarios (humanos, infraestructura, equipos, insumos, material médico, medicamentos y servicios) para que los establecimientos de salud brinden las atenciones de promoción, prevención y recuperativas de la salud contenidas en el Plan de Salud Escolar (PSE). Para lo cual debe haber la Inversión de los gobiernos nacionales, regionales y locales y con el apoyo de los actores sociales locales. Finalmente debe haber un monitoreo de avances al gobierno local, al sector salud y al sector educación.

En resumen, además de conocer que la población objetivo principal son los niños, es necesario contar con el público objetivo secundario de quien va a depender logremos el objetivo y estos son: (8)

- El Personal de Salud capacitado y supervisado
- Los Representantes Sectoriales; MIDIS, Agricultura y Pesquería para los alimentos, Educación, Vivienda (agua y saneamiento) etc.
- Los Docentes y las APAFAS, La Sociedad civil organizada: Vaso de Leche, Comedores, Clubes de Madres, Iglesia, las

Juntas Vecinales, las autoridades comunales, municipales, regionales y nacionales. Juntas de Agua y Saneamiento.

- Otros prestadores de salud como ESSALUD, SISOL, etc. Colegios profesionales, el sector privado, También los Medios de Comunicación., las ONG, las Agencias

**-QUINTO** El PSE refiere **acciones básicas** para mejorar la salud: Para empezar que tiene que haber agua segura y saneamiento básico y se debe enseñar los hábitos de higiene (reduce riesgos de enfermedad). Asimismo, en los lugares de alta incidencia de parasitosis se debe dar antiparasitarios cada 6 meses a partir de los 2 años con énfasis en las zonas críticas. Dado que las intervenciones para mejorar el consumo de hierro no son muy costosas y son efectivas, se concluye que dichas acciones deben tener una alta prioridad. (8)

**-SEXTO** De las más de 6,300 postas que tiene el MINSA solo el 30% tiene médico, casi todos serumistas. La OMS recomienda 23 médicos por cada 10 mil habitantes, lo que en Perú significa que necesitamos 75 mil médicos. El MINSA tiene 24 mil médicos y Essalud 11 mil médicos, más unos 2 mil en las instituciones privadas, militares y policiales, los que en conjunto suman la mitad de los profesionales que necesitamos. De los médicos MINSA solo la tercera parte es decir 7,600 son especialistas y de ellos solo 1500 son pediatras y el 60% están en Lima y Callao, y si sumamos los pediatras de Ica, Arequipa y la Libertad, alcanzan el 75% en 4 departamentos, quedando el 25% de pediatras para los otros 20 departamentos. (1)

Se requiere fortalecer el sistema de salud pediátrico nacional con siquiera 2,000 pediatras más de los 4,500 que nos faltan a nivel nacional. En provincias se debería fortalecer el sistema de salud con los puestos que tienen Essalud, los centros militares, policiales, navales, etc. Asimismo, dado que no es posible contar con especialistas en las provincias, para resolver los problemas más importantes, se podría enviar de manera voluntaria por jornadas de pocos días y con los viáticos correspondientes a pediatras y subespecialistas en Otorrino pediatra, Oftalmo pediatra, Traumatólogo pediatra, Neumólogo, Endocrino, etc. acompañados de sus residentes de 3er año. Tras la atención asistencial podrían dar Cursos de capacitación a los médicos de la zona, volverse sus Interconsultantes vía web y generar un vínculo de empatía.

**-SEPTIMO L**as postas atienden a la población rural, más pobre y necesitada. En una buena parte son atendidas por médicos serumistas, a los que se les debe dar un plan de trabajo con las metas que deben cumplir, saber cuál es la población que atender producto del censo familiar antes descrito. Deben las postas estar equipadas con Hemoglobinómetro y con microscopio para poder descartar anemia, parasitosis e infecciones urinarias. En los Centros de salud se debe tener un equipo de Rayos X y ecógrafo funcionante y con personal capacitado en el uso de estos equipos. Debe haber diagnóstico precoz, intervención precoz y derivación oportuna gratuita. Que se vea al de salud como alguien que se preocupa por ellos

**-OCTAVO** La anemia hace que el 20% de los embarazos sean prematuros con las complicaciones que lleva ese estado y que nadie garantiza dependiendo donde nazcan que queden cerebral o visual o auditivamente sanos. Quiero recordar que la absorción intestinal del hierro es alrededor del 10% de lo ingerido. (2)

-La DCI Es de origen multifactorial porque si bien se inicia por una alimentación deficitaria en calidad y cantidad, se asocia a factores sociales como la pobreza, el bajo nivel educativo de la madre y de la población en cultura alimenticia y en nociones de higiene, también carecen de agua, saneamiento y de servicios de salud. (2)

-La parasitosis intestinal en niños se relaciona con enfermedades diarreicas agudas, anemia por deficiencia de hierro y desnutrición crónica infantil. Se reconoce que cuando varios miembros de una familia están afectados por parasitosis intestinal, ellos constituyen focos de propagación de helmintos, contaminando los diferentes ambientes del hogar. Debe usarse la Técnica de sedimentación espontanea en tubo TSET para despistaje de parasitosis pues tiene mayor rendimiento que el examen directo de heces que es el que se usa en los centros de salud del MINSA, apoyando involuntariamente a la permanencia y contaminación parasitaria ambiental al salir el examen negativo. (4)

**-NOVENO** La Obesidad en el Perú está causada por la enorme cantidad de carbohidratos que se consume en la comida: papa, fideo, arroz, cereales azucarados, gaseosas, etc. Peor aún con los buffet y la comida chatarra sea pollo a la brasa, salchipapa, pizza, etc. Si realmente se quiere evitar la obesidad, así como hay los **octógonos** de altos en sal, azúcar y grasa, en los restaurantes en la lista al costado del precio debe decir cuantas calorías aproximadas tienen 100 gr de cada comida, porque la gente no siempre sabe que es lo que come. Sólo el 20% de estudiantes realizan actividad física cinco días/ semana y el 75% refiere lo hace menos veces. El 30% son sedentarios confesos.

-**DECIMO**: Debe disminuir el centralismo sea nacional o regional porque contribuye a la mala distribución de servicios y de personal de la salud. La escuela demanda una gran exigencia cognitiva, especialmente con los procesos de aprendizaje de la lecto-escritura y de las operaciones matemáticas, herramientas que son fundamentales para seguir progresando en la adquisición de nuevos conocimientos. La capacidad de concentración y de comprensión se convierte en funciones claves para responder con éxito las nuevas demandas educativas.

En resumen, para terminar, se debe invertir más en el sector educación. En los pueblos alejados un solo profesor enseña a los niños del 1er al 4to grado en un solo salón, profesores que requieren más capacitación sobre todo si se quiere que apoyen en el PSE. Asimismo, invertir en las postas y centros de salud que son el 97% de lugares de atención con personal altamente capacitado y motivado, no abandonado. Poner saneamiento básico donde falta.

Finalmente presentamos un modelo de formato para que todo médico que atienda un niño en edad escolar pueda desarrollar, evaluando los problemas de salud que hemos comentado. El personal de salud se guiará con el formato para captar los síntomas principales asociados. Si encuentra positividad en la anamnesis debe ampliar el interrogatorio. Luego debe realizar el examen médico que corresponde incluyendo la presión arterial, antropometría, despistaje auditivo, visual con la cartilla de Snellen, dental, etc. Luego se da la orden para hacerse los análisis necesarios según el grado de sospecha diagnostica.

Con los resultados de los análisis, se prepara el informe respectivo con los diagnósticos realizados en orden de importancia. Se debe dar el tratamiento de los problemas hallados por el médico de la posta y realizar la interconsulta al especialista correspondiente del nivel superior.

## SINTOMAS QUE SUGIEREN TENER ALGUN PROBLEMA EN EL NIÑO ESCOLAR:

1) **ANEMIA:** Palidez. Decaimiento. Cansancio. Falta de ganas para hacer las cosas y para estudiar. Somnolencia excesiva. Deseos de comer tierra o pintura de la pared.
2) **PARASITOSIS:** Nauseas matutinas. Vómitos. Picazón anal. Descensos en niñas. Dolor abdominal difuso. Diarreas frecuentes. Gases en exceso. Estreñimiento. Ardor de estómago. Dolor al comer. Vinagreras. Mala digestión.

Pérdida de apetito, eliminación de parásitos. Se mueve mucho al dormir. Se rasca mucho la cabeza.

3) **RINITIS ALERGICA Y ASMA;** Estornudos persistentes, secreción nasal acuosa, picazón nasal y ocular frecuente, congestión nasal de predominio matutino y nocturno, ronca cuando duerme, tener tos nocturna o matutina, más al reírse o correr, agitación, silbido y ronquido de pecho. Mal aliento, sangrado nasal, dolor de garganta permanente.
4) **PROBLEMAS ANTROPOMETRICOS**: Tener mucho peso o falta de peso. Tener mucho o poco apetito. Tener talla baja, La obesidad predispone incluso en niños a tener Diabetes, colesterol alto y hasta hipertensión arterial sobre todo en los que tienen antecedentes familiares de lo mismo y puede producir mareos, mucha sed, mucha hambre, hace orinar mucho, da sensación de zumbido en los oídos, dolor de cabeza, etc.
5) **PROBLEMAS PSICOLOGICOS y EMOCIONALES**: Alteraciones del carácter, de la conducta, del aprendizaje, bajas notas, comerse las uñas, sudoración de manos, trastornos del sueño o del apetito, tristeza y falta de interés para jugar, llanto fácil y excesivo, orinarse y defecarse hasta grande, problemas del lenguaje, baja autoestima.
6) **DEFICIT DE ATENCION**: Distracción en el aula y al hacer tareas, olvidos frecuentes, perder las cosas, no se concentra al estudiar, se levanta a cada rato, bajo rendimiento escolar, agresividad e hiperactividad. Este grupo de niños si no son apoyados en la casa, terminan separados de los colegios por

mala conducta, encontrándose en la calle con otros niños con el mismo problema, empezando a tener malas juntas y sus consecuencias.

7) **PROBLEMAS DE VISION**: Se para para ver la pizarra o ve la televisión muy cerca. Tiene cansancio visual o lagrimeo frente a la computadora. Desvía los ojos cuando mira. Dolor de cabeza y ojos enrojecidos.
8) **PROBLEMAS DE AUDICION**: Tiene disminución de la audición, tuvo dolor o supuración de oídos, se le tapan los oídos. Tapón de cerumen. Mal olor en el oído.
9) **PROBLEMAS ORTOPEDICOS**: Tener pies planos o torcidos y caerse mucho al correr. Dolor en los pies que hagan que al caminar pida que lo carguen. Dolor de piernas en las noches, dolor de columna, mala postura, etc.
10) **PROBLEMAS DERMATOLOGICOS** ronchas por alimentos o insectos que dan escozor hasta hacerse heridas. Erupciones corporales. Picazón del cuerpo en varios de la familia. Se rasca mucho la cabeza. Lesiones en los pies. Hirsutismo. Acné y obesidad.
11) **PROBLEMAS ODONTOLOGICOS**: Caries (dientes picados), dientes torcidos, mal aliento, supuración o sangrado de encías, Aftas dolorosas a repetición.
12) **PROBLEMAS URINARIOS**: ardor para orinar, orinarse de noche, orinar mucho, orinar a cada rato de a pocos, infecciones urinarias a repetición, picazón en zona genital, descensos, escaldadura.

13) **PROBLEMAS DIGESTIVOS** Además de los síntomas que dan las parasitosis, preguntar por estreñimiento, dolor al defecar, sangre al defecar.

14) **OTROS**: Preguntar por bultos en la ingle (Hernia inguinal o umbilical), por criptorquidia (no descenso de testículos en escroto), buscar tenga soplos o palpitaciones en el corazón. Se cansa en demasía al subir escaleras, etc. Adenopatías grandes y dolorosas.

**Referencias Bibliográficas**

1)Situación de Salud de la población pediátrica en el Perú. Documento Técnico 2018 INSN

2)Documento Técnico Plan nacional para el control y reducción de la anemia materno infantil y la desnutrición crónica infantil en el Perú 2017 – 2021

3)Análisis de la Situación de Salud del Perú 2018 Minsa Asis-Perù 2019

4)Pajuelo et al. Estudio de enteroparasitos en el Hospital de Emergencias pediátricas Lima Perú. Rev. Med. Hered 2005;16: (3) 178-183.

5)Alcázar Lorena Impacto económico de la anemia en el Perú. GRADE 2012

6)Un gordo problema. Sobrepeso y Obesidad en el Perú Minsa 2012

7)DEVIDA Estudio Nacional sobre Prevención y Consumo de Drogas en Estudiantes de Secundaria 2017

8)Plan de Salud del escolar 2013-2016 Minsa

9)Plan de Salud del escolar 2020-2021 Minsa

10)Carrión C. Ametropía y ambliopía en escolares de 42 escuelas DISA Sur Acta med. Peruana 26(1) Ene-marzo 2009

**DR. SANTIAGO FELIPE GALLO MERINO**

Título Médico-Cirujano Egresado de la Universidad Peruana Cayetano Heredia. Lima-Perú. 1982. Título de Especialista en Cirugía Cardiovascular y Torácica de la Universidad Peruana Cayetano Heredia. Fellow del American College of Cardiology. Member of the Acute Cardiac Care of the European Society Cardiology. Miembro Titular de la Sociedad Paraguaya de Cardiología y Cirugía Cardiovascular. Past President de la Sociedad Paraguaya de Cuidados intensivos Cardiovasculares. Jefe del Servicio de Recuperación Cardiovascular del Centro de Cirugía Endovascular y Cirugía Cardiaca del Hospital Italiano. Asunción-Paraguay. Post Grado de Docencia Universitaria. Título de Especialista. Universidad Católica Nuestra Señora y Profesor Titular y Ex Decano de la Universidad Privada del Pacífico y docente de post grado de Cardiología y de subespecialidad del Programa de Post Grado de la Universidad Católica Nuestra Señora de la Asunción-Paraguay. Director Médico de la Fundación Cardiológica del Paraguay (FUNDACOR). Actual cardiólogo colaborador docente y del área de Atención Secundaria del Instituto Nacional de Enfermedades Respiratorias y del Medio Ambiente INERAM

# ¡ESCUCHAR Y HACER, EXPERIENCIA DE VIDA!

*Basado en el testimonio narrativo focalizado en la migración elaborado para mi dulce mi nieta.*

**Dr. Santiago Gallo Merino, MD FACC**

## Introducción

El presente ensayo literario intenta mostrar a través de una narración de sucesos, hechos y anécdotas reales y ficticias de una persona común que se vio agobiado y sin salida frente a una clara encrucijada de decidir, y elegir migrar fuera del país (migración externa) y lo hace en medio de un contexto político, social, económico inestable, aunque para otros viendo su problema desde afuera, no lo vería tan delicado como para realizar tal aventura y en cierto modo de exposición y vulnerabilidad frente a situaciones que inclusive pudieron a llevarle a complicarle más su vida que facilitarla, dado que la institución a la que pertenecía le podía sancionar bajo arresto si no lograban salir del país.

Este personaje como otros de esa época migraron al exterior de manera "voluntaria" pero, aunque profesional y especialista no dudo en hacerlo en la búsqueda de mejoras condiciones de vida y de trabajo para ofrecer a su familia y sobre todo a su primogénito *futuro de vida,* sin importar los problemas más intensos que la migración externa genera de adaptación y asimilación (1)

La narración se focaliza en la historia a su nieta, porque ella ahora de otro mundo solo conocerá la mitad de su realidad, sino no se la cuenta su abuelo, para que trate de comprender y responder una natural pregunta: ¿que su papá siendo de un lugar muy lejano como llegó a allí?, como hizo para lograrlo, cómo se preparó, que valores recibió? durante su crecimiento, desarrollo y formación como persona, estudiante, universitario, profesional y la raíz de todo eso, comienza en realidad, con un relato que se inicia con la historia de su abuelo.

Algunos autores que estudian la migración se hacen cuestionamientos como ¿Qué es? ¿Cómo surge? ¿Qué factores intervienen en la decisión de emigrar tanto internos como externos? ¿Cómo nace la intención de emigrar?, y concluyen que el principal determinante es el económico (2). Claro es como obvio aceptar que la cuestión económica juega un papel crucial en el proceso migratorio, porque la mayoría de los casos son resultado de las condiciones, pero en la narración de este ensayo creo que se trata de algo más que ver el aspecto económico. El abuelo cuando habla con su dulce nieta trata de enfatizar en lo trascendental, como el trabajar sin zozobra, en paz, porque la realidad de ese momento no permitía planificar nada con seguridad y calma y en la historia existe como un ejercicio de vida que te prepara pero que el abuelo está dispuesto a enfrentar, pero no desea exponer a eso a su hijo, y su amada esposa, que es la abuela. Sin familia no hay soporte emocional que sea sano por que más de uno sabe que la felicidad, el bienestar no se alcanza solo con dinero sino con valores que enriquecen el alma y ese alimento preserva la familia que uno forma.

La intención de mostrar este ensayo literario también es lo duro de la migración y los problemas sociales que acarrea como la desintegración familiar, maltrato, abandono, trastornos emocionales, alcoholismo, problemas sociales tales como delincuencia, drogadicción, abusos físicos, psicológicos y hasta sexuales por parte de las personas que quedan encargados del bienestar de sus hijos (3), en lo que atañe a esta presentación la desesperación por instalarse, en algún lugar, y luego pasar por el proceso del arraigo, afianzamiento, y solidificación pasan por todos eso problemas u se esa expuesto de alguna u otra forma, pero si el que avanza abre trocha y hace camino inspira a la familia y esta se

retroalimenta con los logros de cada uno de sus integrantes, consiguiéndose así el objetivo de mejor lugar y calidad de vida, que al parecer así logran el papa y los abuelos de Menchu (3).

Consecuencia de la experiencia de esta migración en particular de los abus y el papa de su nieta Menchu ocurre lo buscado e ideal como se destaca por loso expertos, les resulta fácil mantenerse unidos, por lo tanto, los hijos/as crecen estables, seguros, confiados, les resulta fácil dar y recibir afecto y cuando adultos son activos y autónomos, capaces de expresar sus necesidades, por lo tanto, se sienten felices y con altos grados de madurez e independencia (4).

La población de migrantes internacionales como porcentaje de la población total es del 3,6% (ONU DAES, 2021) (5). El 73% de los emigrantes se encuentran en edad laboral, 12,2% son mayores de 65 años y niños migrantes un 14.6%. (5), y en el portal de migraciones del mundo de la ONU, reportan un total de 280, 6 millones de emigrantes a la fecha (23jan2021) (5), estas cifras nos ratifican que existe un mundo desigual de oportunidades en todo que afecta a las sociedades de manera macro y a las familias en una visión unitaria de nuestra sociedad a las familias.

Yo viví esta desigualdad en mi travesía como migrante siendo profesional, no la inventé, gota por gota y lágrima por lágrima, seguro que Dios me ayudo de diversas maneras y usando diferentes personajes en mi historia, pero siempre mi dulce Menchu: ***¡escucha y hacer! fue el binomio cuyo abuelo contó y su papá repitió***.

**Narración-Contenido**

Hola mi dulce nieta ¿cómo estás? Tengo una inquietud hace tiempo de escribirte una historia cercana a ti y también a mucha gente que una vez tuvo que migrar y hacer una vida en un país distinto al que nació. No sé si ya estarás en momentos de recibirla, pero sí sé, que cuando la puedas leer, encontrarás algunos modos que puedan ayudarte a entender lo fuerte que pueden ser algunas decisiones y el impacto que generan en la historia de una vida. Siempre es un desafío para mí ser un poco claro y directo porque pienso que las cosas que nos han sucedido al contarlas no pueden ser dichas de manera tan, tan frías, deben de tener un mensaje de calidez que sólo descubrimos cuando nos empoderamos de su significado.

Una de las primeras reflexiones qué puedo hacerte es entender lo rápido que pasa el tiempo y tan rápido pasa que cuando menos piensas, pues, tienes mucho que contar. Tú te preguntarás qué hace tu papi en España contigo, sí él nació en un país que está muy lejos de allí, ¿qué pasó, como aconteció? y si yo no te ayudara de esta manera, me sentiría ausente de tu vida y de la de él y por lo tanto también de la mía.

Espera que tome un gran suspiro…. un rato…. que hago una pausa por qué mi cerebro está tan sensible que emite muchos recuerdos en un solo instante y creo que el orden en el que te las debo narrar es mejor que sean respetadas por su momento como una cadena de perlas, una atrás otra, para que no sientas que un huracán de sucesos ocurre en un tris de tiempo.

Bueno, creo que esta historia empieza un día común de colegio en la secundaria cuando inquieto por saber quién sería me invade la inquietud de ser un médico y eso a mis 13 años me implicaba un gran esfuerzo por qué alcanzar a estudiar en un centro superior no era para mi familia tan sencillo y habría que tener reales deseos de lograr ¡ese, ese objetivo! Es en esta etapa de mi edad que aprendí con dureza de la maestra vida a ***escuchar*** a mi corazón, seguir el palpito de lo aparentemente inalcanzable y entender que sin ***hacer*** lo necesario sin tregua y desmayo, no podría lograrlo. Y así fue…

¡Bueno empieza pues abuelo! leo en tu mente. Sí claro te cuento. Ese año no veníamos bien en casa, mi mamá tu bisabuela, arrastraba una enfermedad cancerosa que por esos años no era fácil tratar y el estado de ella se había debilitado tanto que sostenerla era difícil, su pelito había perdido y necesitaba ayuda para asearse. Ese día observe una atmosfera extraña en el ambiente compungido de casa, en mi interior palpitaba mi corazón con intensidad, la causa era su internación en el hospital debido a su estado. La vi, me entristecía mucho verla así. Recuerdo que me llamó y me dijo: *negrito ven (escucho) voy si mami, por favor ayúdame, lávame y refréscame los pies para poder ponerme mis medias que debo ir al hospital hoy, no sé si me volverás a ver (mientras lavaba sus pies) pero quiero que con todo tu corazón me prometas que serás un profesional, me gusta que hayas elegido ser médico, sé que podrás.* Ese día aprendí de manera muy intensa, descubrí lo que debería ser asistir, ayudar, mejorar a las dolencias de las personas y más aún que lo hacía sobre el cuerpo de mi propia madre.

Hago una pausa natural, porque me compunge este momento, uf, ah, ¡gracias!, y así fue como me despedí de ella porque después de esa mañana ya no la pude ver más viva, semanas después no resistió más y nos dejó su cuerpito, pero su espíritu siempre estuvo y estará con nosotros. Estar sin mamá no fue fácil, éramos cinco hermanos con aún un infante de cuatro años, y aquí la figura de mi papá tu

Bisabuelo, fue fundamental, el como hombre de oficio no se doblegó, nos mostró valores incalculables que hoy en la enseñanza actual son prioridad: honestidad, coraje, valentía y firmeza con calor de familia siempre, nunca rendirse y aprovechar las adversidades como oportunidades para crecer y no estancarse. Levantar una familia y hacernos lo que somos en circunstancias adversas es todo un gran desafío que logró con creces.

Si, ese fue tu bisabuelo, él es para nosotros, así como lo será tu papito para ti, nuestro principal héroe y mi modelo para poder superar tantas adversidades. Entender este sentimiento hacia él, trasciende para mí el modelo mortal de la admiración y que lamentablemente la espina de la melancolía no nos permitió estar cuando dejo de existir, que no creo podamos sacar de nuestra vida, pero para el tengo toda una narración aparte.

Sin esta formación de vida por ejemplo migrar no es fácil y menos en la manera como lo hicimos junto con tu abuelita y tu papi. Sí mi dulce nieta, tenía una carga que nada podría detenerme, se había marcado mi vida para siempre, con un propósito divino que el tiempo me terminaría de enseñar que fue así, entonces, recuerda, después de ***escuchar*** solo me correspondió ***hacer.***

Después de la partida física de mi mamá no me fue mal, termine en primer puesto mi estudios secundarios, como cosa bendita, contrario a lo esperado me fue bien y mejor que nunca, pero aprendiendo a superar vallas, como es el caso cuando mi propio director del colegio me enseñó de modo indirecto ( que dicho sea de paso te aconsejo: *no importa que te digan o propongan sino va en tu camino no lo tomes*) , ya que el mismo al comentarle que pretendía ingresar a la facultad de medicina UPCH, me comenta que empezara a ser realista ya a mi corta edad (quince años) que esa no era universidad para pobres que aunque sea la mejor del país e inclusive que habiendo una pública con trayectoria como la facultad nacional para que insistir en algo que no era de mi clase social y es más hasta él me podría recomendar con una persona, para que cuando presentase mis papeles como primer puesto tuviera mi vacante asegurada porque habían muchos primeros puestos que la pretendían.

Fue un golpe emocional que pude mitigar, porque era más fuerte mi aspiración y deseo que rechacé su propuesta, agradeciendo su oferta como gesto cortés pero insistí, busqué diligentemente donde quedaba no había Google Map que lo marcara y guiara todo era a pecho, pulso y pulmón, no había espónsor solo era aprovechar y desprenderme de mi oportunidad de ser primer puesto de u colegio nacional y mi derecho a presentarme y así fue como logré ingresar a mi recordada y querida UPCH venciendo con la ayuda de Dios una de las más importantes vallas a modo de atleta olímpico para alcanzar la meta y objetivo y así fue, terminando mi carrera exonerado de pago los años de estudios generales y de facultad. Es decir, hay que saber **escuchar**, pero siempre con el **hacer**. Ni bien termine mi internado me titule como médico-cirujano con gratitud de mortales a mi esposa, familia y amigo Eduardo porque de los inmortales esta mi padre y mi madre.

Era un adolescente cuando ingrese a la universidad, con solo 15 años, diminuto, petizo y flaquito, termine un poco menos esquelético y crecí un poco más pero no solo en altura, maduré, pero estudiando, compartiendo con mis queridos compañeros y amigos, de cada uno si escribiera un libro podría contar más de una anécdota, pero mejor guardo silencio ¿no?, jaja.
Enriquecí mi espíritu social, religioso, y humano. De mis amigos del barrio me acuerdo de todos, pero de mi grupo más allegado por supuesto con los que aún nos vemos, aunque otros ya partieron y están en mi corazón (Fidelito, Paquito), cosas de la vida mi dulce nieta.

Pero sin entrar en el detalle de los años de la facultad como enlazo esto con lo de presencia de tu papi en España es que él ha vivido lo que es migrar en carne propia, pienso yo, digo yo. Al nacer tu papito estábamos con tu abuela en el norte fronterizo, por haberme incorporado como médico al ejercito ni bien me gradué (la razón del porque lo hice te la cuento en otro momento, pero no dudes fue por Amor) dicha la ciudad, atravesaba una crisis ambiental terrible de inundaciones y enfermedades producto del fenómeno ambiental "Corriente del Niño", había plagas de langostas y grillos que alfombraban las veredas y muros de toda la ciudad, los sistemas de saneamiento estaban arruinados y por supuesto existían solo hospitales de campaña del ejército. Pero allí estaba tu abuelito, ayudando a reconstruir la ciudad, los cuarteles, ayudando al mejoramiento de la salud de esa población. Por lo tanto, tu papito no podía quedarse allí, era pequeñito sufría las inclemencias del calor y se enfermaba con frecuencia, ante tal situación, aunque penosa tuvimos que dejarlo por su seguridad con sus abuelos en la capital en casa de tus bisabuelos, una prueba intensa más del destino para nosotros tus abus.

Creo que eso incidió en su despertar de niñito no estar donde debía y aprendió a querer a distancia y continuar sus pasos hasta que se hizo un niño de verdad. Tu abuelita, quien también trabajaba para el ejercito como profesional civil, a la primera que podía se las ingeniaba para viajar e ir a verlo (había 1300 km de distancia), ¡eran tiempos de terribles sacrificios que no se los recomiendo a nadie!

Bien creo que esa es una manera de comprender porque algunas personas pueden migrar y otras no. Es un factor de vivencia que se gesta en el núcleo familiar por razones ajenas al deseo del querer estar siempre juntos. Recuerdo con añoranza cosas con tu papito, él ya de cuatro años tuvo que esperar a su mamá una temporada otra vez, debido a que cuando me trasladaron a la capital no sale el de ella, el cual le correspondía por concepto unión familiar y se quedó unos meses sin sentir el calor de su mamá (solo de su papá y abuelos), que los sentía eternos. Me acuerdo mucho de que, para hacerlo dormir, lo sacaba a caminar por el malecón frente al mar o alrededor de la casa de sus abus y constantemente preguntaba: *¿allí esta mamá verdad papá?* Y yo como buen cómplice de una infamia y tragando lágrimas y hiel le decía *ya viene, pronto ya viene.* Como ya comprenderás eran días muy cargados en mi trabajo en esa época estaba asignado como médico en un centro especial y exigían mucho entrenamiento y presencia y me entristecía no tener a mi amada esposa y no dar tiempo a mi querido primogénito (tu papi). Estaba agobiado, me lastimaba sentir continuamente el gemido de tu papito, hasta que rezando y pensando que hacer, decidí, armarme de valor y por esas cosas del destino **escuché**: visita a tu General (exjefe) quien en ese entonces ocupaba un alto cargo: No había intentado nada antes porque asumí que no me recordaría, no era mi estilo de vida valerme de nadie, pero descubrí que la tolerancia tiene un límite, así que luego de **escuchar, hacer** era lo consecuente. Lo llamé y cuál fue mi sorpresa, me atendió el teléfono y me citó de inmediato y allí estaba luego, en palacio de gobierno (que te parece eh!) recibido como invitado y al conversar con mi general mi situación, se consternó, y se enfureció y le **escuché**: *nunca más vuelvas a hacer eso de nuevo, la familia es la familia y acuérdate que tienes amigos que te estiman,* así que tomó el famoso teléfono rojo, llamó y la magia ocurrió en un tris, tuve a tu abuelita y tu papito feliz: La calma del alma cuando retornó me hizo reaccionar otra vez y recargar fuerzas para una superar una valla más y tener la familia completa, sin saber que una vez otro episodio anecdótico tendría. Te comento en un rato…

Ya "completos" en casa se acercaban para los médicos del ejército y en general para los médicos del país los exámenes de residencia para especialidad y ¿adivina qué? El jefe de la escuela de comandos un coronel muy apegado a las costumbres militares me amenaza y niega que yo pueda rendir dicho examen con el argumento que era necesario en esa unidad, y en un son de desafío pronuncia de manera textual: *ya sabes Capitán estas arrestado y prohibido salir de estas instalaciones de aquí nadie te mueve y si quieres irte me traes la orden firmada por el ministro de* guerra, ya te imaginarás como me sentía luche tanto para llegar a la capital, con la finalidad de rendir y hacer mi especialidad y se estaba bloqueando frente a una orden superior, qué micromolécula me sentí, ¡sólo y en ese instante!.

¡Pero el entrenamiento de la vida que tenía era superior! así que **escuche** que me dijeron que el ministro de Guerra (MG) de ese momento era nada más y nada menos que otro general contemporáneo en mi trabajo de frontera, y que comentó muy bien una recepción que le hicimos en las guarniciones de esa región, donde había una peña criolla musical en la cual participaba, así que me arme de nuevo de valor y realice (**hacer**) una rápida estrategia. Le pide al oficial de guardia que era un teniente amigo por favor, que ciegue su mirada, mientras cruzaba la salida con mi escarabajito (VW de esa época) y le pedí silencio con mi salida que ya regresaba, me la jugué, sabía que me exponía a arresto severo, pero que se hace sino es demostrar lo que realmente quieres con hechos claros y firmes (si vas a migrar no retrocedas). Llego a la dependencia respectiva del MG, busco su oficina, no tenía agendada por supuesto esa reunión y por cosas divinas encuentro que el ayudante del ministro, era un TC de caballería que había servido en esa guarnición y se acordó y me dijo: *¿qué haces aquí, mi comandante dije y suspire, estoy aquí por esta razón,* mostrándole la solicitud de permiso que me había denegado el Coronel y donde escribió que solo se autoriza si el ministro de guerra firma, expresó el TC: *espera doctor, no te muevas ya verá ese hijo de su madre con quien se mete.* Con la intranquilidad obvia del momento, logré ver a través de la puerta entreabierta de su despacho al General, el me miró me levantó la mano en saludo y sentí henchido de emociones porque avizoraba algo positivo (ahora que lo recuerdo siento lo mismo). Sale el TC y me entrega el mismo papel de la solicitud y me dijo el TC *anda, apánalo, destaca y muestra siempre quién eres y si esto nos ayuda a tener un médico como tu valió la pena.* La hoja decía en un extremo: *Autorícese rendir el examen por orden del ministro de guerra con su firma y sello.* Y con esa hoja regrese, espere la mañana siguiente, me presenté y entrego el documento en cuestión al jefe de la compañía quien hablaría con el coronel primero y luego me hizo llamar. Por supuesto estaba emperrado, jamás pensó que haría algo así, solo recuerdo una frase final: *suerte doctor, con que tienes tus padrinos, bueno, ¡retírese!* Y como vueltas que da la vida y por favor nunca lo olvides, una mañana en durante mi residencia en mi segundo año, me llaman para hacer un ingreso en la sala de oficiales superiores EP, era para una cirugía de hernia y al ingresar a la sala, la enfermera de piso me dice *que suerte que llego rápido doctor porque ese coronel nos está por matar y le contesto: tranquila ya llegué,* no vi el apellido del paciente, pero hubo un no sé qué en mí que decía tranquilo y adivina quién era…. sí era el coronel que se negó a darme el permiso cuando me vio, me reconoció y sus ojos desorbitados no acompañaron a su voz que se limitó a decir: *doctor que gusto, ¡por fin un "amigo" en este hospital!*

Si vas a migrar no cultives rencores porque ocupan espacio en tu espíritu de lucha.

En los años de la residencia médica me conecte conmigo mismo para lo que fui formado en mi querida  UPCH, los casos clínicos, discusiones, lecturas bibliográficas, ambiente de competitividad y oportunidad académica para realizar, agregado a eso el nivel disciplinario de la institución con sus peros y sus más desde luego, ya no eran los esquemas rutinarios del cuartel, aunque extrañaba la gimnasia básica con armas y sin armas 10 repeticiones a las 06:30 horas que hicieron posible a lo mejor me adapte a un estilo de vida que fortaleció mi organismo y lo preparó físicamente para la dura brega que me vendría sin saberlo en mi travesía de inmigrar. Ah, sí, inmigrar.

¿Y por qué tu abu migró? Varios hechos desencadenaron esta ***decisión,*** que en la línea del tiempo y de la remora de los recuerdos no me arrepiento. No tenía la bola de cristal que me dijera que era lo mejor. Tu papito era solo un niño de 5 años, tu abuelita trabajaba como enfermera en el mismo hospital en el área de cuidados críticos coronarios haciendo varios turnos y la presión social, económica, y política de esa época no era predecible, con pocas oportunidades para el futuro que le podríamos dar a nuestro primer hijo (tu papi) sin dejar de considerar la incertidumbre de vida por ser miembro médico uniformado de ser atacado o reventado por algún atentado terrorista que lamentablemente otros colegas sufrieron.

A esto se añadió un sueño truncado que me propuse cuando ingrese a la residencia médica en el ejercito: ser el más destacado, sabiendo que eso me abriría a la beca de estudios correspondientes en USA para cirugía cardiovascular en el Walter Reed de Maryland, a la que los médicos del hospital militar teníamos acceso, pero para lamentos y cosas de la vida a pesar del primer puesto entre todos los de mi promoción, esto no sucedió. En aquel entonces el comando general del ejército había recomendado y presentado mi resolución para salir al extranjero en calidad de becado por tres años, el documento estaba en el despacho del presidente del país, para la firma, pero penosamente ese año dispuso que ningún oficial subordinado (mi caso por el grado de capitán) podría salir sin su aprobación, la cual nunca firmo. Esto en confidencia, no te lo cuento, lo viví, me mostraron la resolución firmada por el comandante general del ejército, ¡pero el presidente fue claro y dijo no! El argumento táctico fue que ningún especialista de sanidad calificado debiera salir del país, sin embargo, si lo fue para un oficial de caballería un mes después de mi gran decepción y frustración. Y aquí es donde te preguntas y cuestionas muchas cosas mi dulce nieta, ¿valió la pena tanto esfuerzo sacrificando muchos días de ausencia de no estar en casa? ¿Sería lógico continuar en ese tipo de sistema que privilegia no el esfuerzo sino la conveniencia o caprichos? Quedarme era para mí una ruta sin mayor futuro y crecimiento profesional, social y económico que les dé a los míos otra sociedad con más oportunidades. Te cuento, tu abuelita ya había visto como migrar a USA, pero de manera legal sino de la forma que lo hacen por la frontera con México, tipo coyote, con todos los riesgos que eso implicaba y que son de público conocimiento y al comentarme que haría eso y no dudaba decidí tomar la iniciativa y no exponer a la mamá de tu papito. Al decidir quién migra elegir el que menos impacto puede causar su ausencia temporal, **escuché** a tu abuelita y **hacer** me correspondía a mí.

Así es como una tarde de guardia entre colegas con ganas y deseos de salir del país se presenta la idea de viajar de manera incógnita, ya habíamos recibido nuestra nueva asignación de sede, la cual era el mismo hospital donde nos formamos-HMC. Era comienzos del año 89 cuando tramitamos sigilosamente nuestros documentos de identidad los cuales no podían obviamente ser los originales, y nuestra ruta de salida decidimos que fuera terrestre por el Sur, control más débil que el aéreo y porque no había dinero para pasajes por avión. Mi compañero de viaje era uno de mis colegas y amigo de la residencia, peruano formado en Argentina, Luchito, conocía la zona del Rio de la Plata y sus costumbres y el modo de ser de esas poblaciones, tanto que su chapa era el "Che" Luchito (¡que Dios lo tenga en su gloria!).

Aún recuerdo como ayer la salida sin saber el destino final, solo la meta era estar fuera del país, porque desaparecer sin esperar que me den de baja como oficial de EP, era igual a arresto y juicio militar.

Se me refleja la imagen de tu papi y tu abuelita en mi retina ahora que te escribo, si hubiera tenido celular hubiera tomado una foto o "selfi", pero solo había para grabarlo en el mejor disco duro de todos, mi alma, mente y corazón. El abrazo de mi padre y hermana con un gesto de *ojalá te vuelva a ver hijo y hermanito* son remembranzas que a mí solo me avivan, sin dejar de ser sensible con intensidad a un hasta luego o un simple a dios. Solo le pedíamos a Dios que nos dé resistencia, fortaleza, valentía, de no decaer para que valga la pena haber tomado una decisión tan seria.

No teníamos capital económico ni monetario, solo ganas de salir adelante en este proyecto y nos retroalimentábamos siempre. Luchito mi compañero dejaba tres hijos, uno de ellos de un año (hoy médico). El viaje hacia el sur duro 18 horas, solo llevábamos para un café y sándwich que nuestras familias hicieron para nuestro viaje, aprendimos que *el agua puede tener muchos sabores*. Cada vez que el ómnibus paraba nos despertábamos con intensidad con el temor de que nos registren o reclamen documentos los oficiales policiales y ejercito en las rutas porque por esa época con lo del terrorismo era más continuo y exigente el control en todo tipo de trasporte.

Tuvimos suerte y llegando, contactó Luchito con un exjefe con el que trabajo en una unidad militar, él fue muy amable nos ayudó para el hotel de una noche, cenamos a lo vikingo - "asu mare"-y una tarjeta firmada para un excolega y amigo paraguayo de la escuela de guerra, por si en algún momento podría servir y presentarla, hacía muchos años que no tenían contacto.

Esa noche el cansancio nos obligó a dormir unas horas, teníamos que cruzar la frontera de rumbo a Chile, con esa dirección porque en

Santiago de Chile en la Clínica las Condes (1988) hice una pasantía en medicina crítica, en teoría para ser cirujano de la unidad trauma shock del HMC y sería una posibilidad remota de instalarnos, pero había que intentarla.

Escuchamos bien a este comandante en retiro e hicimos lo que nos dijo. Abordamos un colectivo para Arica muy temprano. Rezamos todo el tiempo, no podíamos fracasar al primer intento de salida del país, nuestro porte militar a pesar de la barba y pelo crecido que aún había nos podría descubrir. Todo fue bien y tranquilo, hasta que llegamos a la garita de control. Nos piden bajar a todos los cinco pasajeros y revisión del equipaje correspondiente. La tensión empieza con cada paso hacia la ventanilla de control de inmigración, un oficial de mirada firme, pelo crespo y facies seria y agotada era el que estaba a cargo, psicológicamente Luchito empieza a desesperarse en la línea, prende uno y otro pucho, yo no fumaba pero si sentía la disminución de oxígeno en el ambiente, es increíble como sientes que la gravedad es mayor y tu cuerpo se aplasta, traspiras y piensas en todo, tragas saliva para remojar la sequedad de tu boca hasta que decides retomar el control el cual era necesario para aparentar normalidad, las experiencias de dificultades previas con tu bagaje y formación afloran. Estamos a una persona de la ventanilla, las manos pierden fuerza y tiemblan hay que mostrar el pasaporte, libreta militar y libreta electoral todas bambas con pinta de legal. Fui el primero en entregar y también le di la de Luchito, respondiendo un saludo débil del oficial contesté con una voz firme *buenos días, ¿hacia dónde van? Somos médicos vamos a Santiago de Chile vía terrestre a visitar al jefe de la UCI de la Clínica las Condes y lo hacemos por tierra para conocer desde Arica.* El oficial nos mira hace un gesto labial lateralizado hacia la izquierda como de una mueca y pregunta por nuestro equipaje el cual mostramos en el auto, donde parecía más había una "mudanza" y no solo un viaje de días. Sí era evidente lo irregular de nuestro viaje, claro, lo entiendo, para Luchito y yo sentimos que eso se terminaba allí. El oficial nos habla con calma y nos dice: *esperen un momento doctores, debo verificar estos documentos;* se nos puso "la piel de gallina" al escucharlo, se inició desde allí un periodo de espera como casi eterno, nuestras piernas temblaban, la boca cada vez más seca y Luchito fumaba uno tras otro, no sé si fueron veinte minutos o no pero que relativo el tiempo para nosotros fue demasiado prolongado. Pero fue nuestro primer reto que medía nuestro autocontrol, firmeza en la decisión de salir del país porque sabíamos de antemano que no nos sería para nadad fácil.

Por Dios, cuanto esperamos éramos los únicos demorados en ese control, el chofer del colectivo se nos acerca y nos dice: *parecen que ustedes tienen problemas,* ya los otros pasajeros nos miraban con desconfianza, a lo mejor pensaban que éramos fugitivos delicuenciales que por la frontera eran frecuentes que escaparan por ese entonces. Lo que uno piensa Menchu en esos momentos, toda la ilusión de un proyecto de mejora familiar posible se desmoronaba en un tris, en un instante en nuestras mentes. El plan B frente al posible fracaso empezó a presentarse en nuestro pensamiento, evocábamos en voz alta, sino era por ese lugar era por el vecino país, en la frontera del Desaguadero. En fin, lo cierto es que escuchamos el retorno del agente y con una voz con tono de mando nos dijo de esta forma: *doctores acá tienen sus documentos* y mirándonos fijamente a los ojos agregó: *suerte en su camino y ojalá encuentren su destino.* La oxigenación retorno a nosotros, la calma y la esperanza de lograr estar fuera así lo afirmó.

Al estar ya en Arica nos tranquilizamos más, procuramos hablar con nuestras familias, pero no pudimos, no eran sencillas las comunicaciones a tu época de ahora mi dulce nieta y, además, teníamos que ahorrar lo poco de capital con el que salimos de nuestro querido Perú. Nos retroalimentábamos frecuentemente dándonos fuerza, fortalecíamos la fe de alcanzar las metas de instalarnos en algún lugar donde sintiéramos proyectar un futuro para nuestros hijos, en un medio menos agresivo y de seguridad que no amenace tu futuro familiar.

Un sinfín de travesías para llegar a Santiago de Chile ni te cuento desde los múltiples controles en cada puesto policial con toda esa sensación de presentar nuestros documentos y la revisión de nuestra carga tipo "mudanza" que por la manera como estaba preparada daba la impresión de que instalábamos una "biblioteca médica" y "sala quirúrgica", con decirte que éramos un 20 por ciento ropas de vestir y ochenta de "material a utilizarse".

Luego de 48 horas habíamos logrado la segunda parte de la travesía, estábamos en Santiago de Chile. Tenía la esperanza de que nos recibiera mi amigo y profesor Sergio en su unidad de cuidados intensivos, y así lo hizo. ¡Que respiro que después de tantos rostros desconocidos, estar de nuevo en el ambiente que ayudo a mi formación en un entorno de camaradería y respeto, lo importante que resulta la cordialidad y atención para personas como nosotros que no podían retornar y que deseaban un futuro más calmo y tranquilo para su familia, claro! descubrí lo que un gesto solidario es capaz de hacer para mí se define en un realce de lo que es sentirse humano. Debo de señalarte que él estaba alegre por mi retorno y de volverme a ver, pero a mi amigo Luchito no lo conocía y le intrigaba que pasaba.

En medio del relato y explicaciones de nuestra decisión de salir del país y de la manera como lo hicimos sentía en su mirada y por sus gestos que se compungía. Recuerda que Luchito dejaba tres hijos uno recién nacido y yo a mi negrito de cuatro añitos (tu papá). El me responde: que me podía ayudar a revalidar mi título y darme ocupación en su unidad pero que lamentablemente por mi compañero de ruta no podía, y luego me pregunta: *¿qué decides?* Situación tensa que puso a prueba mi interés personal frente al colectivo. En mi corazón solo pude responder lo que mi alma tenía y el tiempo había afirmado y es la palabra *lealtad,* le dije que no podía dejarlo solo a Luchito porque conociendo de su real situación no me sentiría bien resolviendo solo mío, quiérase o no éramos dos familias inmersas en un mismo proyecto. El rostro de mi profesor lejos de contrariarse lo tomó a bien, se habrá preguntado ¿más valía un gesto humano de conveniencia personal?, y es que nuestro tema ya no era solo de uno, y aquí recibí una lección de parte mi amigo Sergio, el reclina la cabeza, no percataba lo que hacía porque, yo estaba distraído mentalmente en lo que había rechazado y al erguir su rostro me da un sobre y me dice:" *creo en tu proyecto y permíteme colaborar con él. Deseo que mantengas siempre así. Si no te funciona siempre tienes aquí a un amigo"*. Siete años después regrese con él, para retornarle en señal de gratitud un sobre, con un papel que decía: *¡Gracias por creer en el proyecto!*

Aprendí que tanto importa como tengas o no establecidas tus prioridades lo más importante son algunos gestos que emanan valores, como ser consecuente, él lo fue conmigo (le hubiera gustado seguro que me quedara) así como yo lo fui con mi amigo Luchito. Lo que había en el sobre nos ayudó a oxigenarnos, y llegar a un nuevo destino terrestre, Argentina.

Este sí fue un viaje mayor de prueba, por la escasez de recursos, por lo largo de la llegada, por los inconvenientes de la altura y demora del tránsito, los controles de nuestro equipaje, etc. Sin embargo pudimos llegar a Mendoza, con la esperanza que un amigo y colega de Luchito (facultad de medicina de la universidad de la Plata) nos pudiera ayudar a ver si era posible instalarnos allí ya que teníamos el titulo revalidado con Argentina al salir del país pero este intento no nos fue exitoso, pudimos descansar unos dos días en el departamento de su amigo que era pequeño y ya se había hecho de pareja lo que no resultaba aún más indispuesto, pero debo decir que no había compartido con argentinos en toda mi existencia, y entender como son otras culturas y tratar con sus protagonistas es diferente, las manifestaciones de cariño, amistad, y el pasarla bien si uno no llega a entenderlas pueden resultarte hasta hostiles seguramente, pero mi lección es que si migras debes tener capacidad de adaptarte al medio y a la manera en que la gente de ese lugar se desenvuelve, etc.

Había que decidir otro rumbo y elegimos ir a la ciudad del La Plata, mi compañero de ruta tenía su cuñada allí, él había estudiado en la facultad de medicina de ese lugar y algunos amigos de su época aún se encontraban y compartían, en un grupo de estudiantes peruanos que residían y decidieron radicar en esa ciudad.

Bajo esa perspectiva, nuevamente viajamos y salimos vía terrestre de noche a esa dirección, con nuestra "mudanza" capaz de equipar una biblioteca y un consultorio (increíble), entre despedida y despedida se nos hizo tarde para llegar a la terminal terrestre de Mendoza, no sé qué empresa tomamos pero sí sé que teníamos que esperarla por fuera del terminal llamativamente y no adentro en una especie de rotonda, como cuando uno decidía tomar pasaje de "ruta" y no comprado previamente en la empresa porque era más caro y adivina que Menchu, las amarras de soga que mantenían las maletas sujetadas con mucha presión cedieron, se aflojaron porque mi amigo y yo al cruzar la calle a esa famosa rotonda, golpea Luchito una de las maletas para alcanzar el bus que nos llevaba a Buenos Aires y conectar después a la Plata, y se abre y desparraman sus contenidos de libros, instrumentales, etc, etc, etc, y en una escena tipo blooper, allí estábamos dos individuos uno deteniendo el bus y el otro desesperadamente recuperando lo que estaba en la ruta para no dejar nada porque todo era útil y valioso para nosotros, sí esa hoy es un anecdótico y jocoso momento pero para nosotros fue toda una gran desesperación, porque ese era el único bus que podíamos acceder el no hacerlo nos generaba un problemón económico, todo lo que teníamos estaba más estrecho que su misma definición, pero lo logramos, subimos exhaustos, fue toda una prueba de esfuerzo tipo ergometría hacerlo, ¡por Dios que momento!

Y para variar al llegar a la estación de Retiro que es el terminal terrestre de la ciudad de Buenos Aires, sintiendo aroma que lográbamos una meta más y probabilidad de establecernos, al descender del bus dos personas con aspecto de agentes policiales lo retienen a Luchito. La verdad que nuestro aspecto era muy desconfiable, una pinta típica de fugitivos: mal vestidos, barbudos desarreglados, de turistas pues nada. La realidad es que el agente no le había encarado de entrada a mi compañero, sino que, desorientado le preguntó al agente (claro como lo vio de civil), como hacía para tomar los buses a la Plata y es allí donde el agente encubierto le muestra sus credenciales y le pide identificación y comienza un interrogatorio a lo interpol para decirlo bien y pronto, al mirar esa escena me dije *de nuevo la escena de la frontera sur*, y fui donde él y me presento y por suerte y hábito de orden llevaba mi carnet de colegio médico del Perú, manifestando que éramos médicos peruanos que llegaban a BsAs y queríamos asistir a un hospital de la Plata y bla, rato después entre palabras vienen y van, los dos agentes nos manifestaron que tengamos cuidado con nuestros gestos porque nos vieron nerviosos y ellos estaban en la búsqueda de sospechosos por droga, imagínate Menchu la grata recepción que recibí, que acumulo de anécdotas se van generando en el correr de los días y semanas de la cual uno debe siempre sacar enseñanzas que el fondo aspiro mi dulce nieta aprendas, valores, y quieras más a los tuyos.

Por fin tomamos rumbo a la Plata, llegamos en invierno más que frío helado, social y económicamente ya no estable, con superinflación, y transición de gobierno Alfonzin-Menen. Sin embargo, el calor de una familia nos acogió primero el cuñado de Luchito soltero, pero con buena onda y después su cuñada casada con un argentino hijos de Tanos que tenía el arte de la cocina y hacia unas pizzas que para que te cuento, ¡riquísimas! Muchas cosas aprendí y reforcé en esa ciudad también, la primera es dar gracias siempre por más difícil que parezca todo, también practique la tolerancia y a contentarnos con lo que nos podían ofrecer y buscar con insistencia como mejorar. Conocí la Plata porque anduve 90% a pie, utilizando las diagonales, solo tenía un par de calzados el cual cuidaba con mucho betún, secaba en las noches en la estufa y reforzaba la plantilla con cartón para que los pies no lleguen congelados.

Luego de un mes de andanzas logramos un laburo en una zona camino a Lanus. No estaba adaptado al sistema de trabajo de los médicos de esa zona, pero yo era hospitalario, lo que se podía hacer era guardias en policlínicos, pero el debut no duró, fue corto Menchu. Por esas cosas que suceden nos presentan al dueño de una clínica, un colega que asignaba como pago un monto básico por hacer la guardia y un tanto por ciento por atención, pero con un detalle pequeñito, que si los pacientes atendidos eran del seguro de su policlínico no podíamos cobrar agregado a eso que la guardia era de sábado y domingo, pero frente a la necesidad de trabajar aceptamos esas condiciones. Entusiasmados porque empezábamos a trabajar desconociendo lo que ese fin de semana nos sucedería.

Te lo cuento: todo acontecía relativamente bien en la atención de unos cuantos pacientes hasta que empezó la noche, no conocía lo fuerte del invierno de esos lares, con decirte que solo tenía un suéter y camisa manga corta y chaqueta de médico. Al llegar la noche nos quedamos solos en el policlínico, y curiosamente nos preguntábamos porque sentíamos tanto frío (la sensación térmica de afuera y muy parecida a la que sentíamos adentro), revisando el edificio y confiados que todo estaría en orden tratándose de un policlínico, descubrimos que el sistema de gas y calefacción no funcionaba, cuando ingresamos a la cocina para ver la heladera estaba solo con panecitos y pastelitos conocidos en esa región como "facturitas" que son pastelitos en realidad y que había poco café y solo hierba para matear, es decir no nos habían abastecido para una guardia de fin de semana por lo tanto no teníamos conque cenar, solo contábamos con dinero para el bus de retoro a la Plata, no teníamos dinero suficiente para comprar alimentos y esperábamos que hubiera alguna urgencia (de un no asegurado) que nos permita cobrar y tener algo de  efectivo y por desgracia nada de eso pasó. Siento frío aún al recordar solo lo que pasamos esas dos noches. Fue una prueba de supervivencia en medio de un frío que bajo a menos dos grados Celsius. Para más teníamos solo una manta para abrigarnos y la cocina que era a gas tenía solo un balón que su hornilla prendida nos brindaba algo de calor para tolerar el frio. Tanto nos debilitamos por la mala alimentación y poca cobertura al frío que cuando descendí del bus en un paradero de la Plata me desvanecí por hipotensión e hipoglicemia, por suerte al recuperarme hice el tratamiento respectivo a unos cuan tos metros en una calle contigua, no era un hospital era un restaurant con un buen bife, pan y calefacción me paso el malestar.

Si una buena lección aprendida para mi cuidado y manejo en aquel medio desconocido para ejercer la profesión médica, y fue este evento que marcó definitivamente la decisión que estar en Argentina nos resultaba poco favorable: una docena de huevos al entrar al llegar nos costaba 2 australes al salir 20,000; el descontento ciudadano era grande, si bien es cierto no había terrorismo a lo Sendero había otra que sentíamos similar que no permitía que trabajemos, mejoremos nuestra economía y mirábamos muy lejanamente poder en poco tiempo volvernos a encontrar con los nuestros, comenzábamos a sentir lo que cualquier persona sin trabajo siente: falta de dignidad.

El tiempo transcurría, el dinero se agotaba, nuestra moral se resquebrajaba, bien me recordé la frase *a grandes problemas grandes soluciones,* teníamos que jugarnos una última carta, y esa era Asunción del Paraguay. Las referencias de ella, que era conocida por su gran represa eléctrica llamada Itaipu, lograda con gran costo de inversión, generando trabajo y riqueza y con rumores **(escuchar)** que los profesionales extranjeros eran bien "considerados", y aunque todo esto solo era elucubración teníamos que hacerlo **(hacer)**, pero esta vez no iríamos tan a ciegas, era tarea prever por los requisitos para estar legales y llegar a obtener el título validado de médico.

Si así es, uno va aprendiendo que significaba migrar, instalarse en un nuevo país, sin medir y considerar todos los factores que determinan este proceso: objetivos, metas, el cómo, donde y cuando y cuanto, para todas ellas había respuesta no alicientes, lo única que contaba es que esperábamos con esfuerzo algo bueno suceda que nos dé un peldaño sobre que apoyarnos y ver más cerca lo posible como real para poder juntarnos nuevamente con nuestra familia en una situación distinta, calmo y armoniosa, respirando futuro para los tuyos, tus hijos y pareja.

Aún recuerdo cuando ingrese al país, un mayo de 1989, un viaje largo, pero con esperanza que mitigaba el cansancio por fin en un bus cómodo con posibilidad de reclinarse y atención de terramoza, pero aún sin el cambio de la carga "mudanza" (¿las maletas se acuerdan?). Lo recuerdo porque en la frontera de Posadas lado argentino y Encarnación del lado paraguayo no había puente sobre el Río Paraná, así que el cruce se hacía en una gran balsa, cosa no esperada pero ya vista en mi época de vida médico militar, pero en una dimensión menor, cuando trabaje en la región norte de Tumbes frontera con Ecuador, cuando los desbordes del río colapsaban los puentes.

No hay duda de que se conjugaron aspectos emocionales: dejar atrás un lugar que nos resultó duro y no pudimos instalarnos para ejercer como pensábamos, al menos sentí mucho en lo personal ese impacto, no me hallé definitivamente. Qué cosa diferente experimente sin embargo esta vez, porque al entrar y estar ya el bus en Encarnación escuché una música que alegro mi alma, activo mi mente, me acuerdo que la tonada era de una melodía conocida en base al ruido del arpa armónico y su sonido brilloso; vi el sol clave de mi sinónimo de vida, sin frío, es que en mi niñez y adolescencia e inclusive en parte de mi vida universitaria pasaba mis vacaciones mientras hubiera oportunidad en el norte, por que tu bisabuelo era de allí, del distrito de Querecotillo, y tenemos familia que nos recibía con gran cariño y era tan bueno para mí estar en ese clima que cuando tuve que estudiar para mi examen de ingreso a la facultad de medicina, imagínate lo hice allí. Fue así como ese recuerdo lo asocié espontáneamente al clima que percibí al ingresar por Encarnación.

Creo plenamente en mi entender de migrar hay que sentir, **escuchar** *"si ese es el lugar"* algo parecido debe sucederte, y a mí como papá de tu papito, creo que el sintió lo mismo cuando llegó a donde tu estas, a buscar su destino, si bien es cierto felizmente, no del mismo modo que el mío, creo firmemente que siempre hay un gran esfuerzo en dejar tu país con los desarraigos que implica y en el proceso de adaptación como asumir nuevas costumbres, conocer la historia de ese lugar, conocer la diversidad de personas que lo habitan, como piensan, como actúan, que proyectan su futuro siendo naturales de ese lugar, cuál es su cultura, su identidad, sus debilidades como estado, país con la finalidad de poder desenvolverte en él y porque no, ayudar a su superación porque ese es el mecanismo esencial por el cual el que migra, ayuda a esa sociedad y no tan solo consiste en "vivir" de ella, no! Sino retribuirle con lo que eres, con tu riqueza personal, familiar, profesional con tu cultura, pero sin dejar de ser tu. Así es mi dulce Menchú así es como es que tu papá posiblemente cultivo esa capacidad, cualidad mientras crecía y se formaba con tus abuelitos, por este lado del mundo.

De las memorias que te puedo citar como empezamos en este país, es sin duda toda una serie de acontecimientos que debo aclararte con un poco de historia. Pocos meses antes, un golpe de estado había acontecido, comandado por un general de apellido Rodríguez subordinado al presidente Stroessner, quien gobernó ese país por más de 40 años, de manera dictatorial bajo un marco constitucional de reelección tras reelección en la rama política llamada de los colorados. Existía un clima de inquietud por el futuro del país, las fuerzas militares por lo tanto tenían protagonismo importante, en el contexto político los partidos de oposición que por mucho tiempo eran perseguidos o reprimidos estaban entonces coyunturalmente en un caldo de hervor y veían como oportunidad retomar el concepto país, libertad y rumbo democrático. *En conclusión, "los militares habían liberado de la opresión a este país de esa dictadura"*.

En ese clima arribamos a la terminal de buses, nos pudimos alojar en un hotel pequeño tipo posada, pequeño condicionado de manera mínima, con cama doble pero nuestro equipaje "mudanza" ocupaba el setenta por ciento de la habitación solo para pasar una noche, y nuestra óptica de gastos era austera ciento por ciento, así que el mate "sí o sí" tuve que aprender a tomar y llenarnos más con "facturita" dejando el almuerzo como el único plato del día.

En un momento de la noche se entablamos conversación con un recepcionista, le platicamos lo que éramos y de donde veníamos y lo que queríamos, y esta práctica empezó a ser parte diaria con cada persona que podíamos conversar estableciéndose así un **escuchar** y a la vez un **hacer** potencial que nos daba la probabilidad de contactar, y poder trabajar de alguna manera para generar el recurso económico necesario. Así fue como el dueño del hotel nos dio una tarjetita par aun compueblano de una ciudad lejana de Asunción, felizmente quedaba a kilómetro y medio de la terminal y nos fuimos, ya teníamos un lugar para entrevistarnos con visor de esperanza. Fuimos con la mejor ropa que teníamos, felizmente Luchito dentro de su equipaje de "mudanza" tenía una plancha (increíble). El clima estaba caliente, una temperatura de 32 grados Celsius, sí que sudábamos, pero normal, así es, era un mínimo esfuerzo para lo que significaba esa entrevista.

Era un sanatorio que tenía un tiempo de construido sobre la misma avenida que caminamos, nos recibe un señor alto, gordito y bonachón con voz gruesa de fumador con un pucho por terminar de fumar, era el Dr. Diógenes (QEPD). Después que leyera la tarjetita del hotel firmada por su compueblano, empezamos nuestro repertorio de historia del porque y el cómo salimos del país, revisa los curriculum, certificados y títulos de médicos, especialistas de cirugía y se sorprende de nuestra situación, hecho que acontecía con cada persona que nos relacionamos al contarle nuestra situación. Nos dice: *bueno che ustedes, no pueden trabajar por su cuenta sin su reválida del título, por sus documentos parece que están calificados. Déjenme ver*. Algo nos decía que nos quería probar si éramos pretenciosos, o de verdad estábamos dispuestos a empezar de cero. Regresamos medio cabizbajos, no derrotados y con por lo menos una posibilidad. En la noche de ese día no s volvimos a reencontrar con el dueño del hotel que nos recomendó y nos pregunta: *¿Qué tal les fue?* Nuestra respuesta fue unisonó *más o menos*. Entonces Luchito pasó a la habitación, y me quedé en la recepción con el dueño me quiso tranquilizar y uso una frase muy empleada: *tranquilo doctor este es el país de los amigos* al inicio pensé que sería una frase de consuelo pero en realidad tenía más fuerza que un hecho en sí, es una práctica dentro de su cultura de hospitalidad que tienen mencionar esa frase: *"es un país de los amigos"* eso quiere decir en términos prácticos que si un amigo te recomienda a otro da por hecho que te va ayudar y dar una mano. Así ocurrió, ¿Cómo te preguntarás mi dulce nieta? Aunque pareciera que esto está muy fantasioso, es real, verídico. Retornando a la habitación encuentro a Luchito muy desanimado, casi al borde de colapso, no era para menos, su situación era más trágica que la mía, y nos acordamos de la tarjeta que nos diera en Tacna su antiguo jefe y nos animamos a ir a la recepción, le preguntamos al dueño que estaba en la recepción y le preguntamos por el nombre de dicho militar paraguayo y él se sorprendió, medio que dudó que fuera cierto y nos mencionó que era un militar importante, no sabía dónde vivía que mañana podíamos preguntar o llámenos al Cuartel de la Caballería, que seguro nos daban más información, que increíble ese gesto cambió nuestra noche nos entusiasmamos tanto conversando que se nos pasó la noche. Al rato tomamos un café y averiguamos como llegar a esa dependencia del ejército paraguayo cuyo equivalente sería como un cuartel general del ejército de este país.

Aunque un poco complicado y caminando un poco, peinados y afeitados con lo mejor que teníamos llegamos y nos acercamos a la entrada, donde un soldado de la guardia nos pregunta a quien venimos a ver y le mostramos el nombre del militar, sin saber de quien se trataba, a paso ligero el soldado busca su oficial de guardia y rato después del alférez se acerca para interrogarnos, y hace esta pregunta: *a quienes anuncio señores para hablar con el general del primer cuerpo de ejército: HG.* Nos quedamos atónitos, rápidamente deducimos de quien se trababa por el cargo, ¡guau!, que hermosa sorpresa. Le contestamos que veníamos a saludarlo dos cirujanos del Perú. Qué ¡sorpresas que da la vida no! ay, Dios, ay, ¡Dios! como dice una canción. Esperamos en la guardia 10 minutos, pero esta espera fue distinta a las anteriores, sentí que era para bien. Nos recibe el general con tanta cordialidad que me acordaba de la frase "el país de los amigos". Asombrado por las peripecias que pasamos en Perú con el terrorismo pregunto por su amigo, y luego consternado llamo a su ayudante general para hacer algunas coordinaciones y nos mencionó, que lo primero que necesitábamos era la legalidad en el país, cosa de inmediato vería como ayudarnos. Comentó sobre su experiencia en Perú como estudiante del curso superior de guerra, y cosas positivas que me hicieron pensar lo importante que es recibir bien a los que nos visitan en nuestros países sea como turista o en plan de migración.

Así se inicia el proceso de instalación en el país donde creció tu papá y tus otros dos tíos: Li y Seba, tras largos años de esfuerzo y sacrificio familiar de tu abuelita y papi, porque a mí me tocó solo lo que tenía que hacer, dar paso tras paso en mi trabajo como médico, **escuchar** y **hacer** constante, sin saber lo que el futuro nos depararía.

Al poco tiempo de esta entrevista, el Dr. Diógenes nos dejó un recado en el hotel, para acercarnos a hablar, para ese entonces ya teníamos avanzado nuestra radicación temporal, estábamos legales, así es que acudimos al sanatorio y al comunicarle al Dr. Diógenes que teníamos radicación se alegró y nos ofreció que hagamos guardia, asique como éramos dos copamos casi todas las guardias, las cuales empezaban desde las cinco de la tarde hasta las 7 de la mañana. En poco tiempo nos mudamos a una pensión en el centro de la ciudad, habitada por muchos estudiantes universitarios de provincias que ellos llaman "del interior". Que experiencia, fue compartir con ellos, nos sentíamos sus amigos y orientadores, y había tanta semejanza en las perspectivas de forjar su futuro como el nuestro de traer a nuestras familias.

Al mes de iniciar el trabajo en el sanatorio aumento de la demanda de pacientes, que el de la clínica donde comenzamos a realizar las primeras guardias, ¡nos propone darnos una pieza en el sanatorio para que ahorremos el gasto de la pensión y mantener un servicio de guardia permanente, que te parece, acaso no fue eso una bendición! Por supuesto nuestros ingresos ayudaban para mantenernos, pero no podíamos trabajar en otro lugar puesto que aún no habíamos iniciado el trámite de validación del título de médicos y la razón era sencilla, el costo era de quinientos dólares, lo cual era inaccesible para nosotros, te recuerdo que nuestro capital de ingreso al país era solo de 100 dólares. Vista esta situación, recurrimos nuevamente a nuestro contacto militar, y él nos derivó con uno de sus amigos a la rectoría de la universidad, en entrevista con el rector un destacado bioquímico y docente al escuchar nuestra situación se consterna y solidariza y nos menciona *no se preocupen este es un país de los* amigos, habla con el administrativo y ocurrió lo inesperado, nos autorizan el pago en cuotas del derecho de reválida a través de pagarés con la única condición que firme un garante, y adivina en quien pensamos ¡eh! ¡claroooo! en el Dr. Diógenes, como bala que lleva el viento lo encontramos en su consultorio, el firmó y corrimos al banco nacional de fomento, felizmente habíamos ahorrado para la primera cuota y desde ese día pudimos iniciar en la facultad de medicina nuestra reválida, al mes de entregar ya teníamos título revalidado, radicación, y podíamos optar por más opciones de trabajo.

Algo importante del sanatorio donde comencé es el relacionamiento con las familias que por alguna razón acudían a la consulta por urgencia alguno ellos viven y otros no, con los que entablamos lazos de amistad e incondicionalidad siempre, ellos reemplazaron el calor humano de la ausencia de nuestra familia en esta parte dura de la historia de nuestra instalación en Paraguay amistad que se mantiene. En el devenir del trabajo ya en el sanatorio buscábamos otras oportunidades de extendernos para aumentar nuestros ingresos y poder alquilar una casa y traer cada uno nuestras familias respectivas. Coincidentemente otro compueblano del Dr, Diógenes le manifiesta que está buscando médicos porque tenía pensado instalar una farmacia en una ciudad vecina, Ypané. Fuimos hablamos con Pedro, el compueblano interesado y empezamos en un consultorio humilde, básico, la carencia de la zona era tal que parecía más medicina comunitaria. Al poco tiempo pudimos montar un consultorio más adecuado y el número de pacientes era mayor, y eso nos reconfortaba profesionalmente, ahora Luchito y yo cubríamos dos lugares de atención. Independientemente a eso nuestro circulo profesional también se extendió profesores y médicos con especialidad recién llegados sabían de nosotros, algo que nuestro ejercicio como extranjero es importante que ocurra porque si algo no abandone y temía que ocurriera es el aspecto académico- médico de competitividad profesional.

Estando en Ypané le plantean a Luchito visitar una ciudad llamada Itacuribí del Rosario a 300 kilómetros de Asunción, era época de cosecha de algodón y había necesidad de atención médica. Un político de la zona jefe de seccional le ofrece posibilidad donde atender a Luchito en esa ciudad presentándole a un idóneo de farmacia que tenía su local en la "plaza", así que decidimos dejar el sanatorio donde empezamos y probar con el nuevo lugar en Itacurubi.

Gracias a Dios santo, que nos daba posibilidad de sostenernos en salud mental, emocional y física, nos mantuvo siempre firmes y ellos los que estaban en mi país, a no desesperarse y así fue como pudieron llegar vía aérea LAP a Paraguay alojados las dos familias en una casa grande. Que importante es empoderarse la familia como un todo para salir adelante si lo es estando de local, con mayor razón si están en condición de migrantes.

Tu abuelita me acompaño algunas veces al consultorio de Ypané con tu papito, solían tomar el último micro de esa ciudad con rumbo a la capital, 17:00 horas, cosa que provocó que dejara de quedarme ya en las noches por allá, no quería apartarme más de mi familia, veía como ilógico recién llegados pasar las noches separados.

A Itacurubí nos turnábamos con Luchito semanalmente y en Asunción había conseguido ingresar a una terapia intensiva de un sanatorio privado a través de una señora llamada cariñosamente "Chiquita" la que atendí en el sanatorio de Diógenes en una de las últimas guardias que hice y le había comentado nuestra historia. Ella se identificó, porque también una época migro al Brasil, y pasaron muchas peripecias también, para instalarse, luego de enviudar retorno a Paraguay y se dedicaba a tramites de radicación de extranjeros. Ella habló con el coordinador de esa unidad de cuidados intensivos, el cual nos convocaba cuando había casos que requerían monitorización o en post quirúrgicos difíciles, era amable y abierto en su conducta, paraguayo que se formó en Rio de Janeiro, quien pensaría, que entrar a ese sanatorio me daría apertura a relaciones con otros colegas aun nuevo rumbo profesional

Pero antes de continuar hacía ello quiero contarte una anécdota que le ocurrió a tu abuelita con tu papi, solía embarcarme ella en la terminal terrestre cada domingo a las 20:00 horas, el viaje demoraba 6-8 horas, se llegaba a una ciudad con asfaltado llamada Santa Aní y luego sobre ruta de tierra se ingresaban aproximadamente 40 kilómetros para llegar donde nosotros teníamos el consultorio. Sin avisarme ella me quiso sorprender y sin conocer la ciudad decidí embarcarse, lo que no sabía es que se llegaba de madrugada, y en el campo las ciudades eran precarias en iluminación, nuestro alojamiento quedaba detrás de la plaza y existía solo luz en la plaza. Se atrevió con tu papito, a realizar el mismo viaje, me cuenta ella que le pidió por favor al chofer que le avise al llegar, luego de casi siete horas cansadas, llega baja en la plaza, con una mochila y un niño temeroso pequeño sin un alma más que ellos y sigue un croquis que le había proporcionado la esposa de Luchito. No había nadie a quien preguntar, en un lugar nuevo sin conocer, que ¡locura! Dice que cuando entró a la calle oscura por donde quedaba la casa, sentía todos los ruidos raros que en la oscuridad de la campaña son habituales hasta cuando se sintió desesperada y temerosa y empezó a gritar mi nombre junto con tu papi, *¡papá, papá!* Por suerte a trescientos metros en la calle donde entro vio, la luz que dejaba encendida por si hubiera alguna emergencia caminó presurosa y de afuera hizo varias palmadas al no responder seguramente paso una cerca antes de llegar a la puerta y reaccione por el ruido, era mi esposa amante y mi pequeño con cara de susto que recibía con alegría dando gracias a Dios que los protegió en el viaje y durante mi búsqueda en esa ciudad. Lo gracioso de esta anécdota es que al día siguiente se comentaba en el mercadito de la "plaza" entre las señoras que hacían las compras que una loca llegó a la ciudad y que en la noche de ayer gritaban un nombre *en voz alta y gritaban ¡papá, papá!* y por supuesto yo no sabía de quien se trataba, que ¡loco! Muchas veces me acompaño tu abuelita Maru y tu papi en esas semanas y es lógico mientras se podía no queríamos estar separados, inclusive pasamos una navidad en esa localidad, para tu papi todo eso era novedoso, distinto lo que conocía como ciudad, espero que aún se acuerde cuando se lo preguntes.

Comunicarse en el interior del país no era para nada fácil con el español solamente como en la capital, y la experiencia para comprender su idioma guaraní hasta a veces resulta desafiante y otras jocosa, como cuando tuve mi primer paciente. Recuerdo que recién había abierto el consultorio desde muy temprano, cuando se acerca un señor de pelo cano, me saluda gestualmente y pregunta si yo soy el doctor, le afirmo que sí, y *atájate, Catalina,* porque una vez que das apertura aún dialogo viene una *taquicardia de palabras,* que si no comprendes algo ese dialogo se convertiría en conversación de mudos. Dentro de todas las palabras que decía entendí con mi pobre manejo del guaraní que había un problema de mala digestión, molestia abdominal y diarrea, en esa época no hablaba nada casi, pero me esforzaba en comprender, así que sin esperar a que me cuente toda la historia le pido pronunciando algo en guaraní: *eñomina don, ja examina en un sapoitemi. vamo a dar solución a ende problema traducido sería acuéstese por favor, para examinarlo para solucionar su problema.*

El complaciente se acuesta, lo termino de examinarlo exhaustivamente, encuentro que tenía una hernia umbilical importante. Le converso que ese problema se soluciona con cirugía y le recete un calmante, y reiteradamente escuchaba que me decía: *que amable es doctor, que amable el doctor, lo que llamaba la atención.* Y asentado frente a mí y después de darle su indicación, me miraba y yo también, esperando en mi interior que pregunte cuanto me debe, y no lo decía, hasta que se animó y me dijo: *eso es todo doctor, ¡verdad!* Y diciéndole: *si señor eso es todo* repetidas veces. Hasta que viendo que el dialogo se acaba ya le requerí el pago de la consulta, y allí me: *¿he, mbae pío, por adelantado se paga?, na hani doctor, y se ríe y me dice: ahora que termino ya podemos ir a ver a mi hijo que es el que este enfermo. ¡Trágame tierra!* me dije a mi mismo, *don Apolonio* en guaraní me narró la historia de su hijo, no de él y se había sorprendido por eso, que lo examinara como si fuera un combo de consultas de dos por una y yo no había detectado el sustantivo hijo, en sus expresiones, lo que es el idioma su importancia y que parte de tu integración al migrar, obliga necesariamente a intentar aprenderlo. Luego de un año de trabajo y medio mis oídos se abrieron y la expresión de sus palabras también, mi querida y dulce nieta.

Al poco tiempo mi trabajo estaba ya como estable, en el interior y en la ciudad capital, cada vez que llegaba, me llamaban al sanatorio y montábamos una sala para cuidar pacientes delicados mientras se construía una sala especial de cuidados intensivos en la cual estuve por muchos años y conocí destacados colegas del ámbito médico y no médico también.

Nuestra vida como familia tuvo que pasar por un periodo de adaptación por suerte conocimos familias que nos brindaron su confianza y amistad que hasta la fecha perdura. Siempre en este periodo existen situaciones no esperadas que ponen a prueba nuestra decisión de permanecer en algún lugar, antes que naciera el primer hermano de tu papi, tu abuelita, tuvo un aborto que por gracia de Dios pude llegar a tiempo, ayudarla a que sea atendida porque coincidió con mi retorno del interior, y ahora me viene a la memoria que con esa corta edad tu papi como se adaptaba a diferentes situaciones, a veces se iba acompañando a tu abuelita a las guardias que ella asistía como enfermera de terapia intensiva pediátrica porque un poco más de ingreso era importante para estar mejor y con necesidades básicas cubiertas. Pasaba las noches con ella acomodándose como se pudiera, debajo de una incubadora bien abrigadito, o algunas veces almorzaba solo o esperar a que llegara tu abuelita, esas experiencias de alguna manera han influenciado y probablemente ayudado en él para tomar la decisión de radicar en otro lugar distinto al que nació o creció, se puede decir que éramos una familia que la *sudaba integra y completa*mente.

Una vez al llegar de una de mis semanas de visitas del trabajo del interior, sucedería un hecho que me daría la oportunidad de iniciar con más firmeza nuestra radicación. Era un medio día, que me busca agitada una señora con acento alemán, para ese entonces nos instalamos de ya manera independiente a la de la familia de Luchito, en un a casa tipo cabañita de madera, a la espalda de la actual, porque era el momento de generar nuestros propios espacios y el ingreso de nuestro trabajo ya nos permitía pagar un alquiler. La señora me cuenta que por favor le auxilie y su mamá se había desmayado. **Escuché** tanta ansiedad que mi **hacer** se convirtió en una reacción de tipo extrema urgencia, lo único que hice fue salir como estaba vestido: polo, pantalón corto y zapatillas, y corrí detrás de la señora al llegar encuentro una paciente en estado de shock y con huella de sangre en la boca, su aspecto me denotaba una necesidad inmediata de reanimación, aún respiraba, decidí alzarla en peso tipo traslado de combatiente herido, y por suerte había previsto un taxi y la lleve a un sanatorio a medio kilómetro de distancia y recientemente abierto, era un domingo. Alzo nuevamente a la señora, ingreso con ella a la sala de urgencia atropellando, en la camilla inicio reanimación volumétrica, colocación de vía central y asegure la vía aérea con intubación orotraqueal, es como si hubiera esperado esa oportunidad todo ese tiempo, la paciente reaccionó saliendo del estado de shock corroborando por la sonda nasogástrica instalada que se trataba de una hemorragia digestiva severa. Menchú, el médico de turno de ese momento sin saber me había estado observando, el personal de enfermería colaboró tan bien que llamativamente no intuí que el este doctor asentaba cada pedido que hacía para atender a esta señora. Cuando pasó el estado crítico volví en mí, me identifiqué y le pedí disculpas al colega por mi proceder y él me dijo: *soy el doctor .... Y profesor de cirugía de la facultad de medicina, no te interrumpí porque todo lo que hacía era correcto y lo hacías con solvencia me di cuenta de que tienes experiencia.* El significado de esas palabras, luego de una pausa tan larga de mi labor hospitalaria me retorno más seguridad y confianza que uno extraña además de contar ahora con un referente sin haberlo buscado. En el sistema de ejercicio médico privado de ese entonces el que ingresaba un paciente era el médico tratante, lo que tu decidas eso se hacía. Ese evento me inició una serie de relaciones con profesionales de la facultad comentándose que un médico-cirujano peruano impresionó bien por el manejo de este paciente, cuyo nombre me reservo, ella era paraguaya casada con un alemán que retorno para Alemania con sus hijas y la señora que me busco en casa había llegado para llevársela. En mi reflexión no importa cuando demore en tu condición de migrante la posibilidad de demostrar para lo que te preparaste, siempre debes estar dispuesto y preparado. Tuvimos que operarla de urgencia doce horas después, la endoscopía no resulto para controlar las ulceras sangrantes asociado a un proceso canceroso gástrico, y el manejo inicial de su cuidado crítico en la UCI lo tuve a cargo por 24 horas colaborando conmigo una intensivista uruguaya, se extendían nuestras relaciones de conociendo más familias y colegas. Dos días después salió de la UCI y a los siete días le dí su alta. Lo cierto es que la familia alemana me inició en los viajes hacia Europa porque me pidieron que la lleve, y allí me veías una oportunidad de conocer Alemania para ese entonces la Alemania occidental, y pude de esa manera estar un mes en la ciudad de Bonn, y conocer y participar en la unidad quirúrgica del hospital clínico de Bonn.

Este evento produjo en familia que me decidiera trabajar en solo en asunción y en el sanatorio donde hacia terapia intensiva, así empieza la tercera fase de completar con más tranquilidad nuestra radicación como una familia.

La unidad de terapia intensiva del primer sanatorio me generó como te comenté muchas relaciones laborales y con personas de distintas disciplinas, y aquí otra vez medito y te cuento en nuestra condición de migrar debes saber que indistinto a que tengas éxitos en tu profesión tendrás conocidos, allegados y amigos, pero debes siempre mantener tu identidad sin des adaptarte del medio y acompañar los cambios ajustándote a ellos y procurar participar en aspectos solidarios que identifiquen a tu familia como positiva a esa sociedad.

Pero lo que impulso y sello al establecernos fue cuando el Dr. Juanqui me invita a formar parte del grupo de médicos de guardia del primer edificio construido para atención de pacientes al estilo globalizado, el Hospital Francés, tenía un curriculum enriquecido por el viaje a Alemania y haber demostrado que hacía cirugía y cuidados intensivos. Entonces ya tenía establecido sitios de atención formaba parte del plantel de médicos de terapia intensiva del primer sanatorio, médico de guardia en un hospital con impacto social por

su novedoso sistema de atención y era ya referido para atender algunos casos en terapia intensiva y quirúrgicos.
Ese bienestar ya lo empezábamos a sentir familiarmente, a tu papito lo veía más contento, sabía que no estábamos ausente, tu abuelita dejo de trabajar y se dedicó a cuidarnos con el amor que siempre demostró con cada de uno de sus hijos, es decir en ese estado de bienestar que ya era optimo, debería venir lo que es la realización.

A los dos años de llegar tu mami, nace tu tío y padrino en el hospital francés en una situación distinta a la de tu papá, y al poco tiempo pudimos mudarnos a nuestra casa actual, por eso la diferencia de edades entre tus tíos y porque se pudo adaptar a estar solo cuando migró a tu país, tu nación.

En el hospital francés desarrolle el 75 por ciento de mi vida profesional, cosas muy provechosas me sucedieron en ese tiempo. Todo se inició una mañana que el director de ese hospital, cirujano cardiovascular me invita a participar como su primer ayudante en una de sus cirugías ya que el colega con el cual operaba estaba indispuesto y como era conocedor de mi dualidad como cirujano e intensivista. Para mí era un privilegio y también toda una gran oportunidad de volver a operar de nuevo corazón, cirugía que había iniciado desde mi formación en el HMC y en Santiago de Chile en el hospital de la fuerza aérea chilena cuando hice una pasantía de medicina crítica en la clínica Las Condes. La cirugía ocurrió sin percances y desde esa fecha no volví a dejar de ser su colaborador hasta la fecha actual, historia que guardo con real gratitud. Como cosa pedida, se dio lo necesario para que lo ayude también, en el Hospital Nacional, el más grande y equipado del ministerio de salud, de cuarto nivel. No te imaginas las veces que intente ingresar a ese hospital y ahora se estaba dando super rápido, me contrataron y años después al haberme naturalizado me hicieron funcionario público permanente. El estar en esa sede pública me abrió las puertas para desarrollar y acompañar una serie de proyectos: desde una fundación cardiológica para poder ayudar a realizar cirugía cardiovascular a personas indigentes y que hasta la fecha aún estoy como su director médico, realizando una serie de programas de impacto y trascendencia para miles de pacientes que no se hubieran podido hacer estos tratamiento *llamados de alta complejidad*, sin su ayuda, hasta la formación de escuela de post grado de cardiología y de la subespecialidad de hemodinamia, con publicaciones y trabajos de investigación nacionales e internacionales, que quedará registrada como contribución a ese país que me recibió, Paraguay!

Si mi dulce nieta, ha sido un largo recorrer, en un lugar que me hizo sentir bien a mi familia, sin alto perfil, solo buscando la calma y tranquilidad para trabajar con la probabilidad de un mejor proyecto futuro para mis hijos, ósea tu papito y tíos.

Al poco tiempo de ayudarlo, y colaborando como cirujano en el equipo de cirugía cardiovascular me invita a un congreso mundial en Ginebra-Suiza, visitar los hospitales de Paris, conocí en persona al Dr. Fontan y La Borde, y otros más, y de allí pasar a New York para conocer y establecer contactos, fue algo fabuloso llegar a esos lugares por primera vez, salir hacia eso mundos son edificantes, te forman, te culturizan de algún modo y favorecen tu visión global del mundo, a la cual en mi condición de migrante no venía tan cercana y lo que me gratifica más como persona es que fue a raíz de trabajo y desempeño profesional que mantenía a diario, con el **escuchar** y **hacer** que he sostenido siempre, recuperándome a mí mismo, proyectándome con tu papi y ya tu tío Li con más solidez cada día para ofrecerles lo mejor, porque estábamos avanzando con tu abuelita a la razón del porque migramos: que nuestros hijos no tengan las vallas que tuvimos para ser profesionales, darles herramientas sólidas no efímeras de valores que los califiquen en cualquier lugar en medio por su identidad de buenas personas.

Me alegraba mucho ver como mejorábamos en el trabajo, y como ellos aprovechaban ese esfuerzo, pero la familia se extraña, el desarraigo de salir tiene ese lazo fuerte que a veces no doblega. Siete años después de llegado e instalado, me comunica mi amigo el Dr. Pablo del HMC, que el juicio que me había iniciado el ejercito por dejar mi puesto sin esperar la baja correspondiente había cesado, resolviéndose mi situacional jurídica y dándonos la alegre oportunidad de volver a mi país quien había superado la crisis del terrorismo. Ese año, si ese año regresé como vencedor, pero de ninguna manera soberbio, ¡no! Sin embargo, tenía temor, en mi mente y alma me sentía aún perseguido y que al momento de presentar mi pasaporte me detengan (aún no tenía pasaporte paraguayo) debido a que no esté registrada como cancelada mi búsqueda en interpol, porque así era, y por falta de mal procesamiento de datos me detengan y agrien el precioso momento de entrar a mi país y el hermoso paseo termine en un calabozo. Así fue como primero paso mi esposa, con tu papi y tío padrino y al final de nuevo sintiendo lo del control del sur como aquella vez, recuerdas, traté de controlarme lo máximo, mi esposa ya del otro lado del control observándome, tras una mirada exorbitante de sus hermosos ojos y tu papi y tío Li desconociendo la situación, guau se me eriza la piel, bueno el dialogo con el oficial de migración fue: *buenos días, señor, de donde viene* me dijo, le contesté: *de Asunción del Paraguay, radico y trabajo como médico.* Me lanza una mirada y me pregunta: *¿en qué dirección se quedará?* Y yo no quería que fuera la avenida del ejercito porque con el medio que tenía no quería mencionar nada que tocara el tema ejército, así que atiné a dirigir la mirada a mi esposa, y él me pregunta: *son sus hijos, ¿no? Sí* con firmeza le dije, y el reaccionó diciendo: *a entonces es la misma dirección, ¡pues! Así señor, es la emoción de volver a mi país* complemente. El agente firmemente extiende el brazo, pone todos los sellos habidos y por haber y entrega el pasaporte y menciona: *¡bienvenido de nuevo doctor, que tenga buena estadía y felices fiestas!* Que rico respiré, la cara de mi esposa amada volvió a sonreír y mis hijos se me apegaron a mi alrededor, lo habíamos logrado, ¡Gracias Dios por ese momento!

Había mucho que contar, mucha familia y amigos con quien compartir, muchos recuerdos gratos e ingratos propios del salir y de la manera como lo hicimos con Luchito, evocar sin duda sentimientos encontrados, parientes que ya no estaban, amigos que migraron y otros que fallecieron y visitar sus tumbas, nuevos integrantes en nuestra familia sobrinos y sobrinas, es sin fin todo lo que significa volver aunque sea por un rato de tiempo esencial para renovar más el espíritu, fortalecer el alma, que felicidad, que plenitud y que necesidad en la que se convierte, ya tenía la certeza de que regresar ni bien se pueda, así es, se pueda porque el destino marcó desarrollarnos fuera, ya existía una línea de tiempo trazada llamada trayectoria y el futuro de nuestros era la prioridad.

No quiero ser peyorativo hablando de nuestros logros con tu abuelita, pero en estos treinta y pico años ella también supero muchas cosas y alcanzo sus metas como mujer, madre y excelente profesional, ahora sentirse más lograda, como abuela por ti mi dulce nieta. Tu papito y tíos han tenido ejemplo gracias a Dios en sus papis, ósea, nosotros, pues. No hablo de bienes, ¡no! Hablo de virtudes que pueden mostrarse en la conducta, relación y consideración con las personas. Familias hermosas que nos adaptaron e integraron a la suya hasta ahora, personas de calidad humana prodigiosa por las cuales tu papá pudo extender el concepto familia y sentirse parte de ella, ¡ojalá algún día los conozcas!, sin ellos hubiera sido mucho más difícil todo, por lo tanto, si migras alguna vez procura no aislarte, relaciónate mostrándote siempre como eres, con menos conveniencias y más convicción y seguro que sin dudar algunos lazos de amistad harán que te quieran un familiar más, acuérdate que somo seres sociales por naturaleza, la felicidad de uno solo es probable que exista, pero cuando se comparte se amplifica y queda en la retina grabada quien alguien recordará, te lo dice tu abuelito que ya vivió un tiempo.

Seis años después de nacer tu tío padrino, buscando la nena, a petición reiterada de tu papi y su hermanito, tu abu se embaraza. Ella no quería, pero en el fondo de su corazón deseaba una nena como hija, hasta quiso adoptar una, considerando que es más compañía una nenita que los varones y la verdad, no sé si ese es un sentimiento "amoroso" deseado por las mamis, por eso desde que viniste a este mundo, a enternecernos los corazones y proyectar con tus gestos eso que Dios no dio por conveniente darle a ella como madre, y ahora que estás tú, confirmo que esa es la razón, porque aun estando lejos no dudo en un segundo que quisiera que la tele transporten contigo para verte despertar, reír, jugar, atenderte plasmando todo su cariño contigo. Pues le vino el varón tu segundo tío, pero la historia de él pertenece en nuestra situación de migrante a la fase consolidada, ya arraigados y con cierta tranquilidad, la familia se extendió a tres y eso nos proporcionó una nueva cadena de sucesos, como repetidos, de volvernos a ocupar de nuevo de la tarea avanzada con tu papi y tío padrino.

No todo es color rosa mi dulce nieta, con el último de tus tíos, enfrentamos un a prueba dura al nacer por un accidente antes de tiempo, por esa época era coordinador de la UCI adultos y me tocó vivir la dualidad de ejercer el cargo en medio de la desesperación que el último hermano de tu papi pueda sobrevivir a una delicada enfermedad de los prematuros. Fueron 21 largos días hasta que salió de alta del hospital. Recibimos el apoyo de todos en ese momento que nos fortalecía, pero la fe en Dios no decayó se cimentó y felizmente ahora como sabes es historia y tu papi te contará seguro todo eso después.

Espero que esta historia mi dulce nieta, sea completada por la versión de tu papito en el momento más adecuado que, la vida les depare.

**Reflexiones-Recomendaciones**

A manera de recomendaciones y sugerencias he remarcado reflexiones aprendidas que considero las tomes mi dulce nieta, y aunque no seas necesariamente tú, la que pueda estar por migrar, sino otra persona que estimes y se le presente una situación similar puedas compartirla.

-**La formación de vida**, la que contemplo como aprendizaje incorporado por los distintos sucesos que precozmente te tocan enfrentar y que generan en ti aptitudes positivas que te permiten sostener tus metas, proyectos frente a cualquier adversidad y en las circunstancias en la que decido emigrar, no eran las ideales. Acuérdate que califica como forzada la migración que hice, porque regresar no era opción, así que de alguna manera u otra buscaba como instalarme en algún lugar de la mejor manera.

-**El factor de vivencia que se gesta en el núcleo familiar** por razones ajenas, no queridas, distinto al deseo del querer estar siempre juntos, es también importante discernir. Existen personas que de pensar solo en separarse de sus familias no se atreven a intentar nada parecido a ausentarse de ellas o entre ellos. Jamás pensé que esa sería nuestra experiencia, aunque transitoria, importante.

-**No olvidar que familia es la familia y acuérdate que tienes amigos que te estiman**, en situaciones de zozobra, inseguridad, en un país desconocido, el concepto familia se extiende, entender que tu forma se de ser y de interrelacionarte será fundamental para que ese concepto familia se perpetúe como en nuestro caso felizmente sucedió. Estuve bendecido en relación con mi trabajo, tu abuelita encontró amistades y tu papi también sintiéndose más cómodas en otro lugar facilitando su adaptación e integración.

-**Si vas a migrar no retrocedas**, es un pensamiento, que en mi experiencia es cardinal, las diferentes vallas a superar son predecibles e impredecibles, tolerar en cualquier momento una actitud xenofóbica, o celosa profesional, no debe desorientarte del norte marcado. En mi inicio de instalación al llegar estas situaciones me sucumbían, como golpes bajos que me herían, pero mantener la dirección al objetivo debe ser más fuerte. Un sí político es más favorable para los fines que él no principista porque una vez arraigado tendrás siempre oportunidad para demostrar lo contrario.

-**Si vas a migrar no cultives rencores porque ocupan espacio en tu espíritu de lucha**. En este proceso de avance a tu instalación e injertación es válido, muchos de los que obstaculizan de alguna u otra forma tus avances terminan necesitando de algo de ti y para eso debes prepararte y cargarte más con amor sabio que todo lo puede que con rencillas y deidades que a nada te conducen.

-**Preparado físicamente**, es decir apto te habrás dado cuenta en el relato breve que fue esencial, agradezco a Dios no haberme enfermado, haber encontrado abrigo, casa, lugar donde estar y con quien estar. Ser recibido bajo un calor hogar fue un lujo que tuve la suerte de recibir, ayudándome a resistir jornadas intensas de ayunos y mala noches necesarias e impostergables frente a la necesidad de trabajar.

-**Al decidir quién migra elegir el que menos impacto puede causar su ausencia temporal**, esta es a lo mejor la parte dramática, asumir que se disgregue físicamente la familia, porque espiritualmente se debe fortalecer más aún, sentirse en cada minuto de ausencia que se está presente y están presentes. Alimentarse con los dulces recuerdos de momentos gratos y de amor que mantengan la esperanza del volverse a ver proyectando un futuro en ese nuevo lugar llamado país y que te verá crecer, y hacer familia e historia

-**El agua puede tener muchos sabores**, esta frase enseña muchas cosas, es parte de un entrenamiento para la escasez de recursos priorizando gastos, que generen economía para tiempos difíciles y claro en momentos donde no hay para jugos deliciosos, potajes y manjares hidratarse con agua es el elemento vital y suficiente.

-**El autocontrol, firmeza** valen mucho cuando enfrentas lo desconocido y evita que seas reactivo y te vuelve más asertivo, sobre todo en la circunstancia cuanto alguien deja su país y eres sospechoso de cualquier cosa hasta demostrar lo contrario, o un desubicado quiere agredirte o provocarte, eso pasa en cualquier lado.

-**Retroalimentábamos**, conducta eficiente para un proyecto de mucha montura de salir de tu país, superando dificultades, abriendo posibilidades de encontrar una oportunidad que permita instalarse sabiendo que los tuyos esperan noticias del pronto encuentro, ese escenario facilita la angustia, ansiedad, depresión, enfermedad y el apoyo del compañero/compañera es esencial. Si uno decae el otro lo apoya.

-**Medio desconocido para ejercer la profesión**, sin duda un gran error en mi caso que desconocía ese sistema, no sé si hubiera sido mejor saber algo previo, pero acuérdate, Menchu yo salí como bala del país. Ese conocimiento lo que tuve que aprender por el método ensayo-error

-**Si ese es el lugar**, advertir las características particulares de un lugar y experimentar lo que genera dentro de ti es algo que puedo garantizar que solo tú lo puedes definir. No bastan solo las premisas lógicas de un medio que ofrezca de manera estructurada la palabra bienestar tú lo debes de sentir y es en síntesis una experiencia personal.

-**No se preocupen este es un país de los amigos**, de las expresiones más simpáticas del lugar donde creció tu papito Menchu, categóricamente te digo que es verdad como habrás visto en el relato, válida de manera total. No discuto la temática ética de la expresión, pero si ayuda sentir que al conocerte las personas y el fin de tu presencia en ese lugar se darán cuenta que puedes ser su amigo y convertirte en alguien dispuesto a ayudar, así como lo hicieron contigo.

-**Empoderarse la familia como un todo**, sino hubiera contado con el apoyo incondicional de la familia este proyecto no hubiera sido posible. La resistencia de la ausencia, al acoso de la presión donde estaba y las maneras como nos comunicábamos con tu abuelita, solo se podía realizar si estábamos avocados a un mismo fin, el futuro de tu papito.

-**Idioma su importancia y parte de tu integración**, el idioma nativo preservado en una sociedad es una fortaleza cultural que solo había vivido en algunos sectores de las cordilleras de Perú, pero ahora en este lugar el guaraní, gutural y encantador era un desafío vital para caer más simpático y despertar empatía, ya ha pasado un tiempo y aún me falta mucho., pero no quiere decir que no lo hecho. Sea hablando en una consulta médica, comprando, compartiendo, etc.

-**Sudaba integra y completamente, debes estar dispuesto y preparado**, dos condiciones que se convierten en práctica habitual para ir más allá de vivir en un lugar, es una manera de querer lograr el reto y superarlo como persona, de manera profesional y avanzar en tu estabilidad y realización, doy gracias a Dios por ello

-**Bienestar ya lo empezábamos a sentir familiarmente, sin des adaptarte del medio** cuando familiarmente esto se percibe en todos los integrantes de tu entorno, ese es el momento de inflexión que no elegiste mal para propósito familiar en nuestro caso de dar educación, formación con futuro a tu papi y tíos, más premio que ese no reclamamos, sentimos que todo está cumplido

-**Las fases de mi migración** las resumo en una **inicia**l que fue cuando salí del país: dura, anecdótica, a prueba de temple. Luego la de **instalación-integración** sintiendo el lugar, abriendo relaciones y ubicando oportunidades, conociendo el medio de trabajo. La fase de **estabilización** que se inicia ya con la familia y todos juntos como un todo cada uno en su rol de padre, madre e hijo, sí mi dulce nieta, él pequeño de tu papi y por último de realización donde ya nos acompañaban tus tíos y donde todos crecimos en espíritu, mente como buenas personas, por la que siempre no dejes de dar gracias a Dios por eso, con la historia escrita por las gotas de sudor y lágrimas del esfuerzo y alegrías.

Referencias y Bibliografía


1. Coronel J. "Estudio del impacto de la migración en los núcleos familiares en la parroquia Santa Isabel durante el periodo septiembre 2010 a julio del 2011". Universidad de Cuenca. México Trabajo de Investigación.

2. Herrera Robles, L. A. & González Herrera, C. Problemáticas y perspectivas en torno a la migración. (2011). Frontera norte. México: Colegio de Chihuahua

3. Aspectos Destacados de la Migración Internacional 2020. División de Población del Departamento de Asuntos Económicos y Sociales de las Naciones Unidas. https://www.un.org/development/desa/pd/

4. Aguirre Ochoa, Jerjes; Cruz Vásquez, Miguel FAMILIA Y MIGRACIÓN Ra Ximhai, vol. 9, núm. 2, mayo-agosto, 2013, pp. 291-297 Universidad Autónoma Indígena de México El Fuerte, México.

5. Datos actualizados globales de migración. ONU DAES, 2021 https://migrationdataportal.org/es?i=stock_abs_&t=2020

6. International migrant stock 2019: Country Profiles.

   https://www.un.org/en/development/desa/population/migration/data/estimates2/countryprofiles.asp
7. PORTAL DE DATOS MUNDIALES SOBRE LA MIGRACIÓN.

   https://migrationdataportal.org/es/themes/genero-y-migracion

## MSC, SUSANA GONZALES VILLALOBOS

Lic. en Biología de la Universidad Peruana Cayetano Heredia. Máster en Ciencias de la Universidad Peruana Cayetano Heredia. Diplomado en Protección Radiológica y Seguridad Nuclear en la Universidad de Buenos Aires. Máster en Gerencia Pública en EUCIM Business School Coordinadora Nacional del Acuerdo Regional de Cooperación para la Promoción de la Ciencia y la Tecnología Nucleares en América Latina y el Caribe
Oficial Nacional de Enlace con el Organismo Internacional de Energía Atómica. Directora de Transferencia Tecnológica del Instituto Peruano de Energía Nuclear. Promotora del liderazgo de la mujer en la ciencia

# MI PRIMER DUELO

**Susana Gonzales Villalobos, MSC**
**Biologa**

*Dedicado a mi madre, porque su presencia será permanente mientras viva. Por su recuerdo que me acompaña siempre.*

## PRÓLOGO

Entiendo los sentimientos que me llevan a escribir este ensayo y es que el amor es como la energía: no se crea ni se destruye, solo se transforma. Elegí realizar este ensayo como un tributo a mi madre, por lo que su vida fue y el legado que dejó en mí, una de sus seis hijas. Las pérdidas de seres queridos causan dolor y muchas veces la pena nos impide vivir, es ahí donde la resiliencia nos conduce a transformar la pena en emociones positivas a través de los buenos recuerdos, vivencias compartidas, pudiendo llegar a salir fortalecidas para disfrutar de todo aquello que nos hace felices.

Escribiré sobre la vida de mi madre, lo que pude percibir de ella cuando yo era niña y posteriormente ya de adulta. Ahora pienso que esa fría oscuridad y vacío que nos envuelve la primera vez que perdemos a un ser amado, puede llegar a ser una gran maestra. Pretendo con este ensayo, dar unas pinceladas en el gran lienzo de la vida, la muerte y el duelo, enfocando mi experiencia frente a estos eventos por los que todos vamos a pasar. Cuando perdemos a nuestras madres siendo adultas, muchas personas nos dicen: "Felizmente te acompañó por muchos años", pero somos muchas mujeres adultas, profesionales, autónomas para quienes resulta difícil procesar el duelo debido a las muertes de sus madres ancianas, somos aquellas mujeres quienes pensamos que nuestras madres pueden llegar a ser inmortales. Quién no se ha visto diciendo, haciendo cosas que ella hacía. Es cuando nos damos cuenta de que su ser está vivo y activo. Sabemos que la vida es finita y que la vamos construyendo con las decisiones, algunas acertadas, otras equivocadas. Así como ellas, nuestras madres, nosotras queremos también dejar un legado, más aún cuando hemos recorrido gran parte del camino de la vida.

## INTRODUCCIÓN

Independientemente del vínculo que hubiéramos tenido con nuestras madres, deseo enfocarme en el duelo que tuvieron que pasar las mujeres adultas que perdieron a sus madres: mujeres solteras o casadas, con hijos o sin ellos. Se dice que el pasado no se recuerda, solo se interpreta; he procurado que esta narración sea honesta, sincera y fiel a la verdad. Tengo que reconocer que mi duelo fue prolongado, a pesar de que la relación madre e hija no fue perfecta y es que la función materna es tan versátil y muchas veces compleja.

## DESARROLLO

### Mi madre

Mi mamita fue una mujer pícara de fácil sonrisa y contagiosa alegría. Muy preocupada por su familia, muy sensible a las necesidades de cada una.
Al evocarla, me sobrevienen sentimientos de admiración por lo que hizo, por lo que fue. Madre de seis hijas, en un mundo machista, en un escenario complicado e injusto.

Muy engreída por su madre al ser la menor de cuatro hermanos, quedó huérfana a los 19 años. A los 23 años se casó y tuvo seis hijas por quienes se esforzó al extremo para que tuviéramos la educación que ella no pudo tener. Tuvo muy claro que la vida de sus hijas por ser mujeres, si no estudiábamos se complicaría. Logró su objetivo y pudo ver a sus hijas trabajando, siendo económicamente independientes; alguna vez le escuché decir, si no les sale bueno el esposo, lo dejan y ya. Así fue mi mamá: De armas tomar y luchadora, pero disfrutaba sus logros y festejaba los cumpleaños.

### Mis recuerdos con mi madre

Nuestra relación fue cambiando con el tiempo, de niña buscaba su aprobación, su mirada, su afecto. De adulta y casada fuimos más cercanas, yo la buscaba y quise como siempre, ser su preferida, pero no lo logré: la competencia era grande, éramos seis. Debido a su trabajo, mi madre estuvo ausente en momentos importantes de mi vida, especialmente durante la infancia y adolescencia. Situación que pude comprender y asimilar siendo adulta. Se hizo abuela a los 49 años y llegó a tener 10 nietos. Recuerdo con mucha emoción, los paseos al sur de Lima eran casi semanalmente en invierno y la playa de Naplo, en verano. Años felices compartiendo una vida familiar con mis sobrinos pequeños y como dice la canción de Lavoe, "todo tiene su final nada dura para siempre"; los chicos crecen y las reuniones se hicieron esporádicas.

Recuerdo que decía, "a los hijos se les conoce después de casados, si es que casan claro está". También me decía que, el amor de un hijo no es comparable con el amor de una madre hacia ellos. Ahora doy fe de esa verdad. Fue inmensa mi alegría cuando fue a vivir conmigo a los 76 años. Los paseos al sur y la playa se retomaron, me acompañaba a todos sitios, era fija para ir al supermercado, la peluquería, el spa, vueltas al parque. Le encantaba conversar y hacía que nuestro tiempo juntas fuera agradable, beneficioso. Le gustaba hacer pupiletras, sudokus, mientras me esperaba a que llegara del trabajo. Era una trome, de memoria prodigiosa y como les dije, terriblemente pícara. Se sabía de memoria muchos números telefónicos, los días de los cumpleaños, etc. Les cuento una anécdota: Un día la cajera le dice: "su tarjeta bonus, por favor", "uy, chispas me la olvidé, pero se la puedo dictar". Y le dictaba la serie de diez dígitos.

En otra oportunidad, fuimos a las lomas de Lachay y ella prefirió no subir una pendiente. Al volver, la veo "conversando" con un señor mayor que, muy entusiastamente, le hablaba en alemán. Nuestros paseos a Mala para comer chicharrones, a Azpitia para almorzar en el Balcón del Cielo y comprar fruta y vinagre de manzana, a Lunahuaná para descansar y disfrutar de la naturaleza, le encantaba jugar tiro al sapo y les ganaba a muchos varones en esas competencias.

Cada mañana, especialmente los fines de semana, temprano, me acercaba a su dormitorio para saludarla: "hola gordita, ¿cómo has amanecido?", "echada hijita". Nos mirábamos y nos reíamos. Le encantaba tomar cerveza y se sorprendía que no compartiera ese gusto. Para engreírla, mi esposo le compraba latitas de todas las marcas, así que tenía para elegir. Una vez, la encuentro tomando una Bremen y al frente de ella, otra latita. Sorprendida, le pregunté: "mamita, ¿con quién estás tomando? Muy seria, me dijo: "Con el Señor de la Misericordia, hijita". Justo había una imagen al frente, le digo: "¿Así? ¿Y, qué te dice?", "Que no me preocupe, que su parte me la puedo tomar yo". También mis lindos recuerdos, cuando me acompañó, en ocasiones diferentes, a eventos internacionales en Trujillo y Cuzco, toda una aventura de anécdotas, con sus "colegas", con quienes hizo amistad que duró por años.

Yo siempre la acompañaba a sus controles médicos. Dentro de todo, era una mujer sana. Me reconforta saber que cumplí con ella, que estuve a su lado cuando necesitaba de cuidado y afecto. La única vez en que se habló de la muerte, estábamos paseando en el parque y le dije, "que Dios quiera que no te pase nada porque no estoy preparada". Ella solo sonrió.

Mi esposo la engría, le gustaba ir al mercado de Magdalena y mientras yo trabajaba, se escapaban dando rienda suelta a las compras, como sus caseras no sabían que no tenía hijos varones, le decían, pero que hijo tan alto tiene, otra vez, miradas de complicidad y sonrisas. Me comentaban que iban de la manito y siempre alegres. Cuando cumplió 78 años, sus amigos cercanos fueron enfermando y algunos morían, eso la afectaba bastante, iba a visitarlos y asistía a las misas. Yo sabía que esas circunstancias le afectaban bastante y me decía que mientras el ser humano se hace más viejo se aferra más a la vida.

En nuestra convivencia no hubo pleitos, tal vez solo algunos desencuentros por los celos que yo sentía por su preferencia por otras de mis hermanas que con el paso del tiempo llegué a tolerar y sobrellevar, pero no a aceptar. Ella no me sobreprotegía, muy por el contrario, me decía que yo era una mujer fuerte. Siempre pensé lo mismo hasta que partió, fue entonces que sentí mi vulnerabilidad en toda su extensión.

Mi mamá sabía que el trabajo al que me dediqué me gustaba, que disfrutaba lo que hacía y sé que apreció mucho y valoró mis logros. Eso me reconforta, en cierto modo fui su referente al enorme esfuerzo que tuvo que realizar por nuestra educación.

Viajamos varias veces a Madrid donde vivía mi hermana menor, eso la hacía feliz y eso se hacía. ¡Cómo olvidar las maletas repletas de cosas para llevar a mi hermana menor, su engreída!; Como en ese tiempo se podía llevar dos maletas por personas, llegábamos a Madrid con 6 maletas, más el equipaje de mano, teníamos que tomar taxi Van para el traslado, pero cualquier contrariedad se desvanecía ante su alegría y sonrisa vivaz.

**El comienzo del fin**

La Navidad del 2010, fuimos a Madrid para acompañar a mi hermana y mi sobrina, mi mami tenía 82 años y enfermó, tuvimos que regresarnos el 14 de enero de 2011 a Lima. Ella no quería que mi hermana supiera cuán mal estaba, pero yo sufrí muchísimo al darme cuenta de que estábamos en cuenta regresiva.

Durante ese tiempo, ni una lágrima por parte de ella. Aceptó su final, la que no lo acepté fui yo. Me sentí muy culpable por no haber sido capaz de hablar de su enfermedad, ambas sabíamos de su gravedad, pero no pudimos conversar de que su muerte estaba cerca, y eso me aflige hasta ahora. También creo que la presencia de mis hermanas lo impidió. Entré en "modo avión", sumida en mi dolor y mi pena de no haberle podido hablar, de despedirme como hubiera querido. El tratamiento la mantuvo con poco dolor y falleció el 11 de abril de 2011, con 83 años recién cumplidos. Vivió 7 años conmigo.

En sus últimas horas, fue asistida por mis hermanas; yo me sentí desplazada y solo atiné a observar lo que ellas hacían. Sin embargo, cuando la vi muerta en su cama, yo parada al pie de su cama me acerqué con gesto grave de dueña de casa, zafando a mis hermanas. La pude abrazar, llenarla de besos creyendo que todavía podía sentirlos. Me parece que con la muerte de mi madre yo cambié. La tristeza me invadió porque sabía que no tendría su compañía nunca más. Estuve tan sensible que me aislé y quería estar sola con mis recuerdos.

Decidí volver al trabajo, pero cuando regresaba a casa, entraba a su dormitorio y me acurrucaba en su cama para olerla, para sentirla. Llegué a pensar que sentir la pena, era una forma de tenerla cerca.

**El duelo**

Difícil aceptar las palabras de consuelo de personas allegadas, que con frecuencia me decían, felizmente ella te acompañó bastante tiempo, ya descansa en paz; es que en nuestra sociedad se mira extraño el sufrimiento por la muerte de personas mayores.

Podría decir que tuve que pasar dos duelos, el de su ausencia y el que me impidió tener a mi madre un mayor tiempo para prolongar la alegría que le daba a mi vida y yo le daba a ella. El duelo de su ausencia, pasar por su dormitorio y saber que ya no está, su alegría en los paseos, el despertar e ir a conversar con ella, se dejó de comprar el diario OJO que traía el pupiletras y noticias escandalosas que las disfrutaba mucho, su compañía a todos los sitios, aunque sea para cuidar el carro, como solía decirme, su lugar en la mesa, su lugar en la sala, el asistir a la misa dominical, el rezo al Señor de la Divina Misericordia a las 3 de la tarde, sus latitas de cerveza en la alacena, su esperarme pegada a la ventana; su ausencia por tantos sitios.

El otro duelo por el que me revelé contra la vida y contra Dios, habérsela llevado quitándome la oportunidad de demostrarle mi amor, mi admiración, mi agradecimiento. Solo el amor permite que la presencia espiritual del ser amado perdure transformando el duelo, devolviéndonos la esperanza del reencuentro. No sé si el duelo acaba, tal vez superamos el sufrimiento y logramos recordar sin lágrimas y evocamos con una sonrisa los momentos vividos, al final considero que el duelo nos ayuda al crecimiento interior y nos enseña a valorar el vivir mejor.

Ante la muerte buscamos consuelo, pero también lo rechazamos, durante el duelo se vive en estado subliminal entre el yo y el mundo externo.

De hecho, al hablar de la muerte se profundiza la vida en su aspecto más importante que es el amor. Hoy puedo afirmar que por el amor a mi madre he restaurado mi vida. Como persona creyente, debí consolarme que al final nos volveremos a encontrar, pero no bastaba, extrañaba su presencia física.

La fe llega en nuestro auxilio y nos alivia cuando oramos por nuestros seres queridos, con la certeza del reencuentro. Ayuda también tener algunos momentos de tranquilidad para estar solos, viajar a nuestro interior, llenarnos de gratitud y paz. Se dice que un punto de referencia de un duelo acabado es cuando la persona es capaz de pensar en el fallecido agradeciendo a la vida por haber compartido gratamente la vida terrenal.

De hecho, no se puede hacer nada por cambiar lo que ha ocurrido, sin embargo, podemos vivir en la creencia que la muerte pone fin a una vida, pero no a una relación.

**Al final una luz**

A diez años de su muerte, sé que soy una profesional exitosa porque aprendí de ella; que lo bueno se consigue con decisión, esfuerzo y perseverancia. A las madres no se les olvida, solo se aprende a vivir sin ellas.

Printed in Great Britain
by Amazon

64491944R00272